Doppelporträt mit einem Philosophen: Auf der einen Seite die Pastorentochter aus der Provinz, die sich mit verbissener Energie hinaufarbeitet bis zur berühmten Hüterin des posthumen Kults ihres Bruders. Auf der anderen Seite die verwöhnte faszinierende Generalstochter, die Nietzsche zu erotischen Träumereien bringt und schließlich die erste Gesamtdarstellung seiner Philosophie schreiben wird: Zwei erstaunliche Frauenkarrieren des 19. Jahrhunderts in Kontrastbeleuchtung.
Für den Erfolg emanzipativer Befreiungsschläge können beide Lebensgeschichten einstehen. Doch so ungleich wie ihre Ausgangsbedingungen waren auch ihre Verläufe. Dirk Schaefer zeichnet beide Biographien nach und nützt dabei das Bindeglied Nietzsche. Mit dessen Leben wie mit seinem posthumen Kult ist auch Lou Andreas-Salomé verbunden, selbst wenn sie – im Unterschied zu Nietzsches Schwester – nicht darauf angewiesen war, nur ›im Namen Nietzsches‹ zu sprechen. Als Elisabeth die Weimarer Gedenkstätte den Nazis andient, da ist Lou bereits eine geschätzte Mitstreiterin Freuds.

Dirk Schaefer, Jahrgang 1961, studierte Philosophie und lebt seit 1987 als Filmkritiker und Komponist in Berlin.

Unsere Adresse im Internet: www. fischer-tb.de

Dirk Schaefer

Im Namen Nietzsches

Elisabeth Förster-Nietzsche und Lou Andreas-Salomé

Fischer Taschenbuch Verlag

Originalausgabe
Veröffentlicht im Fischer Taschenbuch Verlag GmbH,
Frankfurt am Main, November 2001

Satz: Pinkuin Satz und Datentechnik, Berlin
Druck und Bindung: Clausen & Bosse, Leck
Printed in Germany
ISBN 3-596-14577-5

Inhaltsverzeichnis

7 Kapitel 1
»Was ist vornehm?«

37 Kapitel 2
»Von Sternen gefallen«

79 Kapitel 3
»Im Zwischenland«

109 Kapitel 4
»Verwechselt mich nicht!«

131 Kapitel 5
»Ganz ich selbst«

169 Kapitel 6
»Es gab nie einen lebendigeren Todten«

209 Kapitel 7
»Der herrlichste Jünger Zarathustra's«

255 Anmerkungen

275 Literaturverzeichnis

285 Personenregister

287 Fotonachweise

In Erinnerung
an Helga Schäfer (1933–2000)

Kapitel I
»Was ist vornehm?«

Familienromane

Am 10. Juli 1846 wird im evangelischen Pfarrhaus zu Röcken, einem thüringischen Dorf an der Landstraße von Naumburg nach Leipzig, dem Pastor Carl Ludwig Nietzsche und seiner jungen Frau Franziska, geb. Oehler, ein Mädchen geboren. Der zwei Jahre ältere Erstgeborene heißt Friedrich Wilhelm, nach dem regierenden preußischen König, an dessen Geburtstag er zur Welt kam; das zweite Kind bekommt die Namen dreier anhaltinischer Prinzessinnen, denen der Pastor früher Hausunterricht erteilt hat. Elisabeth Therese Alexandra und Friedrich Wilhelm Nietzsche also: In den vornehmen Vornamen zeigt sich ein gewisser Adelskult des Pastors (er gibt schließlich auch seinem dritten, 1848 geborenen Kind Joseph den Namen eines Herzogs). Der ›Adelstick‹ trägt möglicherweise mit dazu bei, daß Pfarrer Nietzsche im Revolutionsjahr 1848 in eine schwere Krise gerät und psychotische Symptome entwickelt. Seine 13 Jahre jüngere Frau muß in den folgenden Monaten mit ansehen, wie der begeisternde Prediger und begabte Musiker sich Schritt für Schritt in einen hilflosen Debilen verwandelt und trotz ihrer Pflege unaufhaltsam einem frühen Tod entgegendämmert. Woran der Pastor eigentlich gelitten hat und am 30. Juli 1849 mit nur 35 Jahren gestorben ist (man vermutet heute einen Gehirntumor), diese gar nicht so harmlose Frage wird bald Gegenstand erbitterter Kontroversen werden. Denn was immer es war – es könnte sich auf seine Kinder vererbt haben.

Seinen Hang zu den höheren Schichten haben sie zweifellos geerbt. Schon als Kind rät Elisabeth Nietzsche einer Freundin: »Ich meine, wir Frauen der vornehmen Stände sollen uns nicht dem Volkswohl widmen, denn uns trennt ein Abgrund von der Anschauungsweise dieser Leute, sie sind und bleiben gemein.«[1]

Friedrich Wilhelm pflegt Geburtstagsglückwünsche unter

Glockengeläut entgegenzunehmen und wächst mit dem »Sendungsgefühl eines Königs- und Gotteskindes« auf.[2]

Ein Abgrund aber klafft zunächst einmal zwischen diesem Standesdünkel und der Realität, den wenig vornehmen Lebensumständen der Geschwister Nietzsche. Franziska muß nach dem Tod ihres Gatten mit ihren Kindern das Röckener Pfarrhaus verlassen. Zwar stirbt ein reicher englischer Verwandter, vermacht aber nur Friedrich und Elisabeth festgelegtes Geld, an das einstweilen nicht heranzukommen ist; Franziskas Witwenpension jedoch reicht vorne und hinten nicht. Deshalb ist die junge Witwe gezwungen, weiterhin mit ihrer Schwiegermutter, der eindrucksvollen, ja erdrükkenden Erdmuthe Nietzsche, und deren zwei unverheirateten Töchtern zusammenzuwohnen und sich in die Erziehung ihrer Kinder hineinreden zu lassen. Man bezieht das Erdgeschoß eines Hauses im nahe gelegenen Naumburg; Erdmuthe und ihre Töchter nehmen die repräsentativen vorderen Räume in Beschlag, für Franziska und die Kinder bleiben die billigen Plätze. Fritz und Lieschen – der kleine Joseph ist ein halbes Jahr nach dem Vater an Zahnkrämpfen gestorben – bewohnen gemeinsam ein kleines, dunkles Zimmer im hinteren Teil des Hauses. Die Kinder wachsen in einer gemeinsamen Verschwörung gegen eine von Frauen beherrschte Welt auf, meint Elisabeths Biograph H. F. Peters: »Spielkameraden hatten sie nicht; sie spielten und schliefen in einer Stube und erklärten irgendwann zur Erheiterung ihrer Mutter, daß sie heiraten würden, wenn sie erwachsen seien.«[3] Elisabeth läßt sich von ihrem Herzensfritz, und *nur* von ihm, »Lama« nennen; auf diesen ebenso bockigen wie anhänglichen Tiercharakter sind sie in einem naturkundlichen Buch gestoßen, das Elisabeth später gern zitierte, wobei sie die bekannteste Eigenschaft des Lamas stets überging – es spuckt.

Doch verweist der anspielungsreiche Kosename – unter den zwei Eingeweihten – auch auf gemeinsam betriebene naturkundliche Forschungen. Fanden ›Doktorspiele‹ statt? Man weiß es nicht. Angebliche Erinnerungen Friedrich Nietzsches an eine inzestuöse Verbindung mit seiner Schwester, die 1951 unter dem Titel *My Sister and I* in einem kleinen US-amerikanischen Verlag erschienen, sind mit einiger Sicherheit gefälscht.[4] Doch ist schon das gemeinsame Stöbern im Biologiebuch nicht so harmlos, wie Elisabeth es in ihren Erinnerungen später beschreibt. Generationen von Kindern haben in solchen Büchern das erste Futter für ihre erwachende sexuelle Neugier gefunden. Wo kommen die kleinen Kinder her? Und, in Anbetracht des toten Bruders: Wo gehen sie hin? Mehrfach erzählt Friedrich Nietzsche in seinen persönlichen Aufzeichnungen einen Traum aus seiner Kindheit, in dem sein Vater ihn des Nachts aus der Gruft heraus mit Orgelmusik zu sich ruft, dann aber den Bruder holt. (Später wird Nietzsche seinem berühmtesten ›Wort‹ einen bezeichnenden Satz anschließen: »Gott ist todt! Gott bleibt todt!« Die Möglichkeit des Herumspukens, man kann es auch Wiederauferstehung nennen, ist immer schon mitgedacht.)

Das Wesen der Verwandtschaft hat Friedrich Nietzsche beschäftigt, solange er denken konnte.

Schon als Kind stellt er sich vor, väterlicherseits von polnischen Ahnen abzustammen. Solche »Familienromane« denken sich, wenn man Sigmund Freud Glauben schenken kann, Kinder und Neurotiker recht häufig aus: Ein Elternteil oder beide werden in solchen Phantasien durch Adlige, Könige oder Königinnen, die »gewöhnliche« Abstammung durch eine vornehmere ersetzt.

Durch Nietzsches früh einsetzende autobiographische Reflexionen geistert wie eine zweite, adelige, doch auch dekadente Identität ein gewisser »F W v Nietzky«. Mit diesem Pseudonym (dem ersten in einer ganzen Reihe) unterschreibt der 18jährige Nietzsche 1862 einen erotisch-todessehnsüchtigen Novellenanfang mit dem Titel *Euphorion*. Dieser frivole Text nimmt sich in Friedrich Nietzsches Werk wie ein Fremdkörper aus – möglicherweise deshalb, weil seine Schwester derartige Gewagtheiten später kurzerhand vernichtet hat, in jener Doppelfunktion als Hüterin und Zerstörerin des Nietzsche-Nachlasses, von der später noch die Rede sein wird.

Der Nietzky-Spleen war bekannt, galt unter Nietzsches Freunden jedoch als harmlose Schrulle.

Doch taucht die Frage nach Wesen und Ursprung der *Vornehmheit* in Friedrich Nietzsches Schriften immer wieder auf – wenn auch zumeist in gewissermaßen sublimierter Form: *Was ist vor-*

nehm? heißt das neunte Hauptstück von Nietzsches Buch *Jenseits von Gut und Böse* (1886); Titel wie »Die *Geburt* der Tragödie« (1872) oder »Zur *Genealogie* der Moral« (1887) entspringen einer Art verallgemeinerter Abstammungslehre, entsprechen einem generativen Schema, das ein Leser wie Paul de Man in Nietzsches historischem Denken am Werk sieht. Die Genealogie wird so zur Moralphilosophie ›geadelt‹.

Auf das ewig wiederkehrende Thema der vornehmen Herkunft kommt Nietzsches *Ecce homo* im Herbst 1888, im Vorfeld der Psychose, ein letztes Mal mit Wucht zurück. Jetzt dienen die phantasierten polnischen Wurzeln als Waffe im Kampf gegen die mütterliche Linie der Oehlers, die für Nietzsche zum Inbegriff des ihm verhaßten Deutschen wird. Für die ihm lebenslang nächststehenden Frauen, für Mutter und Schwester gilt: »mit solcher canaille mich verwandt zu glauben wäre eine Lästerung auf meine Göttlichkeit«[5]. Elisabeth verschmilzt ihm im Geiste mit Franziska, als sei sein getreues Lama wie die Mutter eine geborene Oehler ohne einen Tropfen väterlichen ›Blutes‹.

Und als habe sie nicht jahrzehntelang mit Fritz gegen die Mutter gemeinsame Sache gemacht. Dokument dieser nie ganz aufgegebenen Komplizenschaft ist noch das von Elisabeth ab 1895 ersonnene *Leben Friedrich Nietzsche's*: *Ihr* umfangreicher ›Familienroman‹ glorifiziert den Bruder und darüber hinaus das Geschlecht der Nietzsches, insbesondere die Großmutter Erdmuthe; dagegen ist die Gestalt der Mutter, die im Naumburger Haus eine erniedrigende »Aschenputtelexistenz« (Peters) führte, so gut wie ausradiert.

Was ist vornehm? Die Frage hat, zugegebenermaßen auf recht unterschiedlichem Reflexionsniveau, die Geschwister Nietzsche lebenslang beschäftigt. Friedrich ist gegen Ende seiner wachen Tage höchst zufrieden mit dem Titel, den der dänische Literaturwissenschaftler Georg Brandes ihm und seinem Werk verleiht: »aristokratischer Radikalismus«. Ein Adelstitel von mehr handfester Art schwebt dagegen der Schwester vor. Noch 1922, fast auf dem Höhepunkt ihrer einzigartigen Karriere, geht ihr das nicht aus dem Kopf. Zweimal für den Nobelpreis nominiert worden zu sein ist ihr noch nicht Nobilität genug; bei der Verleihung der ersten Ehrendoktorwürde, die die Universität Jena einer Frau je erteilt hat, flüstert die so geehrte Pfarrerstochter einer Freundin zu: Ganz schön – aber lieber wäre ihr der Titel Exzellenz.[6]

Als Tochter einer Exzellenz, eines Generals am Hof des Zaren, wird am 12. Februar 1861 in Sankt Petersburg, der Hauptstadt des Russischen Reichs, Louise Gustavowna von Salomé geboren. Die Abstammung ihres Vaters, des im Baltikum geborenen Gustav von Salomé, läßt sich über Deutschland bis Frankreich zurückverfolgen; die Konstante in der Geschichte dieser hugenottischen Familie scheint die Mobilität gewesen zu sein, über Sprach- und Staatengrenzen hinweg. Einer deutsch-dänischen Kaufmannsfamilie entstammt des Generals knapp 20 Jahre jüngere Frau Louise (geb. Wilm). Sie bringt insgesamt sechs Kinder zur Welt, nach fünf Söhnen, von denen zwei früh sterben, zuletzt Louise, die einzige Tochter. Ljola, wie sie »im zärtlich verstümmelten Koserussisch«[7] gerufen wird, ist das verwöhnte Lieblingskind Gustav von Salomés, der mit 55 noch einmal Vater geworden ist. Während er seine Söhne mit militärischer Strenge erzieht, verwandelt sich der weißhaarige, ehrfurchtgebietende General und Geheime Staatsrat von Salomé, der Puschkin gekannt hat und mit Monarchen verkehrt, in das Klischee eines weichherzigen Großväterchens, wenn es um seine Tochter geht. In ihrer Autobiographie *Lebensrückblick: Grundriß einiger Lebenserinnerungen* deutet Lou Andreas-Salomé eine »kleine geheime Zärtlichkeit« an, eine körperliche Intimität zwischen Vater und Tochter, die in Gegenwart der Mutter, da diese »nicht für Gefühlsäußerungen war«[8], unterlassen wurde. Der gestrengen »Generalscha« wäre ein Sohn sowieso lieber gewesen; daß die Tochter ihren Namen trägt, geht auf den Wunsch des Generals zurück. Den Mutternamen Louise aber hat Ljola/Lou nie wirklich angenommen, und erst die schon berühmte Erfolgsautorin Lou Andreas-Salomé hat später ein engeres Verhältnis zu ihrer Mutter aufbauen können. Als Mädchen aber soll Ljola ihrer »Muschka« beim gemeinsamen Schwimmen einmal zugerufen haben: »Ach, liebe Muschka, ertrink doch mal!«[9]

Um so mehr liebt Ljola ihre russische Amme und ihre männlichen Verwandten: Neben dem großväterlichen General sind dies Genja, der etwa gleichaltrige, zum Raufen geeignete jüngste Bruder, dessen »Pferdchen« sie zu spielen liebt, und die beiden älteren, schon fast väterlichen Brüder.

Als Frau unter Männern wird sie sich zeitlebens wohl fühlen und dabei auf die Einhaltung des Singulars, vor allem jedoch des Plurals Wert legen. Unter Brüdern eine Schwester: Die Welt der Männer, in die sie sich furchtlos aufmachen wird, um als unweiblich geltenden Beschäftigungen wie Literatur, Philosophie und Wissenschaft nachzugehen, wird für sie eine Erweiterung dieses ursprünglichen Kreises von Brüdern sein; die Salons von Berlin, Wien und Paris aber bleiben für sie Spielzimmer wie die hohen Räume und endlosen Zimmerfluchten ihrer Kindheit.

Ljola wächst im Herzen St. Petersburgs, in der Nähe des Winterpalais und der Eremitage, auf; die Stadtwohnung der Salomés gilt als »Stätte hochkultivierter geistiger Bewegtheit«[10], und die Heranwachsende ist neben dem familieninternen Deutsch von einem halben Dutzend weiterer Sprachen umgeben. Ein verwöhntes Kind – und doch keine glückliche Kindheit, glaubt man Lou Andreas-Salomés späteren Aussagen. Inmitten des bunten Getriebes fühlt sich Ljola nur von einem wirklich verstanden: von Gott, *ihrem* Gott, der sie unsichtbar und schweigsam umgibt und dem sie, wenn sie abends allein im Bett liegt, phantastische Geschichten erzählt. Ungestraft darf sie diesen Privatgott herausfordern: Ihre ›Gebete‹ beginnen stets mit »Wie du weißt« – dann folgen ›Lügengeschichten‹, die im Lauf der Zeit immer komplizierter und kunstvoller werden, bis Ljola schließlich dazu übergeht, sie aufzuschreiben. Eines Tages stellt Ljola dem Adressaten ihrer ›Briefe‹ eine Frage, die nach Antwort *verlangt*, ein Problem, das letztlich auf die Frage nach Leben und Tod, Geborenwerden und Sterben hinausläuft. Da erweist sich, daß es den Gott nicht gibt, der ihr antworten könnte. Immer wieder hat Lou Andreas-Salomé später in Erzählungen und Essays diesen »Entschwund«, diesen »Gottesverlust« thematisiert.

Angesichts ihres geheimen Verlustes sind der jungen Ljola Glanz und Reichtum, die sie äußerlich umgeben, gleichgültig. So geht eines Abends ihr liebster Spielgefährte, der jüngste Bruder

Genja, an ihrer Stelle einen Ball besuchen – in Frauenkleidern. Er habe dort, bemerkt sie später süffisant, so manchem Mann den Kopf verdreht. Zwischen den Zeilen ihres *Lebensrückblicks* steht zu lesen, daß Genja, der nie geheiratet hat, auch später eher Männerherzen brach.

Louise selbst wächst zu einer jungen Frau von androgynem Reiz heran: groß, schlank, die mittelblonden Haare streng nach hinten gebunden, läßt ihre Erscheinung die Weichheit, ihr Auftreten die Koketterie vermissen, die um 1880 Voraussetzung einer erfolgreichen Weiblichkeits-Performance sind. (Obwohl sie im Gegensatz zu diesen frühen Erfahrungen später als geradezu musterhaft weiblich wahrgenommen werden wird, weisen ihre theoretischen Überlegungen zur ›Frauenfrage‹ noch um 1900 Spuren dieser Probleme auf, wenn sie behauptet, »das Weib« sei ganz generell »noch nicht genügend Weib geworden«[11].)

Als ›männliche‹ Merkmale der jungen Generalstochter gelten auch ihr ungewöhnlich scharfer, kritischer Verstand und ihr Nonkonformismus, der für die Mutter einfach Dickköpfigkeit ist.

Auch Franziska Nietzsche beißt bei ihren Bemühungen, die Tochter zur Weiblichkeit im Pfarrhausstil zu erziehen, auf Granit. Franziska, die mit 17 zur Ehefrau wurde, mit 23 zur Witwe, sieht den verbliebenen Sinn ihres ruinierten Lebens darin, aus Friedrich einen Pastor zu machen und Lisbeth gut zu verheiraten: für den Sohn also Theologie, für die Tochter Tanzunterricht. Während der introvertierte, pedantische Fritz von seinen Mitschülern »kleiner Pfarrer« genannt wird und sich ganz in Franziskas Sinn zu entwickeln scheint, macht Lisbeth Probleme. Sie ist intelligent, lebhaft, leidenschaftlich und redet dauernd dazwischen – Eigenschaften, die als unweiblich empfunden werden, mit denen eine Frau sich für die Ehelaufbahn zu disqualifizieren droht. Aber Lisbeth will sowieso keinen anderen heiraten als ihren geliebten und bewunderten Fritz, der sie in die Welt des Lesens eingeführt hat und, obwohl nur zwei Jahre älter als sie, ihren Erzieher spielt.

Franziska, selbst nicht gerade ein leuchtendes Beispiel der Lehren, die sie vertritt, versucht gegenzusteuern.

Konfirmationsfoto Elisabeth Nietzsches, ca. 1860, Naumburg

»Lieschen nicht so viel lesen«, schreibt sie sich mehrfach ins Diarium, stark unterstrichen. Es hilft nicht viel: Lieschen bleibt dabei, dem Bruder nachzueifern, auch auf Kosten ihrer ›Weiblichkeit‹. In der Schule fällt sie auf, weil ihre literarischen Lieblingsgestalten – eine reichlich blutige, nicht gerade mädchenhafte Vorliebe – die Krieger der Homerischen *Ilias* sind. Diese Neigung zum Kriegerischen bleibt; die Kriege, die sie später miterlebt hat – 1866, 1870/71, Erster Weltkrieg –, sind für Elisabeth Höhepunkte ihres Lebens gewesen.

Irgendwann kommt auch für Elisabeth das Alter, in dem sie bei den Jungen nicht mehr mitspielen darf. Der Ernst des Lebens fängt an, spätestens als auch Fritz sie zur Weiblichkeit erziehen will: Er schenkt ihr Noten und Text des Liedes »Er, der Herrlichste von allen« (Text: Chamisso, Musik: Schumann). In ihrem Buch *Friedrich Nietzsche und die Frauen seiner Zeit* zeigt Elisabeth Förster-Nietzsche 1935 gerade an diesem Lied die »Wandlung in den weiblichen Empfindungen«. »Darfst mich nied're Magd nicht kennen, höchster Stern der Herrlichkeit«: Diese Zeilen, die bereits Ende des 19. Jahrhunderts jungen Mädchen schlicht »zu dumm« waren, habe Elisabeths Generation noch »in aller Demut gesungen«. Zwar fingen »wir«, die Frauen, schon damals an, »problematisch zu werden, aber die Grundansicht, daß eine Frau zum Heiraten bestimmt und Ehe und Muttersein ihr natürlicher und einzig richtiger Beruf sei, war noch ziemlich feststehend«.[12]

Dank eines gewissen Entgegenkommens der Anatomie wächst Elisabeth, die immer schon als »süß« galt, schließlich zu einer jungen Frau heran, deren äußere Erscheinung die fehlende innere Einstellung zur Weiblichkeit kompensieren wird: Klein und zartgliedrig, bleibt sie, glaubt man dem Zeugnis der Schriftstellerin Gabriele Reuter, bis in die 1890er Jahre »eine höchst weibliche Frau«: »Klein, fein, lebendig und behend, dabei durch eine große Kurzsichtigkeit ein wenig hilflos in den Bewegungen und nicht ohne die Koketterie der Hilflosigkeit. Eine von den Frauen, denen jeder Mann sich zu Schutz und Unterstützung verpflichtet fühlt, [eine Frau], der man eigentlich nicht zutraut, daß sie eine Türklinke allein öffnen« kann.[13]

Ein ähnliches Bild zeichnen Äußerungen Friedrich Nietzsches, der in einigen Auslassungen zum Thema Frau das kaum verhohlene Portrait seiner Schwester gezeichnet hat. Gewisse Frauen, lesen wir etwa in *Der Wanderer und sein Schatten,* neigten dazu, äußerliche Merkmale von Intelligenz (wie eine hohe Stirn) zu verbergen: Sie »wissen sich dagegen, zum Beispiel durch eine Anordnung des Haars über der Stirn, den Ausdruck einer lebendig begehrenden Sinnlichkeit und Ungeistigkeit zu geben, gerade wenn sie diese Eigenschaften nur wenig besitzen. Ihre Überzeugung, daß der Geist bei Weibern die Männer erschrecke, geht so weit, daß sie selbst die Schärfe des geistigsten Sinnes gern verleugnen und den Ruf der Kurzsichtigkeit absichtlich auf sich laden; dadurch glauben sie wohl die Männer zutraulicher zu machen.«[14]

Tatsächlich verbarg Elisabeth ihre hohe Stirn zeitlebens unter einer Perücke[15] und galt noch mit 80, als Dr. h.c. Elisabeth Förster-Nietzsche, ihrem engen Freund Kessler schlicht als »Backfisch«!

Mit der »zweiten Geburt« der Pubertät entwickeln Elisabeth und Lou entgegengesetzte Strategien, ihre Vorstellungen und Ziele in einer Männerwelt durchzusetzen: Hier betonte Weiblichkeit als Maskerade, um insgeheim ›männliche‹ Ambitionen zu verwirklichen; dort ›männliches‹, offen herausforderndes Auftreten, hinter dem sich jedoch, wie Lou selbst es sah, bis in die Lebensmitte »keine Frau, sondern ein Mädchen« verbirgt.

So widerspricht die 17jährige Schülerin Louise dickköpfig ihrem Lehrer, der im Konfirmandenunterricht behauptet, es gebe keinen Ort, an dem Gott nicht gegenwärtig sei: »Doch, die Hölle.« Nach dem Verlust ihres Glaubens an Gott sucht sie für kurze Zeit Halt in der Annahme, es gebe zumindest einen Teufel. Über solche Fragen aber kann sie mit niemandem reden, zu allerletzt mit ihrem dogmatischen Lehrer. Insgeheim beschließt sie, aus der Petersburger protestantischen Kirche, in der ihre Familie großen Einfluß besitzt, auszutreten. Sie wendet sich an den Pastor Hendrik Gillot, der die holländische Gemeinde in Petersburg betreut und für seine abweichenden Ansichten bekannt ist, und nimmt heimlich Privatunterricht bei ihm.

Gillot ist ein Familienvater um die Vierzig, der in Sankt Petersburg nicht gerade glücklich ist. Sein Amt füllt ihn nicht aus; daher stürzt er sich mit Begeisterung in die Pygmalion-Aufgabe, die intelligente, aber zu Tagträumen neigende Ljola nach seinem Willen zu formen, sie quasi neu zu erschaffen. Als erstes gibt er ihr einen neuen Namen: Von nun an heißt sie Lou.

Mit Gillot vertieft sie sich in philosophisch-theologische Fragen, lernt die Gedankenwelten Kants und Schopenhauers kennen, vor allem aber den großen Dissidenten Spinoza, den sie zu ihrem Lieblingsphilosophen kürt.[16]

Die Stoppelfelder der Philologie

Die Brüder Elisabeths und Lous werden auf Karrieren vorbereitet und funktionieren bestens. 1858 geht Friedrich Nietzsche mit einem Begabtenstipendium nach Schulpforta, ein ehemaliges Kloster und traditionsreiches Internat, das schon Novalis, Fichte und die Brüder Schlegel zu seinen Schülern gezählt hatte. 1862 wird Elisabeth für sechs Monate nach Dresden geschickt, auf ein Mädchenpensionat, das man sich weniger als eine Bildungseinrichtung denn als ein Trainingslager für angehende Hausfrauen und Mütter vorzustellen hat. Tanzunterricht bekommt sie dort, wie sie Fritz stolz berichtet, von einer Comtesse. Als Elisabeth zurückkehrt, ist der »eckige Backfisch« zwar nicht zur »Gesellschaftsdame« geworden, im Vergleich zum eleganten Dresden aber erscheint ihr Naumburg jetzt als eng und langweilig, als nicht vornehm genug. Als »sehr umworben« habe sie in Naumburg gegolten (schreibt ihre erste Biographin Luise Marelle), denn nicht nur »zierlich und rosig«, auch »fein gefesselt« war sie (die damalige Damenmode scheint die Aufmerksamkeit heiratswilliger Herren auf sonst eher marginale Körperteile gelenkt zu haben); noch dazu verfügte sie über ein hübsches kleines Vermögen. Heiratswillige Verehrer aber, darunter ein »würdiges Freiertrio«[17], bissen auf Granit bei Lisbeth, auf die, wie einer der Bewerber sich später erinnerte, »der Bruder geistig stark abgefärbt hatte. Sie führte ihn auch beständig als Autorität an, was einem wohl etwas auf die Nerven ging.«[18]

Und so tritt Elisabeth auf Sommerfesten und Winterbällen, beim Tanzen mit angehenden Lehrern und Pastoren auf der Stelle, während Friedrich Nietzsche in der Männerwelt des Geistes seinen Weg macht. Nachdem er die ›Pforte‹ erfolgreich passiert hat, geht es 1864 zum Studium nach Bonn, wo er sich gegen die Theologie und für die klassische Philologie, sprich griechische Altertumswissenschaft entscheidet; 1865 folgt er seinem Philologieprofessor Ritschl an die Universität Leipzig. Irgendwo auf diesem Weg ist sein Glaube an Gott verlorengegangen. Ein neuer Abgott ist schnell gefunden: Arthur Schopenhauer heißt er, ist Begründer einer Philosophie des Willens (unter besonderer Berücksichtigung der Musik) und spricht zu Nietzsche mit einer »Stimme«, die diesen auf persönliche, intime Weise berührt. Nietzsche beschreibt später in *Schopenhauer als Erzieher* seine Berufung durch diese Stimme: »Schopenhauer redet mit sich: oder, wenn man sich durchaus einen Zuhörer denken will, so denke man sich den Sohn, welchen der Vater unterweist. Es ist ein redliches, derbes, gutmüthiges Aussprechen, vor einem Hörer, der mit Liebe hört.«[19]

Es ist, wie so oft, eine Stimme aus dem Grabe, die den Sohn Nietzsche hier ruft, denn dieser den Sohn unterweisende Vater ist 1860 gestorben und spricht nur noch in Gestalt toter Buchstaben. Um so unbedingter und unkritischer ist die *Liebe* des Hörer-Sohnes, die zu einem regelrechten Schopenhauer-Kult führt – einem Kultus, wohlgemerkt, des *Lesens*. Friedrich Nietzsche gelingt es, seine Studienfreunde und auch Elisabeth auf die Musik-Metaphysik Schopenhauers einzuschwören. Was aber den Verzicht auf die Tröstungen des christlichen Glaubens betrifft, so stürzt der Erzieher Nietzsche seine Schwester in eine Zerreißprobe zwischen Mutter und Bruder, ohne Elisabeth ganz auf seine Seite ziehen zu können. (Bei dieser spannungsreichen Konstellation ist es im Grunde geblieben.)

Daß sie ihrem eigenen, ihr vorbestimmten Weg folgen müsse, wohin er sie auch führe: Diese Idee holt Elisabeth sich bei Schopenhauer, damit wehrt sie sich gegen die Frage ihrer Mutter, was aus ihr werden solle.

Immer wieder sucht Lisbeth in ihrem Kampf gegen die Verheiratung Hilfe bei Fritz. Sie schildert ihm, welche Szenen sich im fernen Naumburg abspielen: Die Mutter »bricht nur immer in das prophetische Wort aus: ›Du verschmähst die Schütten und bekommst ein Strohbündel!‹ Und es ergreift sie ein stiller Schauder, wenn ich fröhlich hinzusetze: ›Oder gar niemanden!‹«[20] Es ist die alte Geschwister-Verschwörung. Auch Friedrich ist das, was man einen eingefleischten Junggesellen nennt. Seine akademische Karriere allerdings läßt etwaige Kritik aus Naumburg gar nicht erst aufkommen: Seinem Lehrer Ritschl gelingt es, dem hochbegabten Studenten noch vor der Promotion den Baseler Lehrstuhl für klassische Philologie zu verschaffen. Mit sagenhaften 24 Jahren ist Fritz bereits Professor! Elisabeth ist begeistert: Die Nietzsches sind also doch etwas Besonderes; in Naumburg sieht man sie jetzt mit anderen Augen an. Im selben Jahr geht sie auf des Bruders Spuren nach Leipzig, wo sie für einige Monate »den weiblichen Studenten spielt«, wie Fritz mit freundlicher Herablassung formuliert. Mehr als ein Hineinschnuppern wäre ihr in Leipzig übrigens nicht möglich gewesen: Ein ernsthaftes Studium mit Abschluß ist Frauen an preußischen Universitäten bis 1908 untersagt.

Im Gegensatz zur herrschenden Meinung unterstützt der Bruder Elisabeths Bildungsambitionen gegenüber der Mutter. Obwohl er in seinen Büchern die Forderung der Frauen nach Bildung ablehnt und dem weiblichen Geschlecht den Zutritt zum Gymnasium verweigert,[21] ist Friedrich Nietzsche zeit seines Lebens, angefangen mit der zeitunglesenden Tante Rosalie, von ›intellektuellen‹ Frauen umgeben gewesen und hat deren Gesellschaft auch selbst gesucht: Lou Salomé ist nur das bekannteste Beispiel, zu nennen wären neben den Hochschulabsolventinnen Helene Druskowitz und Meta von Salis noch viele, vor allem aber »die beste Freundin der Welt«, Malwida von Meysenbug. Deren *Memoiren einer Idealistin* (1875/76) haben nicht nur Nietzsche tief beeindruckt, sondern Generationen von Frauen, nicht zuletzt Lou Salomé, ein Vorbild für weibliche Selbstverwirklichung jenseits der berühmten drei K – Kinder, Küche, Kirche – gegeben.

Was Elisabeths Selbstverwirklichung betrifft: Am liebsten, so darf man vermuten, *wäre sie wie Fritz*; aber sie ist eine Frau. Die zweitbeste Lösung ist, ihn zu bewundern und ihm unentbehrlich zu sein, nach dem Modell ›Frau Doktor‹. Um nicht in Naumburg zu versauern bzw. verheiratet zu werden, führt Elisabeth von 1870 an ihrem Bruder, dem Professor in Basel, in den Sommerferien den Haushalt.

Friedrich Nietzsche läßt sich die, wie er einräumt, »abnormen Umstände«[22] dieser Junggesellenwirtschaft gerne gefallen. Er spannt seine Schwester für die philologische Fisselarbeit eines Registers ein und bescheinigt ihr per Widmung, sie sei seine »Mitarbeiterin auf den Stoppelfeldern der Philologie«. Seit seiner Gymnasialzeit spielt er Elisabeths Lehrer. Im Gegenzug führt sie ihm den Haushalt, verwaltet seine Gelder, liest ihm vor und erledigt allerlei Papierkram. So bewahrt sie etwa, und das bereits seit seiner Kindheit, alles auf, was er schreibt – heimlich sogar das, was er selbst vernichtet wissen will. Sekretärin und Archivarin: Elisabeth arbeitet damit in einem Bereich, der zu ihrer Zeit noch den (Ecker-)Männern vorbehalten ist, sich jedoch bald als typischer Frauenberuf etablieren wird. Die 70er Jahre über pendelt – und vermittelt – sie zwischen Basel und Naumburg, als Fernverbindung zwischen Mutter und Sohn.

Die Aufopferung im Dienste des berühmten Bruders hat für Elisabeth eine handfeste Funktion: Sie liefert ihr gute Gründe, den Beginn eines eigenen Lebens immer weiter aufzuschieben, ohne daß sie auf ihre Ambitionen ganz verzichten müßte. Ein Mann, an dessen Seite sie so weit käme wie als Schwester des berühmten Friedrich Nietzsche, ist schwer zu finden – und am wenigsten im provinziellen Naumburg.

Im Wagner-Kreis

Friedrich läßt seine Schwester an seinen gesellschaftlichen Errungenschaften teilhaben und führt sie in den Kreis um Richard Wagner ein, der Anfang der 70er Jahre in der Nähe von Luzern lebt. Nietzsche, Philologieprofessor mit künstlerischen Ambitionen, ist dem Alt-48er Wagner, der scheinbar nur noch die Oper revolutionieren will, diesem Charismatiker, der umfassende, auch politische Visionen entwickelt, Lebensziele für die, die sich ihm anschließen – Nietzsche ist diesem Mann regelrecht verfallen. Wagner erscheint ihm als »die leibhaftigste Illustration dessen, was Schopenhauer ein Genie nennt«[23]. Für ihn ruiniert er seinen wissenschaftlichen Ruf, indem er gleich in seiner ersten Buchveröffentlichung als Professor der Philologie, *Die Geburt der Tragödie aus dem Geiste der Musik* (1872), Wagners Musikdrama als Wiedergeburt der ursprünglichen, angeblich von Sokrates verdorbenen griechischen Tragödie feiert und am Ende den Leser auffordert, dem Gott Dionysos zu opfern: Werbung für Wagners Bayreuth-Projekt. Friedrich Nietzsche stellt sich diesem Projekt einer zentralisierten säkularen Kunstreligion in den folgenden Jahren als Propagandist zur Verfügung. Er gibt einen guten Teil seines Jahressalärs für den Erwerb eines Anteilsscheins aus, und auch Elisabeth bricht das ererbte Vermögen an, um sich in den Kreis um Friedrichs neuen Ersatzvater einzukaufen. Auf Vermittlung des Bruders spielt sie in der erst spät legalisierten Ehe Richard Wagners und Cosima von Bülows die Tante, führt zwischendurch auch deren Haushalt und paßt auf die Kinder auf. Elisabeths Wagnerkult ist eine familiäre Angelegenheit, sie steht mit Cosima auf du und bleibt mit ihr in Briefkontakt – sogar noch, nachdem Friedrich Nietzsche, der ehemalige Chef der Abteilung Propaganda, Richard Wagner in Form des Buches *Menschliches, Allzumenschliches* 1878 schriftlich die Kündigung zugeschickt hat. Schon bei den ersten Bayreuther Festspielen im Sommer 1876 hatte sich die kommende Trennung von Wagner angedeutet. »Die Krankeit *löste mich langsam heraus*«, schreibt Nietzsche darüber in *Ecce homo*[24]. Er ist schockiert, als er 1876 erstmals mit der praktisch-geschäftsmäßigen (und vielleicht auch mit der ›akustischen‹) Verwirklichung von Wagners Ideen konfrontiert wird, mit Betrieb und Liebedienerei an adligen Banausen; doch überläßt er es für den Moment seinen Kopfschmerzen, diese Unverträglichkeit zum Ausdruck zu bringen. (»Meine Einwände gegen die Musik Wagner's sind physiologische Einwände«, wird er später schreiben.[25]) Fluchtartig reist er ab. Elisabeth nimmt daraufhin bei den Festspielen seinen Platz ein, wohnt einer exklusiven Aufführung des *Rheingold* in Anwesenheit des bayerischen Märchenkönigs und Wagner-Mäzens Ludwig II. bei und darf sich zum inneren Kreis der Wagner-Gemeinde zählen. Was ihren Bruder (der auf ihr Drängen hin dann doch zurückkehrt) nur abstößt, fasziniert sie: der ›Betrieb‹, man kann auch sagen die Professionalität, mit der insbesondere Cosima die Kunstreligion, den Kult am geweihten Ort Bayreuth inszeniert. Hier lernt die spätere Gründerin des Nietzsche-Archivs, wie man einen modernen Kult organisiert und wie eine Frau von eher geringer Herkunft bis in die höchsten gesellschaftlichen Sphären aufsteigen, am Ende gar Kaiser und Fürsten zu sich kommen lassen kann.

Bayreuth 1876 markiert einen Wendepunkt in Elisabeths Leben. Auf den Festspielen stellt sich ihr, der Vertrauten des »Meisters«, ein leidenschaftlicher Wagnerverehrer namens Bernhard Förster vor, Lehrer am Berliner Friedrich-Gymnasium, im Alter ihres Bruders (Jahrgang 1843). Försters Mutter, Pastorenwitwe wie Franziska Nietzsche, lebt in Naumburg, wo Elisabeth eine Wagner-Gesellschaft gründet, und so entwickelt sich bald ein regelmäßiger Kontakt. (Also doch: ein Naumburger Lehrer und Pastorensohn.)

Wie die Wagners, viele Wagnerianer und eine seit der Reichsgründung stetig wachsende Zahl von deutschen Lehrern ist Förster Antisemit; anders als die vorsichtigen Wagners aber hält er seine Hetzreden gegen die Juden in der Öffentlichkeit: »Entweder bringen wir dieses Judentum [...] aus uns heraus, oder wir sind rettungslos verloren und – verdienen es, verloren zu sein! (Lebhafter Beifall.)«[26] Den bekommt er auch von Elisabeth.

Während sie Försters Propaganda lauscht und »das Alles so sympathisch« findet, freundet sich ihr Bruder immer enger mit einem seiner Schüler an, der in vielerlei Hinsicht das genaue Gegenteil Försters ist. Paul Rée, geboren 1849 als Sohn eines pommerschen Rittergutsbesitzers, ist einerseits genug Schopenhauer-Anhänger, um den Autor der *Unzeitgemäßen Betrachtungen* zu bewundern, andererseits jedoch Verfechter einer neuen, knochentrockenen Sachlichkeit des Philosophierens, die die Gedankengebäude der Metaphysik gleichsam mit dem Fingerhut abtragen will. Er hat Vorlesungen über Chemie gehört (eine Idee, mit der auch Nietzsche gelegentlich geflirtet hat) und kurz bei F. A. Lange studiert, der mit seiner *Geschichte des Materialismus* auch Nietzsche stark beeinflußt hat. Rées von Darwin inspirierte Aphorismensammlungen zur Abstammungsgeschichte der Moral, insbesondere aber seine eigene, nämlich jüdische Abstammung erregen das Mißfallen der Wagners, die Nietzsche vor dem »Israeliten« und seiner zersetzenden Moralkritik warnen. (Gegenüber Nietzsches Verleger Schmeitzner soll Wagner sich über Rée und die Juden im allgemeinen folgendermaßen geäußert haben: »Es gibt Wanzen, es gibt Läuse. Gut, sie sind da. Aber die brennt man aus! Die Leute, die das nicht tun, sind Schweine!«[27])

Aber der neue Ton, den Rée anschlägt, bringt in Nietzsche eine Saite zum Klingen, die er den Bayreuthern gegenüber bislang verborgen hat.

Mitte der 70er Jahre tritt überhaupt so einiges Überraschende zutage. Weihnachten 1875 hat Nietzsche einen Migräneanfall erlitten, einen völligen Zusammenbruch, so daß selbst seine Schwester, die dabei war und schon einiges erlebt hatte, ihn verloren glaubte. Nach seiner Genesung macht er im Frühjahr, mit der Entschlußkraft des Überlebenden, innerhalb weniger Tage einer wildfremden Frau, der Baltin Mathilde Trampedach, einen Heiratsantrag (der abgelehnt wird) und erwählt nach Lektüre ihrer *Memoiren* die »Idealistin« Malwida von Meysenbug zu seiner neuen, seiner eigentlichen Mutter. Und er nimmt, nachdem er den ersten Bayreuther Festspielen den Rücken zugekehrt hat, die Arbeit an einem neuen Werk auf, einem reinen Aphorismenbuch. Der Hauptteil von *Menschliches, Allzumenschliches* ist dann in Sorrent, in der Nähe von Neapel, entstanden, in einer von Malwida von Meysenbug angemieteten Villa; dort wollen sie, Friedrich Nietzsche, Paul Rée und ein Student namens Brenner im Winter 1876/77 eine Art Denkerkloster gründen. Um die wirtschaftlichen Angelegenheiten der geplanten freien Universität, einer »Idealkolonie«, die nach Malwidas Willen auch Frauen aufnehmen würde, soll sich Elisabeth kümmern: Sie solle schon einmal anfangen, Italienisch zu lernen, schreibt ihr Friedrich aus Sorrent. Luftschlösser! Was am Ende bleibt, sind Bücher, hervorgegangen aus gegenseitiger geistiger Befruchtung in Gestalt von Lesungen, Diskussionen, gemeinsamen Spaziergängen – Bücher, die Elisabeth nicht gefallen werden: Rées *Ursprung der mora-*

lischen Empfindungen und das Werk, mit dem Nietzsches Kampf gegen Richard Wagner, das Christentum und die »moralischen Vorurteile«, kurz: gegen alles, was Elisabeth heilig ist, beginnt.

Während sie ihm wieder den Haushalt führt, bereitet Fritz die Veröffentlichung von *Menschliches, Allzumenschliches* vor und damit eine Wendung gegen alles, was er bisher, nicht zuletzt seiner Schwester gegenüber, vertreten hat. Elisabeth hat den Anfall ihres Bruders nicht vergessen und auch die ›Gehirnerweichung‹ des Vaters nicht. Wenn es so weitergehe, klagt sie im Herbst 1877 einer Freundin, werde Fritz zwangsläufig in der Irrenanstalt landen. Ihr Bruder muß unter dem schlechten Einfluß Rées stehen; spricht er nicht selbst von seinem »Réealismus«? Der Autor von *Menschliches, Allzumenschliches* ist augenblicklich nicht er selbst, ist jedenfalls nicht *ihr* Nietzsche. Da man auch an den guten Namen der Familie denken muß, schlägt Elisabeth vor, das Buch unter Pseudonym zu veröffentlichen. Der Verleger jedoch besteht auf dem verkaufsträchtigen Namen Friedrich Nietzsche.

Mit dem es danach allerdings vorbei ist. Die folgenden zehn Jahre über, bis kurz vor seinem geistigen Zusammenbruch Anfang 1889, wird Nietzsches Werk, nun abgekoppelt vom Bayreuther Kulturmanagement, im verborgenen wirken. Das Medium des exklusiven, esoterischen Lesekults der wenigen Nietzsche-Anhänger, jener »unsichtbaren Kirche« (Rée), die sich schon früh nicht nur auf Deutschland beschränkt, sind allein seine Bücher.

Die neue kritische Methode von *Menschliches, Allzumenschliches*, die Nietzsche später *Genealogie* nennen wird, befaßt sich mit Ursprüngen, mit Entstehungsgeschichten; sie nimmt ihren Ausgang bei der Erkenntnis Darwins, daß auch höchstentwickelte Arten auf niedrige Ursprünge zurückzuführen sind. In diesem Sinne wird nun das christliche Ideal der Nächstenliebe, werden die *moralischen Vorurteile* »hinterfragt«: So versucht Rée etwa die Entstehung des Gewissens aus dem Eigennutz nachzuweisen, während Nietzsches quasi chemische Analyse der moralischen Empfindungen diese als »Sublimierungen« entlarven will.[28]

Es geht um Wahrheiten, die weh tun: »Gram ist Erkenntniss« lautet die Überschrift eines Aphorismus, der gegen den auf seine alten Tage zum christlichen Glauben zurückgekehrten Richard

Wagner gerichtet ist. Ohne Namen zu nennen, spricht Nietzsche sich darin gegen eine »romantische Rückkehr und Fahnenflucht, eine Annäherung an das Christenthum in irgend einer Form« als »Heil- und Trostmittel« gegen die »strenge Methode der Wahrheit« aus.[29]

Dieser neue Nietzsche löst in seiner Umgebung ein »allgemeines Erstaunen und gewissermaßen Entsetzen« aus, um mit Elisabeth Förster-Nietzsche zu sprechen.[30] Bezeichnenderweise teilt Cosima Wagner ihre Ablehnung des Buches nicht etwa dem Autor, sondern dessen Schwester mit: »ich weiß, er war krank, als er alle diese [...] Sätze niederschrieb [...;] den Autor dieses Werkes kenne ich nicht. Deinen Bruder aber, der uns so Herrliches gegeben, kenne ich und liebe ich.«[31]

Die Nietzsches und der Antisemitismus

Die Krise, die Elisabeths spät gefundene Lebensperspektive im Kern bedroht, spitzt sich zu, als ihr Bruder, der sich schon für das Wintersemester in Sorrent krankheitshalber hatte beurlauben lassen, 1879 ganz aus dem Lehrdienst ausscheidet. Der Basler Haushalt wird aufgelöst; der Philologe Nietzsche begibt sich als freischaffender Philosoph in den Süden, wo er sich Besserung durch gute Luft und blauen Himmel verspricht und, seine nicht eben üppige Pension verzehrend, weiter an der Demontage dessen arbeitet, was er in seinen früheren Schriften selbst verkündet hat. In *Vermischte Meinungen und Sprüche* (1879) und *Der Wanderer und sein Schatten* (1880), den Fortsetzungen von *Menschliches, Allzumenschliches*, greift er Wagner mit zunehmender Heftigkeit an.

Das *Wanderer*-Buch ist tatsächlich an der frischen Luft geschrieben, auf einsamen Spaziergängen im Gebirge mit dem Notizbuch in der Tasche, um für Eingebungen gewappnet zu sein. Es etabliert sich da eine Methode der Textproduktion, die Nietzsche bis zuletzt beibehalten wird: Schreiben als Umschreiben, der »Schriftsteller« als Herausgeber und Kompilator von Material, das sich – gedanklich ungeordnet, widersprüchlich – in den Notizen des »Autors« findet.[32] Immer wieder strecken diesen Gedankengänger seine Migräneattacken förmlich nieder; in den weißen Abständen, die Nietzsches Aphorismenbücher gliedern, mag man Spuren solcher Unterbrechungen des Ganges der Gedanken sehen.

Ein ehemaliger Student Nietzsches, der Musiker Heinrich Köselitz, entwickelt sich in dieser Zeit zum eigentlichen »Schriftsteller«, der das Gekrakel des »Sieben-Achtel-Blinden« Nietzsche zu entziffern und druckreif zu machen hat. An diesem Köselitz (von Nietzsche mit dem Künstlernamen »Peter Gast« bedacht) und seiner künstlerischen Begabung tobt sich der Bewunderungstrieb Nietzsches zwar vergeblich aus (irgendein Wagner-Ersatz muß halt her), doch erweist sich Köselitz als zuverlässiger Gehilfe nach dem Goethe-Eckermann-Modell.

Köselitzens Vorgängerin Elisabeth ist nach der Auflösung des Basler Haushalts zu ihrer Mutter nach Naumburg zurückgekehrt; gemeinsam haben sie ein Haus erworben, in dem sie mit dem Hausmädchen, der ›treuen‹ Alwine Freytag, zusammenleben. Neben ihrer Tätigkeit als Leiterin des örtlichen Wagner-Vereins lernt Elisabeth Französisch: Eine Zeitlang plant sie, als Gouvernante nach Paris zu gehen. Auch beginnt sie, moralisch unterstützt und beraten durch Malwida von Meysenbug, an einer Novelle zu arbeiten, in der vagen Hoffnung, mit dem Schreiben Geld verdienen zu können, das dann dem armen Fritz zugute käme. Doch kommt ihr Bruder mit seinen Bezügen gut über die Runden – zumindest solange die Wurst- und Sockensendungen aus Naumburg sein Postamt erreichen: Denn wirklich *abgenabelt* hat er sich von dieser mütterlich-schwesterlichen Unterstützung nie, allen Spannungen zum Trotz. Die beiden Frauen sollen ihm also helfen – er kann da sehr fordernd auftreten –, aber gleichzeitig sollen sie ihn in Ruhe lassen und begreifen, daß es ihm peinlich ist, mit ihnen überhaupt verwandt zu sein! Wollen sie ihm helfen, so brauchen sie angesichts seiner Launen und Umschwünge ein dickes Fell und die unerschütterliche Überzeugung, besser als er selbst zu wissen, was gut für ihn ist. Beispielsweise, ein anstößiges Buch, wenn es denn unbedingt erscheinen soll, besser unter Pseudonym zu veröffentlichen; eine reiche Frau zu heiraten; keinen falschen Freunden zu vertrauen. Elisabeth hat es, das kann man schon hier feststellen, »immer nur gut gemeint«, wenn sie intrigierte, log, fälschte. Schließlich ging es um den guten Namen, der auch ihrer war.

Und sie selbst? Die Titelgestalt ihrer nie veröffentlichten, autobiographisch angelegten Novelle trägt sicherlich nicht zufällig den Namen Nora. (Malwida hatte Ibsen in Italien kennengelernt; das Nora-Schauspiel *Ein Puppenheim* [1879] war bereits 1880 in Deutschland aufgeführt worden.) Elisabeths Nora allerdings ist zu ihrer Mutter nach Hause zurückgekehrt und findet ihr Glück an der Seite eines Mannes. In diese Figur, es handelt sich um einen Philosophen namens »Georg«, mögen Züge Friedrich Nietzsches wie auch Bernhard Försters eingegangen sein.

Nach Elisabeths Rückkehr nach Naumburg jedenfalls nähern sie und Förster sich einander weiter an; nach den Stoppelfeldern der Philologie darf sie nun auf politischem Terrain mitarbeiten. Das Haus der Nietzsches wird zeitweilig zur Zentrale einer von Bernhard Förster initiierten und organisierten Kampagne: Im ganzen Reich werden Unterschriften für eine Petition gesammelt, die einen Zuzugsstopp für Juden, deren Entlassung aus dem Volksschullehramt sowie weitere Sanktionen fordert. In einem Nachruf auf Förster wird es später heißen, mit dieser Unterschriftenaktion habe der deutsche Antisemitismus den Schritt zur Massenbewegung getan. Mit Elisabeths Unterstützung werden 267 000 Unterschriften gesammelt. Obwohl das ganze Unternehmen sich auf den Geist und die Politik Bayreuths beruft, lehnt Richard Wagner jedoch eine Beteiligung ab. Und als die Petition 1880 dem Reichskanzler Bismarck vorgelegt werden soll, verweigert dieser die Annahme.

Auch Friedrich Nietzsche ist erklärter Feind derer, die sich als Antisemiten bezeichnen. Ein gewisser Antisemitismus – das Wort im heutigen Sinne verstanden – ist ihm sicherlich nicht fremd, sondern als Ex-Wagnerianer nur zu gut bekannt. Judenfeindliche Äußerungen enger Freunde wie Rohde machen deutlich, daß Friedrich Nietzsche sich in einem antisemitischen Klima bewegt. Und selbst dem liberalsten und vernünftigsten unter seinen Freunden, dem Basler Theologen Franz Overbeck, sind die Juden – bei aller Distanz zum Krawall derer, die sich offiziell als Antisemiten bekennen – ›selbstverständlich‹ alles andere als sympathisch.[33] Ob es Friedrich Nietzsche gelungen ist, diese von ihm immer wieder »verfluchte Antisemiterei« ganz hinter bzw. »unter« sich zu lassen, darf daher bezweifelt werden. (Overbeck meint sogar, Nietzsches Feindschaft gegen das Christentum sei wesentlich antisemitisch begründet![34]) Auch beginnt die Vereinnahmung Nietzsches als Parteigenosse nicht erst 1933. Schon in den 1880ern glaubt man ihm den Anti-Antisemitismus nicht und schickt ihm unaufgefordert die Vereinspostille der Antisemiten zu – laut Satzung Lesestoff ausschließlich für »vertrauenswürdige Parteigenossen«. Sogar ein Bernhard Förster meint sich in der Öffentlichkeit auf ihn berufen zu dürfen. (»In Berlin habe ich einen wunderlichen Apostel«, stellt Nietzsche fest.[35]) Um so schärfer muß Nietzsche sich daher in seinen Schriften von Antisemiten und Deutschtümlern absetzen.

Also auch von seiner Schwester.

Das Verhältnis Friedrichs zu Elisabeth ist um 1880 bereits unheilbar zerrüttet. Die Lunte ist gelegt, das Pulver trocken. Damit es zwischen den Geschwistern, die einander nur noch selten zu sehen bekommen und einer Auseinandersetzung aus dem Weg gehen, endlich kracht, fehlt aber noch ein Anlaß.

Nietzsche stilisiert sich in den folgenden Jahren in seinen Büchern zum Rufer in der Wüste, genauer: vom Arbeiter auf den Stoppelfeldern der Philologie zum einsamen Wanderer im Hochgebirge des Denkens, auf unerforschten Pfaden unerhörten, »hochgeborenen« Gedanken nachgehend.

In Gestalt Lou Salomés betritt 1882 zum richtigen Zeitpunkt eine Figur die Szene, die man andernfalls hätte erfinden müssen. An dieser Russin – nicht zufällig ist sie eine Freundin von Rée – wird sich für Elisabeth alles dingfest machen lassen, was ihr an des Bruders Philosophie schon lange auf die Nerven geht. Lou ist hochgewachsen, jung, brillant, und sie trägt (nach dem Tod ihres Vaters) den Titel einer Exzellenz: Die Idealbesetzung für eine Figur, die von Elisabeth bewundert, beneidet und schließlich gehaßt wird.

Die Zürcher Studentin

Die junge Frau von 19 Jahren, die sich im September 1880 dem Zürcher Professor Biedermann vorstellt, ist für ihn wie für eine ganze Reihe von klugen Menschen, Männern wie Frauen, der Inbegriff von höherer Weiblichkeit gewesen. Voraussetzung dafür, daß Lou Salomé die unterschiedlichsten, ja sogar gegensätzlichen Ideale zu verwirklichen schien, war wohl auch ihre Abneigung gegen Spezialisierung und Fachidiotentum, der Wunsch nach umfassender menschlicher Bildung. Eine profane *Aus*bildung hingegen hat sie, die manchmal als Vorkämpferin des Frauenstudiums dargestellt wird, nie gewollt und nie erhalten. In Zürich (neben Paris damals die einzige europäische Universität, die Frauen ein reguläres Studium anbot) immatrikuliert sie sich nicht einmal. Dennoch widmet sie sich mit Eifer kunsthistorischen, philosophischen, vor allem aber religionswissenschaftlichen Studien. Zugleich bemüht sie sich unter Vermittlung eines weiteren Lehrers um die Veröffentlichung von Gedichten. Eine vielseitig begabte adlige Dilettantin?

Andere Zürcher Studentinnen sind da aus anderem Holz geschnitzt, Rosa Luxemburg etwa oder Feministinnen wie Helene Stöcker, die erste promovierte Philosophin in Deutschland. Bereits seit 1867 konnten sich Frauen in Zürich immatrikulieren. Während etwa in Preußen bis 1908 keine Frau offiziell studieren, d. h. ihren Abschluß machen darf, wird die ›Zürcher Studentin‹ zu einer internationalen Erscheinung, da aus vielen europäischen Ländern Frauen, die es sich leisten können, in die Schweiz ziehen, um sich zur Ärztin, Juristin oder Philosophin ausbilden zu lassen und dann in ihre Heimatländer zurückzukehren. Klischee und Inkarnation der ›Neuen Frau‹, spricht die Zürcher Studentin typischerweise mit russischem Akzent. Als Lou sich unter Aufsicht ihrer Mutter, die der Idee von vornherein skeptisch gegenübergestanden hat, auf den Weg nach Zürich macht, ist sie eine von vielen Frauen aus dem Russischen Reich, die diesen Bildungsweg beschreiten. Die sozialen, wenn nicht gar sozialistischen Motive jener Kommilitoninnen, die sich dem russischen Volk als Ärztinnen zur Verfügung stellen und zu diesem Zweck möglichst schnell einen Abschluß erwerben wollen, sind der politisch uninteressierten

Lou von Salomé, 1881, Zürich

Lou jedoch fremd. Auch ist sie zeitlebens in erster Linie Autodidaktin geblieben und hat einem förmlichen Studium stets – auch noch mit 50 Jahren, als sie die Psychoanalyse erlernte – den ›Privatunterricht‹ des Gesprächs unter vier Augen vorgezogen.

Aufgrund einer Lungenerkrankung bricht Lou ihre Zürcher Studien bereits nach zwei Semestern ab und begibt sich 1881 an der Seite ihrer Mutter nach Italien, in jene südlichen Gefilde, von deren gesundem Klima die Ärzte sich damals wahre Wunderdinge versprechen. Obwohl Lou an der Universität ein fast ebenso kurzes Gastspiel gegeben hat wie Elisabeth 1869 in Leipzig, könnte der Gegensatz kaum größer sein: Lous verbissenem Lerneifer steht auf Seiten Elisabeths eine gewisse Unschlüssigkeit gegenüber. Lou brachte aus ihrer privilegierten Kindheit eine Ignoranz gegenüber lebenspraktischen Fragen mit, eine vornehme Verachtung, die sie auch in schweren Zeiten nie verlassen sollte. »Der grosse Vorzug adeliger Abkunft ist, dass sie die Armuth besser ertragen lässt«, konstatiert Friedrich Nietzsche in § 200 der *Morgenröthe*.[36] Der größte denkbare Luxus, der vollständigste Triumph über das Nützlichkeitsdenken bestünde aus dieser Perspektive in einer vollständigen Verachtung des Materiellen: Der ›Aristokratismus‹ verarmter Bohemiens zeichnet sich ab. Davon war Elisabeth weit entfernt; aber sie war ja schließlich das Lama, das für Fritz die Last des Alltäglichen trug, seine Notizbücher besorgte, seine Finanzangelegenheiten regelte, sie war der praktische Rückhalt, den er in Anspruch nahm, um erst den Basler Dandy, dann den Engadiner Eremiten spielen zu können. Elisabeths Ambitionen hatten sich auf ihren Bruder zu beziehen, das stand außer Zweifel: An einen ›Egoismus‹, wie eine Lou Salomé ihn sich erlaubte, war nicht zu denken. Anders als die Revolte der jungen Studentin stand Elisabeths Weigerung, sich zu verheiraten, gerade nicht unter dem Zeichen der Selbstverwirklichung, sondern blieb an ihren privaten ›Nietzsche-Kult‹ gekoppelt, mit ihr in der Rolle des *geborenen* Jüngers ihres Bruders. Sie hielt sich zu seiner Verfügung bereit und konnte bestenfalls, unter amüsiertem Beifall des Bruders, den Studenten *spielen*; wie Friedrich Nietzsche reagiert hätte, wenn Elisabeth Ernst gemacht und versucht hätte, sich in Zürich einzuschreiben, muß offenbleiben – ein solcher Schritt war undenkbar, und zwar für beide Seiten. Elisabeth Förster-Nietzsche wird 1937 in der ungestörten Selbstgewißheit entschlafen, ihr Lebtag nie etwas für sich selbst getan zu haben: alles für Fritz, für die Familie, dann für Förster – und zuletzt für den Führer.

Selbst die schriftstellerischen Versuche, die Elisabeth 1878 aufgenommen hat, sollen angeblich nur der finanziellen Versorgung des emeritierten Bruders dienen. (Er bekommt dann eine knappe, doch ausreichende Pension zugesprochen.) Fritz macht sich trotzdem über die »Novellen-Eierchen« lustig, die sie ausbrüte (und nie veröffentlicht hat). Den Dilettantismus, der Frauen, denen keine ordentliche Ausbildung offensteht, mehr oder weniger aufgezwungen wird, trifft die ganze Härte seiner Verachtung.

Die junge Lou Salomé dagegen ist nun tatsächlich eine Ausnahmeerscheinung: Als solche betrachtet sie sich selbst, und die Außenwelt bestätigt es. Ihre Mutter kommt gegen den eisernen Willen der Generalstochter nicht an. Was die Menschen, denen Lou Anfang der 1880er Jahre in Zürich, Rom oder Berlin begegnet, was insbesondere Malwida von Meysenbug in Erstaunen versetzt, sind dann auch nicht nur die intellektuelle Brillanz und rasche Auffassungsgabe, die Lou an den Tag legt, oder ihr höchst ›männlicher‹ Hang zum abstrakten Denken. Das Verblüffendste ist vielleicht die Unerschrockenheit, mit der diese junge Frau von 21 Jahren den klügsten und bedeutendsten Männern im Gespräch die Stirn bietet. Der kinderlosen »Idealistin« Malwida ist ihre Pflegetochter Olga Herzen per Heirat abhanden gekommen; als Lou, die die *Memoiren einer Idealistin* mit Begeisterung gelesen hat, Anfang 1882 Malwida von Meysenbugs offenes Haus in Rom aufsucht, sieht diese schon die nächste Ersatztochter vor sich.

Als Zürcher Studentin trägt Lou noch jene dort übliche schwarze, hochgeschlossene Schwesterntracht, die ebenso gut an eine Nonne wie an eine Witwe gemahnt. In gewissem Sinne trifft beides zu: Lou hat ihr Leben dem Orden der Philosophen geweiht, und sie trauert, Witwe und Waise zugleich, um Hendrik Gillot. Der ist allerdings gar nicht tot, sondern zur Unperson geworden, als er sich seiner Schülerin mit einem Heiratsantrag genähert hat. Was wirklich vorgefallen ist, liegt – nicht zufällig – im dunklen. Die pädagogische Urszene, die sich in Lous Leben und Literatur –

und in der autobiographischen Dichtung namens *Lebensrückblick* – des öfteren wiederholen wird, spielt sich stets unter vier Augen ab: In Lous Roman *Ruth* (1895) pflegt die Schülerin die Lehrstunden auf dem Schoß ihres Lehrmeisters zu verbringen – der geeignete Ort, um, als der Lehrer unerklärlicherweise plötzlich von Liebe spricht, in Ohnmacht zu fallen. Jedesmal bricht über dieses Vater-Tochter-Idyll von irgendwoher die Sexualität herein, mit der Gewalt einer Naturkatastrophe. Bei aller Liebe: Sex läßt sich in dieser Konstellation (mit einem älteren Mann) für Lou offenbar nur als Vergewaltigung denken – ein Inzest, für den allein der Mann die Verantwortung trägt.

Im Rückblick auf jene ersten Liebeserfahrungen hat Lou Andreas-Salomé später die charakteristische *Ungleichzeitigkeit* ihrer Entwicklung hervorgehoben: intellektuelle Frühreife, sexuelle Spätentwicklung. In der Tat bestätigen alle Zeugnisse, daß die junge Lou fast schon auffällig unkokett gewesen ist. Auch entspricht sie keineswegs dem – noch – gängigen Schönheitsideal. Ihre Androgynität vertieft eher den Eindruck einer Fremdheit, den man in den Namen, die Malwida, Paul Rée und schließlich auch Friedrich Nietzsche für sie finden, spürt: »diese Russin«, dieses »Wesen« ist ein »Geschöpf« wie vom anderen Stern.

Eine Ferne umgibt sie.

Die rätselhafte Lungenkrankheit (von einigen Biographen als psychosomatische bzw. hysterische Reaktion auf den Bruch mit Gillot aufgefaßt) verleiht ihr einen leicht morbiden Reiz. Damit und mit ihrer Körpergröße kontrastiert eine ganz unstatuarische Lebhaftigkeit. Ihre Stimme muß man sich laut vorstellen; »befehlend« klang sie einem Ohrenzeugen aus späteren Jahren.[37]

Auf den Soireen im Meysenbugschen Salon klingen noch die Diskussionen über eine »université libre« nach, in der auch Frauen als Hörerinnen vorgesehen waren. Der erwähnte Aufenthalt in Sorrent (1877/78) ist ein Anlauf zur Gründung dieses »Klosters für Freiere Geister« gewesen, und die Idealistin hat ihren Traum einer solchen »Idealkolonie« nicht aufgegeben. Eines Abends im März taucht ein Mitbewohner aus der Sorrentiner Zeit bei Malwida auf, Paul Rée, der den Beginn des Jahres mit Friedrich Nietzsche in Genua verbracht hat. Unter anderem hat der zur Spielsucht neigende Rée unter Nietzsches Aufsicht ein Spielcasino in Monte Carlo besucht. Nun hat er ohne Nietzsche erneut sein Glück versucht und alles verloren, platzt vor den Augen Lous bei Malwida herein und leiht sich Bargeld. Rée bleibt als regelmäßiger Besucher der »idealistischen« Soireen in Rom, freundet sich in den folgenden Tagen und Wochen mit Lou an und begleitet sie allabendlich bis zur Haustür. Ein schöner Spaziergang führt von Malwidas Haus (mit Blick auf das Kolosseum) zu der Pension, in der Lou mit ihrer Mutter abgestiegen ist. Es ist Frühling, und im Mondlicht bildet die Stadt für die Diskussionen dieser Freigeister eine zauberhafte Kulisse, verführt zu immer kühneren Umwegen, zu immer vertraulicherem Umgang.

Über die allmähliche Verfertigung der Gedanken beim Reden kommt man sich näher – nur daß Lou, im Gegensatz zu jener Schwester, von der in dem berühmtem Essay Heinrich von Kleists die Rede ist, nicht stumme Zuhörerin bleibt, sondern »in fast ärgerlicher Weise immer schon vorweg weiß, was kommt, und worauf es hinaus soll«[38]. Rée mag sich mit dem asexuellen Status eines Bruders, den Lou für ihn reserviert hält, offenbar nicht gleich anfreunden und hält bei Lous Mutter, gewissermaßen hinterrücks, um die Hand ihrer Tochter an. Der Antrag wird abgelehnt; Lou gibt die Gillot-Affäre als Grund an für ihren Entschluß, niemals zu heiraten und ihr Leben ganz dem »Geist« zu weihen. Nie wieder wird sie lieben können, sagt die 21jährige. Derlei Erklärungen pflegen ›Erwachsene‹ mit einer gewissen Skepsis zur Kenntnis zu nehmen. Nicht nur Mutter Louise und Ersatzmutter Malwida runzeln die Stirn, auch der, dem Lou ewige Treue/Trauer schwört, Hendrik Gillot selbst, mahnt sie brieflich, sie dürfe ihre Studien nicht als Selbstzweck betrachten, ihre Ausbildung sei Teil eines »Übergangs« (und am Ende laufe es ja doch auf Ehe und Kinder hinaus). Lous Antwortbrief ist ein regelrechtes Manifest, in dem es unter anderem heißt: »dann will ich immer im Übergang stecken bleiben«. Denn niemand könne freier und glücklicher sein als sie gerade jetzt.[39]

Auf ihren gemeinsamen Spaziergängen gelingt es Lou, den großen Bruder Rée für ein gewagtes Vorhaben zu gewinnen: Der »Übergang« soll in einen »Lebensplan« überführt werden, um ihnen beiden ein unverheiratetes Zusammenleben im Geiste der

Kameradschaft zu ermöglichen. Was man heute Wohngemeinschaft nennt, davon konnte eine junge Frau damals nur träumen. In der Tat, ein Traum: »Da erblickte ich nämlich eine angenehme Arbeitsstube voller Bücher und Blumen, flankiert von zwei Schlafstuben und, zwischen uns hin und her gehend, Arbeitskameraden, zu heiterem und ernstem Kreis geschlossen.«[40]

Arbeit, Arbeit ... Immerhin träumt sie von mir, mag Rée sich gedacht haben, als er diesem Plan zustimmt, der, für die damalige Zeit mehr als exzentrisch, eine krasse Herausforderung der guten Sitten darstellt. Eines scheint klar: Ohne Anstandsdame geht gar nichts. Der einzig erfolgversprechende Weg zur Verwirklichung des Traums besteht daher darin, die Sorrentiner Gemeinschaft im kommenden Winter in fast identischer Besetzung wiederaufleben zu lassen; lediglich die Rolle des lungenkranken Studenten würde mit Lou neu besetzt werden. Allerdings zeigt Malwida auf Anfrage zunächst wenig Interesse. Rées Briefe an Friedrich Nietzsche aber, in denen er dem Freund die russische »Errungenschaft« anpreist, die »begierig«[41] sei, ihn kennenzulernen, verfehlen ihre Wirkung nicht.

Friedrich sucht, nachdem er sich 1881 Elisabeths Besuch in seinem Refugium Sils-Maria im Oberengadin verbeten hat, nun, im Frühjahr 1882, nach Jüngern, an die er »verschenken und austheilen«[42] kann – Danaergeschenke, abgründige Gedanken aus dem Hochgebirge. Im August 1881 hat sich etwas ereignet, eine Art Begegnung im Gebirge. Auf einem Spaziergang entlang dem See bei Silvaplana nahe Sils war es, an einer genau bezeichneten Stelle, bei der Rast an einem pyramidenförmigen Felsen nämlich. »Da kam mir dieser Gedanke.« So Nietzsche in *Ecce homo*.[43] Der Gedanke, den wir hier nur bei dem Titel nennen wollen, den Nietzsche ihm verliehen hat,[44] der Gedanke der *Ewigen Wiederkunft des Gleichen* also, »kam« ihm am Ufer des Bergsees. Nietzsche hat jenen Gedanken eine Zeitlang behandelt wie einen geheimen Schatz; doch ist es nicht zu bestreiten, daß die Idee eine *gefundene* war, vor allem, da Nietzsche sie vermutlich bei Eugen Dühring aufgelesen hat – nicht in den Bergen also, sondern in einem Buch.

Den von Dühring selbst als absurd diskreditierten Gedanken

nimmt der Leser Nietzsche nun *an,* auf sich, erträgt ihn, trägt den bald als »größtes Schwergewicht« bezeichneten Gedanken gewissermaßen aus.[45] Und durchlebt eine tiefe Erschütterung, eine psychische Krise mit Selbstmordgedanken. Diese Krise überlebt zu haben deutet Nietzsche sodann als Zeichen seiner Erwähltheit; andere empfängliche Geister derselben Tortur zu unterwerfen wird sein geheimes Ziel. Auf diese Weise wird sich ein exklusiver Orden gründen lassen, dessen Mitglied nur werden kann, wer die Erfahrung radikaler Sinnlosigkeit aller menschlichen Bestrebungen durchlaufen, damit aber auch hinter sich gebracht hat. Zur Jahreswende 1881/82 beschließt Nietzsche daher seine »Rückkehr zu den Menschen«.

Nun winkt das Schicksal: Aus den Briefen Rées und Malwidas geht hervor, daß es da diese junge Russin gibt, ihm im Geiste verwandt, eine Art Naturwunder an Klugheit, »begierig«, ihn zu sehen. »Ich bin nach dieser Gattung von Seelen lüstern«, schreibt er nach Rom: »Ja ich gehe nächstens auf Raub darnach aus.«[46] Schon vor der Begegnung ist er sicher, daß Lou die Richtige, die Idealbesetzung ist. Und zur Begrüßung, da weiß er über Lou noch gar nichts, spricht er die salbungsvollen Worte: »Von welchen Sternen sind wir uns hier einander zugefallen?«[47]

Von welchen Sternen Lou auch gefallen sein mag – sie landet als Funke in einem Pulverfaß.

Kapitel II
»Von Sternen gefallen«

Der Liebe Zufall: Sanctus Januarius

»Ich will immer mehr lernen, das Nothwendige an den Dingen als das Schöne sehen [...]. Amor fati: das sei von nun an meine Liebe!«[1]

Diese »Liebe zum Schicksal«, dieses Ja zum Leben, was es auch bringen möge, wählt Friedrich Nietzsche sich im Januar 1882 zum Motto für das beginnende Jahr, zur »Bürgschaft« seines zukünftigen Lebens, das nicht mehr das eines Einsiedlers sein soll.[2] Dem Nietzsche von 1882 erscheint tendenziell jedes noch so banale Erlebnis als bedeutungsvoll; der zweite Aphorismus des *Sanctus Januarius* warnt sogar vor einer Gefahr – dem Aberglauben an eine persönliche, über das Schicksal des einzelnen minutiös wachende »Providenz« oder Vorsehung –, die gerade dem drohe, der sich auf einem Höhepunkt seines Lebens befinde. Dieser Aberglaube sei nichts als das Resultat »unserer« eigenen, höchstentwickelten Interpretationsgabe, versichert Nietzsche – wem? Offenbar sich selbst.

Nach all dem kann es nicht überraschen, daß Friedrich Nietzsche in bezug auf Lou gewisse Vorahnungen hat, als er Ende April 1882 spontan nach Rom reist und seine alte Freundin Malwida aufsucht. Sein Aberglaube, »der liebe Zufall«[3] benehme sich in seinem Fall eben doch als eine Schicksalsmacht, muß sich durch die folgende Kette von unwahrscheinlichen Zufällen mehr und mehr verstärkt haben. Es beginnt damit, daß das erste Zusammentreffen Nietzsches (künftiger Lehrer des Todes Gottes) mit der als Jüngerin ins Auge gefaßten Lou Salomé ausgerechnet im Petersdom, dem Herzen der katholischen Christenheit, stattfindet. Dort, in einer menschenleeren Nebenkapelle, pflegt Paul Rée mit der Freundin seinen Studien nachzugehen – im Beichtstuhl. Die zwei erleben einen ebenso unverhofften wie bühnenreifen Auftritt, denn zur Begrüßung Salomés spricht Nietzsche die erwähnten schicksalsschweren Worte. Ein Sternen-Zufall: Von Anfang an – spätestens – ist also klar, daß bei dieser Begegnung höhere Mächte im Spiel sind. Zumindest Nietzsche ist das klar. Wie Lous Antwort lautete, ist unbekannt. Sie hat später den ersten Eindruck, den der Professor auf sie machte, in ihrem Buch *Friedrich Nietzsche in seinen Werken* als ausgesprochen höflich, zurückhaltend, unaufdringlich beschrieben. Seine schön geformten Hände seien ihr gleich aufgefallen, dann seine Augen, deren Blick (obwohl Nietzsche mit seinen bis zu –20 Dioptrien fast blind war) nichts vom zudringlichen Spähen des Kurzsichtigen gehabt habe. Die Augen eines Sehers: »Hüter und Bewahrer eigener Schätze, stummer Geheimnisse«, zeigten diese mitunter ein »ergreifendes Leuchten«, dann wieder »unheimliche [...] Tiefen«.[4] Nietzsches verbindliches Auftreten erscheint ihr als Tarnung, »wie Jemand, der aus Wüste und Gebirge kommt, den Rock der Allerweltsleute trägt«[5].

Bald zeigt sich, daß Nietzsche mit der von den Sternen gefallenen Freundin, mit der ihm *zu*gefallenen Lou, Großes vorhat. Am Tag nach der Begegnung im Petersdom, ohne Lou je unter vier Augen gesprochen zu haben, läßt er seinen Freund Rée um ihre Hand anhalten.

Das Schema des urplötzlichen Heiratsantrags an Mathilde Trampedach, der Frage an das Schicksal, wiederholt sich also. Zum *postillon d'amour* macht Nietzsche wiederum einen Dritten, der sich mit der Adressatin des Antrags insgeheim bereits verbündet hat. Auch die Antwort ist also keine Überraschung. Nur: wie bringt man Nietzsche die Ablehnung bei, ohne ihn als Dritten im Bunde zu verlieren? Einige Indizien legen nahe, daß der Antrag keinem echten Heiratswunsch des Ehemuffels Nietzsche entsprungen ist, der sich zu dieser Zeit »höchstens zu einer zweijährigen Ehe« auf Zeit breitschlagen lassen will.[6] Von wem? Nun, abgesehen von Mutter und Malwida hat möglicherweise sogar Rée selbst seinen Freund zum Antrag gedrängt, um Lous Lebensplan den gesellschaftlichen Konventionen anzupassen. Solche »unübersteiglichen Schranken« des Anstands hält die Generalstochter, ein »energisches, unglaublich kluges Wesen« (Rée[7]) jedoch für »harmlose Kreidestriche«[8]. Trotz alledem muß eine Form der Ablehnung gefunden werden, bei der der Professor nicht das Gesicht verliert. Denn Rée und Salomé haben mit Nietzsche eigene Pläne, über die sie ihn nur teilweise informieren. Man denkt sich daher eine Notlüge aus: Lou lebe von einer knapp bemessenen Rente, die bei einer Heirat verfallen würde. Diese elegante, schmerzlose Form der Ablehnung beläßt Nietzsche fatalerweise in dem Glauben, es handele sich lediglich um ein finanzielles Problem.

Unklar ist also, wie so oft, die Antwort des Schicksals. Unklar bleibt bis heute die Feinstruktur des Gewirrs von Plänen, die sich hier überkreuzen und in die Quere kommen. Lou schiebt in ihrem *Lebensrückblick* alles auf Nietzsche, der, »kaum hatte er von Paul Rées und meinem Plan erfahren, sich zum Dritten im Bunde machte«[9]. Man weiß jedoch, daß Nietzsche schon einen Monat vor der Begegnung im Petersdom von Lou zum ersten einer ganzen Reihe von »Arbeitskameraden« bestimmt worden war, wobei für sie »menschlich [...] nur Rée« zählte.[10] Andererseits hat Nietzsche in einem Brief an Lou später offenbart: »Ich habe nie daran gedacht, Sie erst um Ihren Willen zu fragen [...] ich dachte Sie mir als meinen Erben.«[11]

Nietzsche auf der einen, Salomé und Rée auf der anderen Seite spielen also mit verdeckten Karten. Daß diese Karten bis heute nicht sämtlich aufgedeckt sind, der Spielverlauf nicht vollständig rekonstruiert werden kann, dafür hat vermutlich eine vierte Mitspielerin gesorgt, die niemand auf der Rechnung hatte. Rées erste Erwähnung Lou Salomés gegenüber Nietzsche erfolgte in einem Brief, der vielleicht bloß verlorengegangen, tatsächlich aber wohl von interessierter Seite vernichtet worden ist. Was die Freunde mit der jungen Studentin anfangs vorgehabt haben, wird man daher vermutlich nie erfahren.

Sicher ist nur, daß sich im Lauf der folgenden Wochen der Plan einer Studien- und Wohngemeinschaft Nietzsches, Rées und Salomés herausbildet. So kühn dieses Vorhaben nach den damaligen moralischen Maßstäben anmutet – es ist von Anfang an ein fauler Kompromiß.

Löwen und Nachtigallen

Nach der Ablehnung seines Antrags legt Nietzsche sich krank ins Bett; Rée bleibt bei ihm, während Mutter und Tochter Salomé sich auf eine kleine Reise zu den norditalienischen Seen begeben, wohin ihnen die Herren nach Abklingen der Migräne folgen. Bei Orta ist Nietzsche eines Nachmittags im Mai zum ersten Mal allein mit Lou. Gemeinsam besteigen sie einen kleinen Berg, der – nächster unwahrscheinlicher Zufall – »heilig« genannt wird: *Monte sacro*. Der Nachmittag aber, den die beiden dort allein verbracht haben, heißt in der Nietzsche-Forschung schlicht das »Mysterium vom Monte sacro«[12]. Für Nietzsche ist nach jenem Spaziergang zu zweit »Orta-Wetter« ein Synonym für gehobene Stimmungen, und Lou vertraut er später an: »monte sacro, – den entzückendsten Traum meines Lebens danke ich Ihnen.«[13] Es darf spekuliert werden, was sich auf dem heiligen Berg ereignet hat. Zweifellos ist man sich nahe gekommen. Lou hat sich später nur noch an den Gesang der Nachtigallen erinnern wollen;[14] auf direkte Nachfrage durch Ernst Pfeiffer, den vertrauten Freund ihrer letzten Jahre – ob sie Nietzsche auf dem Monte sacro geküßt habe? –, mochte sie sich zu einem Nein nicht durchringen, sondern gab die erstaunliche Antwort, sie wisse es nicht mehr.[15] Ein »Musenkuß« vielleicht? Neun Monate später bringt Nietzsche einen »Sohn« zur Welt, über den er sagen wird: »Erst seit diesem Verkehr [mit Lou] war ich reif zu meinem Zarathustra.«[16]

Doch wir greifen vor. Allerdings ist die Geschichte der »Dreieinigkeit« in sich bereits zerfahren – abgesehen von den erwähnten Lücken in den Dokumenten ist die Freundschaft, die sich in den folgenden Monaten entfaltet, im Grunde eine Brieffreundschaft mit gelegentlichen Treffen. Nach Orta trennt man sich für eine Woche, verabredet sich jedoch zu einem Wiedersehen in Luzern. In der Zwischenzeit schreibt Friedrich Nietzsche (8. 5. 1882) an Paul Rée, den Freund aus reichem Hause, einen Brief, in dem er, weiterhin seine »höchste Gottergebenheit« betonend, scherzhaft über Lous kaltes Herz klagt – den »*Stein der Weisen*« – und das Gold erwähnt, das ihm fehle, um sie zu gewinnen: wohl ein schamhafter Versuch, den Freund anzupumpen. Auch wolle er, schreibt Nietzsche, »Frl. L« unbedingt noch einmal sprechen, »im Löwengarten etwa?«[17] Nietzsche, der zu Privatmythologien neigte, scheint den Namen des Hotels, in dem die Reisegruppe in Orta abgestiegen war – *Leon d'Oro* (Goldener Löwe) – als weiteren Wink des Schicksals begriffen zu haben; er arrangiert mit Lou eine Aussprache zu Füßen des berühmten Luzerner Löwendenkmals.

Ein Stimmungsbild[18]: »Übrigens bin ich von einer [so] fatalistischen ›Gott-Ergebenheit‹ – ich nenne es *amor fati* – – daß ich einem Löwen in den Rachen laufen würde, geschweige denn – –« Einer Löwin? Einer ungestümen jungen Frau, die aus gesellschaftlichen Konventionen ausbrechen will? Der Löwe wird für Nietzsche zum Wappentier Lous; bald preist er sie etwa als »muthig wie ein Löwe«[19]. Damit ist, wie sich zeigen wird, eine äußerst ambivalente Figur eingeführt, die über Nietzsches Werk hinaus das Frauenbild des Fin de siècle prägen wird. Denn dieser Löwe gehört dem Geschlecht der Katzen an.

Die unsichtbare Dritte

Vermutlich am Löwendenkmal hat Lou Nietzsche endgültig für den gewagten Plan eines Zusammenlebens zu dritt – ohne Trauschein und zur Not auch ohne Ehrendame – gewonnen. Die »Dreieinigkeit«, wie die Freigeister ihren in der Peterskirche gestifteten Bund frivolerweise nennen, beschließt, gemeinsam in einer europäischen Großstadt Naturwissenschaften zu studieren. (Nietzsche ist zu diesem Zeitpunkt entschlossen, in den kommenden zehn Jahren nichts mehr zu veröffentlichen, sondern statt dessen wissenschaftliche Beweise für seine Wiederkunfts-Theorie zu suchen.) Schon im Wintersemester soll es nach Wien gehen, wo Lous Bruder Genia lebt und Nietzsche über einen eingeschworenen Kreis von Lesern verfügt.

Um den Bund zu besiegeln, läßt die Dreieinigkeit sich im Atelier des Fotografen Jules Bonnet ablichten. Ein legendäres, ein kurioses Foto, würdig einer Verlobung zu dritt: Vor einer Gebirgslandschaft sieht man die Männer im Geschirr eines kleinen

Lou von Salomé, Friedrich Nietzsche und Paul Rée, 1882, Luzern

Wägelchens, auf dem Lou Salomé hockt, die Zügel in der einen, eine Art Peitsche in der anderen Hand. Obgleich das Foto dem Versprechen, das die drei sich gegeben haben, einen quasi offiziellen Charakter verleiht (es ist das einzige Foto, das Nietzsche, Rée und Salomé zusammen zeigt), handelt es sich dabei in erster Linie um das Unterpfand einer Art Blutsbrüderschaft, eines Geheimbundes. Man wird all den älteren Damen den Plan nur mit größter Vorsicht offenbaren können. Verschwiegenheit tut not, nicht nur den diversen Muttergestalten, sondern auch – fast noch wichtiger – Elisabeth gegenüber.

Friedrich Nietzsche neigt zu Dreieckskonstellationen. Solche Freundschaften verbanden ihn unter anderem mit seinem Mentor Ritschl und dessen Frau, mit Franz und Ida Overbeck, mit Richard Wagner und Cosima. Man könnte also sagen, daß die Form der Dreieinigkeit, der das Luzerner Foto ein Denkmal setzt, nur etwas nach außen kehrt und sichtbar macht, was allen Frauenbeziehungen Nietzsches (wenn man von solchen überhaupt sprechen kann) die Struktur gab: die Einbeziehung eines Dritten. Eine gewissermaßen unsichtbare »Dritte« aber, die in dieser Rechnung nicht auftaucht und auch auf dem Foto nicht zu sehen ist, wird aus der Dreieinigkeit von Beginn an ausgeschlossen: Elisabeth.

»In betreff meiner Schwester bin ich ganz entschlossen, sie außerhalb zu lassen; sie könnte nur verwirren (und sich selber vorerst)«, schreibt Friedrich noch im Juni, als er seinen Freund Overbeck in das Projekt »Dreieinigkeit« einweiht.[20] Jener Witz für Eingeweihte, den die drei Ausflügler sich im Luzerner Fotoatelier erlaubt haben, wird Elisabeth zweifellos besonders »verwirren«, ja empören – wenn sie das Bild eines Tages zu sehen bekommt.

»Du gehst zu Frauen?« Bei der Betrachtung von Friedrich Nietzsches Verhältnis zum weiblichen Geschlecht fällt es schwer, die Peitsche zu vergessen. »Nietzsche's whip«, Nietzsches Peitsche dient der Forschung manchmal als Synonym für den Frauenhaß des Denkers, einen Haß, der seinen bündigen, sprichwörtlich gewordenen Ausdruck in dem berühmten »Vergiß die Peitsche nicht!« aus dem ersten Teil von *Also sprach Zarathustra* gefunden hat. Wobei es vielleicht nicht ganz uninteressant ist, daß der im

Januar 1883, unmittelbar nach dem Scheitern der Dreieinigkeit niedergeschriebene *Zarathustra I* unter anderem als philosophische Verarbeitung von Nietzsches »Lou-Erlebnis« gilt. Es liegt daher nahe, nach der Beziehung zwischen »Nietzsches Peitsche« und jenem improvisierten Requisit zu fragen, das sich auf dem Luzerner Foto in der Hand Lou Salomés befindet. Man soll den Frauen die Peitsche geben – so wurde und wird der Spruch aus dem *Zarathustra* (dort übrigens einem »alten Weiblein« in den Mund gelegt[21]) gemeinhin interpretiert.

Fragen wir also, das einzige fotografische Dokument der »Dreieinigkeit« vor Augen: Wer gibt hier wem die Peitsche? Wie man sieht, ist es das russische Fräulein, das jenes Utensil zwar nicht, wie manchmal behauptet wird, schwingt, aber doch in der Hand hält. Die Generalstochter kommandiert, den Herrn Doktor und den Herrn Professor hat sie quasi gezähmt und für ihre Zwekke eingespannt: der Sinn der Luzerner Allegorie ist nicht schwer zu entschlüsseln. Wie indes schon oft bemerkt wurde, bewahrt Lou Salomé zu der von ihr eingenommenen Domina-Pose eine Distanz, die ebenso augenfällig wie unklar ist, möglicherweise ein Unbehagen zum Ausdruck bringt, vielleicht aber auch – was auf einer höheren Ebene wiederum Dominanz hieße – Spott. (Rée wird sich von der Erscheinung auf dem Foto bald schon »belächelt« fühlen.[22]) Als würde sie an die Peitsche nicht glauben. Als wäre sie ihr in die Hand gelegt worden.

Und tatsächlich: 50 Jahre nach dem Luzerner Fototermin hat die späte Lou Andreas-Salomé sich mit milder Ironie als bloßes Werkzeug, als Darstellerin in einer Inszenierung Friedrich Nietzsches dargestellt. »Gleichzeitig betrieb Nietzsche auch die Bildaufnahme von uns Dreien, trotz heftigem Widerstreben Paul Rées, der lebenslang einen krankhaften Abscheu vor der Wiedergabe seines Gesichts behielt. Nietzsche, in übermütiger Stimmung, bestand nicht nur darauf, sondern befaßte sich persönlich und eifrig mit dem Zustandekommen von den Einzelheiten – wie dem kleinen (zu klein geratenen!) Leiterwagen, sogar dem Kitsch des Fliederzweiges an der Peitsche usw.«[23]

Lou stellt also klar: Es war Nietzsche, der ihr im Atelier Bonnet das fragliche Requisit überreicht, ihr ›die Peitsche gegeben‹ hat; *er* hatte das Sagen, war die treibende Kraft – Nietzsche, »dieser Sadomasochist an sich selbst«, wie Lou ihn viele Jahre später in ihrem Tagebuch nennen wird.[24] (Man mag hier auf den Abschnitt aus der *Fröhlichen Wissenschaft* verweisen, in dem der Autor Nietzsche unter der Überschrift *Die Herrinnen der Herren* von Frauen mit tiefen Stimmen »träumt«, »fähig und bereit zur Herrschaft über Männer«.[25])

Wenn Nietzsche aber, wie Andreas-Salomé behauptet, der einzig Verantwortliche war, wieso spricht Rée dann später *ihr* gegenüber von einer fälligen »revange für das Photographiren« (»ich werde so hartnäckig sein, wie Du«)[26]?

Bedenkt man, daß Lou Salomé sich als Kind im Spiel mit den Brüdern gern als Pferdchen einspannen ließ (übrigens ein beliebtes Motiv in der Atelierphotographie der Gründerzeit), so scheint doch einiges für eine gemeinsame Inszenierung Nietzsches und Salomés zu sprechen. Nur – *kutschieren* wollte vermutlich keiner von beiden.

Aber ist es nicht Friedrich Nietzsche, der auf Raub ausgehen wollte? Womöglich besteht dieser Raub, diese Aggression lediglich darin, Lou Geschenke zu geben, mit denen sie nichts anfangen kann. Nicht nur die Peitsche hat Friedrich Nietzsche ihr auf dem Luzerner Treffen in die Hand gegeben, sondern auch ein Buch: *Schopenhauer als Erzieher*.

Buchgeschenke verpflichten: zum Lesen – um so mehr, wenn es der Verfasser selbst ist, der seine Schrift schenkt (oder, um ehrlich zu sein, für zwei Wochen ausleiht). Nietzsche zu lesen aber ist keine leichte Sache, das weiß der Autor selbst am besten. (Mehr als sechs Jahre später wird er an Köselitz melden, er habe *Schopenhauer als Erzieher* »erst seit vierzehn Tagen *verstanden*«.[27]) Lou hat außer Teilen der *Fröhlichen Wissenschaft*, die Nietzsche ihr vorgetragen hat, nichts von ihm gekannt, als er nach dem Spaziergang auf dem Monte sacro beschlossen hat, sie Schritt für Schritt in sein Allerheiligstes einzuweihen. Und zwar ohne ihr Wissen. (Das ist die Voraussetzung: Er wird sie zunächst prüfen). Hat sie das Schopenhauer-Buch gelesen? Hat sie erraten, daß es sich dabei (Nietzsche hat später im *Ecce homo* die allgemeinverständliche Gebrauchsanweisung nachgereicht) um ein Selbstporträt handelt, in dem man nur immer statt »Schopenhauer« »Nietzsche« einsetzen muß?

Viel verlangt, zu viel. Nietzsche beklagt sich später: Sie sei der Verpflichtung nicht nachgekommen, habe das Schopenhauer-Buch nicht gelesen – *könne* es nicht gelesen haben: sonst hätte sie den Kontakt zu ihm abbrechen müssen, nach allem, was er jetzt über sie wisse.

Nun kann aber der Leser von *Schopenhauer als Erzieher* darin mitnichten einfach Nietzsches Namen einsetzen, da es in dem Buch schon um das Verhältnis zwischen Schopenhauer *und Nietzsche* geht. Von einer *Stimme*, der Stimme des bereits verstorbenen Schopenhauer, ist dort die Rede. Dessen Schriften hätten ihn, so bekennt der Autor Nietzsche, auf eine so persönliche Weise angesprochen, wie er es im Gespräch unter Lebenden nie erfahren habe. Wenn man nun, wie der Autor des *Ecce homo* es empfiehlt, in dem Buch den Namen Schopenhauers durch den Nietzsches ersetzt – was wird dann aus dem Erzähler (Schüler)? Hier soll der Leser sich wohl selbst eintragen, sich einfügen in eine Art von Generationenkette.

Und wenn der Leser eine Leserin ist? Das wäre beileibe kein seltener Ausnahmefall; Lou ist weder die erste noch die letzte »moderne Frau«, die sich für Nietzsche interessiert hat. Explizit hat sich Nietzsche mit der Gestalt des weiblichen Lesers nicht beschäftigt; immerhin könnte man bei jenen Lesern, die er sich 1881 gewünscht hat – vorsichtig, mißtrauisch, mit »zarten Fingern«[28] –, an jene »altgewordenen« Frauen denken, deren tiefe, vielleicht unüberwindliche *Skepsis* er lobt.[29]

Als Leserin von *Schopenhauer als Erzieher* steht Lou im Frühling 1882 vor einem ›Problem‹: Friedrich Nietzsche *lebt*. (Und wie wir sehen werden, ist es gerade das Leben, das er von ihr im Tausch erlernen möchte.) Lou liest sein Buch nicht als Testament eines Mannes, den sie persönlich nie kennengelernt hat; *diese* Stimme dringt aus keinem Grab, sie klingt Lou noch im Ohr, als sie in der zweiten Maihälfte (nachdem die Dreieinigkeit sich wieder vertagt hat) in einem anderen, aktuelleren Nietzsche-Buch blättert, seiner im Jahr zuvor veröffentlichten *Morgenröthe*. Erneut erkrankt, nimmt sie den Nietzsche mit ins Bett. Mag die »Lou-Affäre« unter dem Strich nicht mehr gewesen sein als eine Brieffreundschaft mit gelegentlichen Treffen – mitunter schleichen sich doch gewisse Untertöne in den Schriftverkehr ein: So, wenn Lou Nietzsche vom Krankenbett aus schreibt und sich für ihre daher krakelige Schrift entschuldigt; ihr einziger »Gesellschafter« zwischen den Laken sei seine *Morgenröthe* – »Sie unterhält mich [...] im Bette«[30].

Aus Naumburg, wo er an der Erstellung der Druckvorlage für *Die fröhliche Wissenschaft* arbeitet, antwortet Friedrich geradezu begeistert: »Schreiben Sie mir immer so wie dieses Mal!«[31] Auch er hat anfallsbedingt im Bett liegen müssen und ausgerechnet, daß Lou und er zur gleichen Zeit erkrankt sind. Wieder eine Koinzidenz ...

Elisabeth Förster-Nietzsche erinnert sich in ihrer Biographie, daß sie dem kranken Bruder bei der Arbeit am Manuskript der *Fröhlichen Wissenschaft* assistiert hat (sie las einem Schreiber aus den Notizbüchern vor; Friedrich hörte zu und diktierte seine Korrekturvorschläge). Die Leiterin des Nietzsche-Archivs beschreibt jene Wochen in der Gesellschaft des erstaunlich heiteren, ja ausgelassenen Bruders als Idylle im Stil des ihr wohlvertrauten familiären Dreiecks, d. h. der Geschwisterverschwörung gegen die Mutter. »Unsere kleine, grüne Veranda erschallte wieder von früh bis Abends, wie in seiner Studentenzeit von fröhlichem Lachen, das allerdings manchmal unterdrückt werden mußte.«[32]

Die Mutter nämlich findet, ebenso wie der Schreiber, manches an Fritzens neuem Buch bedenklich. Zwischen den Geschwistern dagegen herrscht, wollte man der Biographin hier Glauben schenken, vollkommene Übereinstimmung. Daran ist zweierlei falsch: Zum einen handelt es sich um reine Lippenbekenntnisse, wenn Elisabeth aus der *Fröhlichen Wissenschaft* vorliest, da sie die von ihrem Bruder seit 1878 mit *Menschliches, Allzumenschliches* eingeschlagene »freigeistige« Richtung nach wie vor ablehnt und bei jedem neuen Nietzsche-Buch auf eine Rückkehr zur Vernunft (zu Schopenhauer und Wagner) hofft.

Zum anderen aber hat sich dem Dreieck Mutter–Tochter–Sohn, in dem Elisabeth sich so gut eingerichtet hat, inzwischen ein anderes überlagert, dessen Spitze sich gegen niemand anderen als sie, das getreue Lama, richtet. Die alte Verschwörung der Geschwister gehört somit der Vergangenheit an, auch wenn es zu einer *endgültigen* Kündigung erst ganz zuletzt kommen wird.

Ohne es zu wissen, ist Elisabeth nun selbst die ausgeschlossene Dritte; auf ihre Kosten geht Friedrichs Heiterkeit, wenn er sie Passagen wie die folgende vorlesen läßt:

»Neue Hausthiere. – Ich will meinen Löwen und meinen Adler um mich haben, damit ich allezeit Winke und Vorbedeutungen habe.«[33]

Mitte Juni,[34] nachdem er seinen Angehörigen, wie er schreibt, wieder lange genug »angehört« hat, läßt Friedrich dann die Bombe platzen. Mitten ins Herz der falschen Geschwistereinigkeit trifft die Ankündigung der »Dreieinigkeit« mit Rée und Salomé. Auf die Dauer wäre sie eh nicht zu verheimlichen gewesen, wie Friedrich weiß, auch wenn zu befürchten steht, daß man in Naumburg die »Wiener Pläne« für eine »verrückte Idee« halten wird – womöglich gar aus »Leidenschaft« geboren.[35] Gerade weil er zu dieser Zeit regelmäßig in ein geradezu verräterisches Schwärmen gerät, wenn die Rede auf Lou kommt, hat Friedrich das leidige Thema lange vermieden: so seine eigene Argumentation. Diese läßt tief blicken. Offenkundig befindet sich der Denker »in der *Schule der Affekte*« (wie er seinen Zustand später selbst beschreiben wird[36]); er beobachtet an sich Emotionen, die ihn zu übermannen drohen, Leidenschaften, die ihn zum Gespött der Leute zu machen drohen – zumal Lou Distanz wahrt. Von Hamburg aus, wo sie mit Mutter und Bruder um die Verwirklichung ihres Lebensplans ringt (dort »entbrannten die letzten Kämpfe«[37]), lehnt sie mehrere Vorschläge Nietzsches für ein erneutes Treffen zu zweit ab. Schließlich, am 15. Juni, in einer Aufwallung seiner Gefühle für sie, als er den Wunsch, mehr als nur Briefe von ihr zu sehen zu bekommen, nicht länger bezähmen kann, teilt er ihr endlich seinen spontanen Beschluß mit, sie am nächsten Tag in Berlin zu treffen, wo sie sich auf der Durchreise nach Stibbe, dem westpreußischen Rittergut der Rées, aufhält. »Nun sehen Sie, was ich für ein Mensch bin!«[38] Die Selbsttransformation zum Menschen der Tat scheitert jedoch kläglich; als Friedrich am nächsten Morgen auf dem Anhalter Bahnhof eintrifft, ist von Lou nichts zu sehen. Sie hat sich seinem Annäherungsversuch entzogen, wird die nächsten anderthalb Monate auf Stibbe verbringen, und Paul wird ihr im gemeinsam verbrachten Alltag in einer Weise ans Herz wachsen, mit der kein anderer konkurrieren kann. Für Nietzsche dagegen ist der Zug abgefahren. Der Mann der Tat wird wieder zum zerstreuten Professor: »In Berlin war ich wie ein verlorener Groschen, den ich selber verloren hatte, [...] alle Vorübergehenden lachten.«[39] Über sich selbst »hohnlachend«, sei er, so beichtet er Lou,[40] nach Naumburg zurückgekehrt. Es läßt sich nicht erzwingen, das Glück – jenes »Schicksal«, welches ihm, wie er Ida Overbeck vorgeschwärmt hat,[41] in Rom »in der gänzlich unerwarteten [nämlich weiblichen] Gestalt von Lou« entgegengetreten ist. Ihm nahegetreten ist, um ihn nun auf Distanz zu halten und in die Passivität seiner »Gott-Ergebenheit« zurückzuwerfen, »voller Zutrauen zu diesem [...] geheimnisvollen Würfelspiel über mein Schicksal«[42].

Mag sein, daß das Berlin-Fiasko, indem es seiner Begeisterung einen heilsamen Dämpfer verpaßt, die fällige Aussprache mit den Angehörigen erleichtert hat; diese ist offenbar direkt nach Friedrichs Rückkehr zu Mutter und Schwester nach Naumburg erfolgt. Friedrich Nietzsche muß die adlige Russin in den höchsten Tönen gelobt haben, insbesondere die Untadeligkeit ihres Charakters. Wie hätte er sein Vorhaben, mit Lou ohne Heirat zusammenzuwohnen, der Mutter anders schmackhaft machen können? Neben dem heiklen Winterplan unterbreitet Friedrich den Angehörigen einen Plan für den Sommer – wohl ein Vorschlag zur Güte: Schon im Juli, auf den Bayreuther Festspielen, soll seine Schwester Gelegenheit bekommen, die junge Russin unter die Lupe zu nehmen; im August soll Elisabeth als Anstandsdame mit ins idyllisch gelegene thüringische Dorf Tautenburg reisen, wo Friedrich und Lou einige Wochen lang geistig arbeiten wollen.

Elisabeth findet sich damit in eine Intrige eingespannt, bei der sie ihrem Bruder wie gewohnt helfen soll – nicht zuletzt als Beistand gegen die Mutter und deren Vorbehalte –, bei deren Gelingen sie jedoch zuletzt allein dastehen würde. Zu behaupten, sie sei auf das adlige russische Fräulein von vornherein eifersüchtig gewesen, ist sicher nicht falsch – was denn sonst? Erstaunlich aber, daß Friedrich seiner Schwester allen Ernstes zumutet, ihr eigenes

Grab zu schaufeln. Und noch verblüffender, daß er keinen Verdacht schöpft, als der Brief, in dem Lou sich Elisabeth vorstellt, auf rätselhafte Weise verlorengeht. (Daß Friedrichs dem Brief beigelegtes Begleitschreiben erhalten ist, legt die Annahme nahe, Lous Brief sei erst ›verlorengegangen‹, *nachdem* er Elisabeth erreicht hatte.[43]) Wie es scheint, macht der Glaube an die »persönliche Providenz« den Autor der *Fröhlichen Wissenschaft* aufmerksam für allerlei Winke des Schicksals; die schlechten Omen aber will er nicht sehen. Noch nicht.

So feiert er in einem Brief aus Tautenburg,[44] wohin er sich Ende Juni begeben hat, diverse Koinzidenzen als »Geschenke«. Wie all diese glücklichen Zufälle (darunter das Eintreffen der ersten Korrekturbögen der *Fröhlichen Wissenschaft* und eine Sendung mit Kirschen von Elisabeth) erscheint auch Lous Zusage, nach Tautenburg zu kommen, um mit ihm zu studieren, erscheint also auch Lous Einwilligung, sich ihm zur Verfügung zu stellen – denn so faßt er ihr Verhältnis auf –, als *verdiente Belohnung* nach all dem, was er in den nun abgeschlossenen Jahren seiner »Freigeisterei« erlitten hat: »Oh welche Jahre! Welche Qualen aller Art, welche Vereinsamungen und Lebens-Überdrüsse!« Das, was er Salomés *Geschenk* nennt, erscheint aus dieser Perspektive jedoch gerade nicht als Geschenk, als freiwillige Gabe; der Glücksfall ist nicht mehr zufällig, sondern *fällig*. Die investierten Jahre der Einsamkeit zahlen sich aus – Lou ist wirklich ein Gewinn, er hat sie »hinzuerworben«[45].

Er vertauscht die Positionen in ihrem Verhältnis und erklärt sich zu Lous *Schüler* (»von jetzt ab, wo *Sie* mich beraten werden, werde ich *gut* beraten sein und brauche mich nicht zu fürchten«[46]). Das Kompliment verschleiert den Wunsch nach totaler Vereinnahmung Lous; sie soll nicht mehr den Egoismus der Schülerin an den Tag legen, sondern die Freigebigkeit (um nicht zu sagen Selbstaufopferung) der Lehrmeisterin. Und was soll sie ihm beibringen? »Ich will nicht mehr einsam sein und wieder lernen, Mensch zu werden. Ah«, schreibt Nietzsche, »an *diesem* Pensum habe ich fast Alles noch zu lernen!«[47]

Er macht sich nun auch eine Lesegabe Lous zu eigen: ihr Gedicht *An den Schmerz*. Nietzsche schickt es ohne jede Erläuterung, insbesondere ohne Autorenangabe, an Köselitz, wohl auf eine Verwechslung spekulierend, die dann auch prompt eintritt (ein gutes Omen): Köselitz hält Nietzsche für den Verfasser – für diesen ein weiterer Beweis seiner tiefen »Verwandtschaft« mit der Autorin. Nein, stellt er Köselitz gegenüber klar, das Gedicht »war *nicht* von mir [...] es klingt wie eine Stimme, auf welche ich seit meiner Kindheit gewartet und gewartet habe. Dieses Gedicht ist von meiner Freundin Lou [...] sie ist scharfsinnig wie ein Adler und muthig wie ein Löwe und zuletzt doch ein sehr mädchenhaftes Kind, welches vielleicht nicht lange leben wird. Ich verdanke sie Fräulein von Meysenbug und Rée.«[48]

»Ich verdanke sie«, das heißt: Sie ist mein. Was würde Rée dazu sagen?

Bayreuth

Als Elisabeth Nietzsche und Lou von Salomé sich am 24. Juli beim Umsteigen auf dem Leipziger Hauptbahnhof kennenlernen, hat jede von ihnen schon viel von der anderen gehört. Vermutlich sogar zu viel. Lou ist von Ida Overbeck in Friedrichs Auftrag auf das diffizile Verhältnis der Geschwister Nietzsche hingewiesen worden; sie scheint Elisabeth jedoch unterschätzt zu haben. So verbringt man die gemeinsame Weiterfahrt nach Bayreuth mit scheinbar harmlosen Gesprächen über gemeinsame Bekannte: Friedrich, Paul Rée, Malwida von Meysenbug. Elisabeth hat die brillante junge Studentin – protegiert von Malwida, hochgelobt von allen Seiten – gewiß zu keinem Zeitpunkt als »Zuwurf des Himmels«[49], sondern sofort als Bedrohung wahrgenommen. Lou bricht mit der Gewalt einer Katastrophe in Elisabeths Arrangement ein: Keine Konkurrenz mit dieser Frau scheint möglich, der Kampf um den Platz an der Sonne bereits entschieden. Doch heißt es nun gute Miene zum bösen Spiel machen, denn die beiden Frauen wohnen in Bayreuth zusammen. Elisabeth als die ältere bietet Lou das Du an; arglos meint letztere, die Schwester Friedrichs sei nun auch »beinahe die meinige«[50]. Elisabeth beklagt sich derweil (u. a. gegenüber Ida Overbeck, die sie zu diesem Zeitpunkt noch für eine mögliche Verbündete hält) über ihren Bruder, der ständig ihre Hilfsbereitschaft ausbeute, und zieht tüchtig über die junge Russin her, deren Talente überschätzt würden. Sie sei respektlos: Lou pflegt die Freiin von Meysenbug ungeniert »Malwida« zu nennen, was sich für eine junge Dame von 21 Jahren wohl kaum ziemt. Lou wird als der Freundschaft mit Fritz nicht wert befunden, sie sei nicht »reinlich« genug, zu leichtsinnig etc. Verruchterweise hat Lou sich vom russischen Grafen Joukowski, einem Bühnenbildner des *Parsifal*, ein Kleid direkt am Leib umändern lassen – empörend, findet Elisabeth. (Ob sie es weniger schlimm gefunden hätte, wenn sie gewußt hätte, daß der Graf wie viele »Bayreuther Jünglinge« der Männerliebe zuneigte?[51]) Lou nimmt in Joukowskis Bekanntenkreis als einzige Frau an spiritistischen Séancen teil (damals der letzte Schrei) und entdeckt ihre Begabung, sogenannte Klopfgeister herbeizurufen. Diese übernatürliche Fähigkeit findet Elisabeth ebenso bedenklich wie andere, allzu natürlich anmutende Gaben der Russin: »Sie hat auch sonst noch manches Thierische an sich kann die Ohren einzeln und die Kopfhaut bewegen.«[52] Lou amüsiere sich ständig in männlicher Gesellschaft, notiert Elisabeth, ganz Tugend vom Lande, pikiert, und dann nenne sie das auch noch »Zielstrebigkeit«! Dieses Lou-Zitat kann man Elisabeth glauben, es dürfte Lous Verhalten auf den Bayreuther Festspielen korrekt beschreiben und liefert vielleicht sogar einen wichtigen biographischen Anhaltspunkt. Denn ohne die *Zielstrebigkeit* Lous bei der Kontaktaufnahme mit Menschen, die ihr bedeutend, wichtig oder einfach nur talentiert erschienen, wäre ihr lebenslanger Erfolg als »Freundin bedeutender Männer« schwer zu erklären.

Elisabeth sieht in der Tat einiges, wofür ihr Bruder blind bleibt: So intelligent die junge Russin auch ist – und die intellektuelle Begabung hat ihr Elisabeth in keiner der vielen Schmähungen, die sie gegen Lou veröffentlicht hat, je abgesprochen –, sie wird sich den Zielen Friedrich Nietzsches nie *opfern*. Die Schwester des Philosophen wird es im nachhinein als Verrat beklagen, daß Lou in Bayreuth nicht als Nietzsche-Jüngerin auftritt. Elisabeth dagegen fühlt sich auf den Festspielen als Repräsentantin des Hauses Nietzsche. Eine Versöhnung mit den Bayreuthern, die sie immer noch für möglich hält, könnte Elisabeth, Vorsitzende des Naumburger Wagner-Vereins, aus dem Loyalitätskonflikt befreien und zugleich ihre gesellschaftliche Stellung wiederherstellen. Sie betreibt daher ein diplomatisches Doppelspiel, indem sie ihrem Bruder gegenüber ein Gespräch erfindet, das sie mit Richard Wagner unter vier Augen geführt habe. Wagner habe geklagt: »Seit Ihr Bruder von mir gegangen ist, bin ich allein.« (Daran stimmt höchstens die Assoziation an einen Todesfall – für Wagner war Nietzsche ›gestorben‹.) Anders als 1876 kann Elisabeth ihren Bruder diesmal aber nicht dazu veranlassen, doch noch nach Bayreuth zu reisen.

Während Elisabeth sich als Doppelagentin betätigt, lernt Lou fleißig Leute kennen. Sie hat das Luzerner Foto dabei und zeigt es offenbar ungeniert herum.[53] Dieses Foto! Elisabeth kann über den Witz gar nicht lachen. Ihr Bruder erniedrigt sich gegenüber einer dahergelaufenen Göre? Vielleicht war er wieder einmal nicht ganz bei sich, als er *das* geschehen ließ. Für Elisabeth ist es ausgeschlossen, daß er sich das Arrangement selbst ausgedacht hat, wie die Russin behauptet. Elisabeth wird in den kommenden Jahrzehnten zu den wenigen gehören, die Lous Version anzweifeln. In den Krieg der Biographinnen sind wir, was die Ereignisse des Jahres 1882 betrifft, ob gewollt oder ungewollt, immer schon eingetreten.

Lou Salomé, so Elisabeth Förster-Nietzsches Vorwurf, habe die ihrem Bruder zustehende Position auf dem Wagen sowie die Peitsche frech annektiert. Als Biographin ihres Bruders aber macht Elisabeth auf ihre Weise dasselbe. Denn wer verbirgt sich hinter jener alten Frau, von der Zarathustra den Macho-Spruch mit der Peitsche zu hören bekommt? Elisabeth. »›O Fritz‹, rief ich erschrocken, ›das alte Weibchen bin ich!‹«[54]

Niemand sonst nämlich als sie sei es gewesen, die ihrem in derlei Fragen gewissermaßen unbeschlagenen Bruder klargemacht habe, »daß es eben Frauennaturen giebt, die nur durch die brutale Machtbetonung des Mannes im Zaume gehalten werden und die, sobald sie nicht jene symbolische Peitsche über sich fühlen, frech und unverschämt werden«[55].

Ist »Nietzsches Peitsche« also womöglich *Elisabeth* Nietzsches Peitsche? Friedrich Nietzsches Frauenfeindschaft von seiner Schwester (sowie den anderen Frauen des Naumburger Haushalts) gewissermaßen souffliert?

Seine ersten Vorwürfe an die Adresse Lous scheinen jedenfalls ein Echo von Elisabeths Beschwerden gewesen zu sein. Lous gesellschaftlicher Erfolg wirkt auf Elisabeth wie Verrat an der Sache des geliebten Fritz, wie ein Zeichen von Undankbarkeit. Nach Naumburg zurückgekehrt, schwärzt sie Lou, die krankheitsbedingt in Bayreuth zurückgeblieben ist, bei ihrem Bruder an. Mit dem Erfolg, daß dieser Lou gegenüber in einem Brief[56] schwere Vorwürfe erhebt und den vereinbarten Studienaufenthalt in Tautenburg in Frage stellt. Doch seine Verärgerung hält nicht lange vor. Zwar haben weder seine Anklage noch ihre Verteidigung ›überlebt‹, aber Lou ist es offensichtlich gelungen, ihn brieflich umzustimmen, denn wenige Tage später, am 4. August, lädt er sie wieder ein: »Kommen Sie ja, ich bin zu leidend, Sie leidend gemacht zu haben. Wir ertragen es miteinander besser.«[57]

Aber sind Friedrichs Zweifel am vornehmen Löwen- bzw. Adler-Charakter Lous wirklich ausgeräumt? Das Gegenteil ist der Fall; im soeben zitierten Brief gesteht er Lou, er habe sie *verwechselt*: »ich meinte, es sei ein Adler«[58]. Vom Löwen ist nun gar nicht mehr die Rede. An seine Stelle tritt die *Katze*, über deren Wesen Friedrich Nietzsche sich in diesen Wochen erstmals Gedanken zu machen beginnt. Im Gegensatz zum Naturell des Hundes ›weiblich‹ besetzt, ist der Charakter der Katze von Undankbarkeit und Egoismus geprägt: Auf das ihr entgegengebrachte Wohlwollen reagiere sie (die Katze; Lou?) anders als er (der Hund); statt sich nämlich wie dieser zu unterwerfen, »genießt [sie] sich selber dabei und hat ein wollüstiges Kraftgefühl: sie giebt nicht zurück«.[59]

Tautenburg

Als Anstandsdame ist es Elisabeths Aufgabe, die Russin in Empfang zu nehmen. Auf dem Weg von Bayreuth nach Tautenburg, bei einem Aufenthalt in Jena, kommt es im Hause der mit den Nietzsches befreundeten Familie Gelzer zu einem heftigen Streit, als Lou sich darüber beschwert, daß ihre »Schwester« sie bei Friedrich angeschwärzt hat. Lou, von Elisabeths eifersüchtiger

Verklärung des Bruders enerviert, erwähnt (nach Elisabeths Darstellung) dessen Vorschlag zu einer »wilden Ehe« mit ihr. »Ich war versteinert!«[60] Wie kommt dieses Mädchen dazu, ihr eine so unglaubwürdige Lüge zu erzählen? Fritz ist doch kein Russe! Elisabeth schwört Lou im stillen ewige Feindschaft, bevor sie sie nach Tautenburg begleitet.

Auch das von Friedrich lang ersehnte Wiedersehen mit Lou, am Abend darauf, geht nicht ohne Auseinandersetzung ab. Lou scheint sich gegen die von ihm per Brief erhobenen Vorwürfe wegen ihres Verhaltens in Bayreuth recht gut verteidigt zu haben; man versöhnt sich, gut, daß man sich ausgesprochen hat, »alles am Anfang und alles klar«, so Friedrich. Doch gelingt es ihm in den folgenden Tagen nur »mit möglichster Ausschaltung störender Dritter«[61], den Geist des Mißtrauens und den gramvollen Ausdruck, mit dem er Lou erschreckt hat, aus seinem Gesicht zu verbannen.

Das heißt, er geht Elisabeth aus dem Wege, wandert mit Lou, verplaudert mit ihr ganze Tage, und selbst abends noch sitzt er mit ihr bis Mitternacht in seinem Zimmer. »Professorenstube« nennt es Familie Hahnemann, in deren frisch zur Herberge umgebautem Bauernhaus er logiert. Dort hat er fast den ganzen verregneten Juli über der Ankunft Lous entgegengewartet. Nervös war er, der Herr Professor, an den man sich noch Jahrzehnte später in Tautenburg gut erinnern konnte; seinetwegen mußten die Kinder besonders still sein. Während Friedrich Nietzsche in seiner blau verhängten Stube über Löwen, Adler und Katzen philosophierte, mischte sich Familie Hahnemanns vorlauter Hahn ein: »›Was ist das für ein Vieh, das mich in der Nacht immer weckt?‹ Der Hahn wurde geschlachtet.«[62] Auch von Frauen wünschte der Professor nicht gestört zu werden: »Er wollte ja nichts mit Frauen zu tun haben«, erinnert sich Frau Hahnemann, deren Mann dem Gast das Essen bringen mußte.[63]

Derselbe Nietzsche, der von Frauen nicht einmal bedient werden mochte, genießt die ausufernden Gespräche mit Lou nach eigenem Geständnis »wie ein Kind«[64]. Doch das rückhaltlose Geben und Nehmen, der geistige und emotionale Austausch, der zwischen den beiden stattfindet, jene Vivisektion also, von der Nietzsche in Tautenburg spricht,[65] findet bei lebendigem Leib statt. Das birgt Gefahren. In den Wochen mit Rée hat Lou eine risikolose Alltagsintimität gepflegt. Stibbe ist das wahre »Trautenburg«, das Rée zu Unrecht befürchtet. So unbegründet Rées Eifersucht ist, so oberflächlich bleiben Lous Versuche, ihn in Sicherheit zu wiegen. »Sind wir [sie und Nietzsche] uns *ganz nah*? Ich glaube nicht«, beruhigt sie Rée. Nietzsche habe geunkt: »Ich kann nicht lange in Ihrer Nähe leben.«

Doch geht es in Wirklichkeit um zwei Konzepte von Nähe. Vielleicht steckt alles schon in dem scheinbar nebensächlichen Wörtchen du. Nietzsche und Salomé bleiben beim Sie, Paul und Lou dagegen duzen sich.

»Dein Du«, unterzeichnet Paul Rée seine Briefe an Lou, oder auch »Dein P. Namenlos«. Darin steckt die Aufforderung, sie, die »liebe Lu«, sein »Schwesterli«, das sich sogar die Anrede »mein geliebtes Schneckli« gefallen lassen muß, solle ihm einen intimen Kosenamen geben. (»Es ist mir langweilig, daß ich keinen Namen habe? Du mußt mir einen geben.«[66]) »Hüsung« (norddeutsch für Haus) nennt sie ihn schließlich, wohl seinem eigenen Vorschlag folgend. (Sie ist die Schnecke, die, ständig unterwegs, ihr Haus mit sich trägt.) Man sieht, Rée setzt nicht unbedingt auf vornehme Zurückhaltung, wenn es darum geht, sich zum Mittelpunkt von Lous Leben zu machen. In mancher Hinsicht spiegelt seine Position im Juli/August 1882 diejenige Elisabeths. Beide, Hüsung und Lama, sind eifersüchtig, Rée allerdings gibt im Gegensatz zu Elisabeth immerhin zu, daß niedere Motive dahinterstecken, wenn er Joukowski und Stein, Lous Bayreuther Herrenbekanntschaften, ablehnt. Was die Dreieinigkeit betrifft, so gönnt Rée, nachdem Lou sechs Wochen ununterbrochen bei ihm gewesen ist, seinem Freund Nietzsche den Tautenburger Studienaufenthalt mit Lou noch lange nicht. Mit einem paradoxen Argument versucht Lou, ihren »Bruder« Rée zu beruhigen. Nietzsche und sie seien sich zu ähnlich: »Ist man einander so unähnlich wie Du und ich, so empfindet man die Punkte der *Übereinstimmung* und freut sich darüber, – ist man sich so verwandt wie N. und ich, dann fühlt man die *Differenzen* und leidet an ihnen.«[67]

Doch in den folgenden Schilderungen und Analysen ist vom Leiden an den Differenzen nicht viel zu lesen. Es überwiegt freudiges Erstaunen angesichts unverhoffter Übereinstimmungen: »Wie sehr gleich denken und empfinden wir [...] und wie nehmen wir uns die Worte und Gedanken förmlich von den Lippen. Wir sprechen uns diese 3 Wochen förmlich todt und sonderbarerweise hält er es jetzt aus circa 10 Stunden täglich zu verplaudern.«[68]

Hier müssen bei Rée die Alarmglocken geläutet haben, ging es ihm doch ganz anders: Er fühlte sich oft von Nietzsche »erdrückt«: »mein Geist versagt in der Nähe des seinigen«[69].

»[W]ir lachen viel«, schreibt Lou vielsagend;[70] über wen, verrät sie nicht. Die ausgeschlossenen Dritten vielleicht? Elisabeth jedenfalls, »welche übrigens fast nie mit uns ist«, legt ein komisches Entsetzen an den Tag, wenn das aus Bayreuth bekannte »Geisterklopfen« wieder anhebt, sobald Friedrich Lous Zimmer betritt. »Auch diese verwünschte Fähigkeit müssen wir gemeinsam haben«[71]: ein weiteres Indiz des ›übernatürlichen‹ Bandes zwischen Lou und Friedrich.

Die selbsternannte »Hüsung« Rée sitzt zu Hause, vor sich das Luzerner Foto, auf dem Lou ihn, wie er zu erkennen meint, auslacht. Daneben sieht ihn mit gestrengem Blick auch ein Bild Hendrik Gillots an, das Lou ihm freundlicherweise dagelassen hat. In Tautenburg wiederum fällt Friedrich Nietzsches Blick, wenn er Lous Zimmer betritt, auf ein schön gerahmtes Foto Rées. So wird jeder dieser Männer an einen anderen Mann verwiesen. Der Kampf, der sich hier, zwischen Lou und Rée nicht weniger als zwischen ihr und Friedrich Nietzsche, abspielt, dreht sich vorderhand nicht um körperliche Liebe, um eine Eroberung im üblichen Sinne. Dennoch stammen die von Rée und Nietzsche an Lou verfaßten Briefe zweifellos von Liebenden, sogar von *egoistisch* Liebenden. Während dies bei Rée von Anfang an offen zutage liegt, tastet sein Freund Nietzsche sich in Briefen und Aufzeichnungen peu à peu an das Wort *Liebe* heran.

Die biographische Literatur zum Thema zerfällt hier in zwei feindliche Lager: Setzt die eine Seite »allzumenschliche« Gefühle Nietzsches für die junge Frau, ein sexuelles Interesse, als bewiesen voraus, so spricht die andere (auf den Spuren der Nietzsche-Biographin Elisabeth Förster-Nietzsche) der sogenannten »Lou-Affäre« jede

Bedeutung ab: Die Studentin, »vorlaut und keck«, habe »noch nicht der attraktiven Frau« späterer Jahre geglichen; ein Heiratsantrag Nietzsches müsse wohl ihrer Phantasie entsprungen sein.[72]

Daß Biographen Nietzsches, die dessen Gefühle für gewisse Männerfreunde ohne Zögern als *Liebe* bezeichnen (wie Nietzsche selbst es tat), dasselbe Nietzsche-Wort im Zusammenhang mit der Freundschaft zu einer Frau für abwegig halten, mag mit dem traditionellen Ausschluß der Beziehungen zwischen Männern und Frauen aus der Freundschaftslehre zusammenhängen.[73] Ist es aber nicht genau dies – das Projekt einer, wenn man so will, »heterosexuellen« Freundschaft –, was hier auf dem Spiel steht? Wobei die biographische Redlichkeit schon daran verzweifeln muß, Friedrich Nietzsche für heterosexuell oder aber homosexuell zu erklären. Schon die *Möglichkeit* einer trotz vieler Mängel in sich schlüssigen »Homo«-Biographie wie J. Köhlers *Zarathustras Geheimnis* (1989) zeigt hier die Grenze biographischen Wissens.

Die eigentliche Frage hinter dem Streit ist vielleicht eher die, ob die Freundschaft zwischen Nietzsche und Salomé eine ordinäre »Liebschaft« ist, etwas im Grunde Alltägliches, wie Elisabeth und Franziska Nietzsche zu wissen meinten, oder aber ein Sonderfall, ein Ereignis von historischer Bedeutung vielleicht. »Ich möchte wissen, ob eine solche *philosophische Offenheit*, wie sie zwischen uns besteht, schon einmal bestanden hat«, fragt Friedrich Nietzsche sich.[74] Diese Offenheit basiert jedoch, wie wir sahen, von Beginn an auf dem »Ausschluß störender Dritter« und trägt, zumindest für Friedrich Nietzsche, den Charakter einer Verschwörung.

Abends tagen die Verschwörer im Professorenzimmer bis tief in die Nacht. Lou, die von den Wirtsleuten für Nietzsches Schwester gehalten wird, pflegt beim »Alleinsein zu zwein« ein rotes Tuch um die Lampe zu wickeln – »um seinen armen Augen nicht zu schaden«[75]! Im Zwielicht gerät die Konversation »in die Abgründe«; »wenn uns Jemand zugehört hätte, er würde geglaubt haben, zwei Teufel unterhielten sich«[76]. Worüber sprechen sie? Nietzsche hat Lous Fähigkeit hervorgehoben, aus dem Persönlichen allgemeingültige Erkenntnisse zu gewinnen. Daß über Persönlichstes, Intimstes, ja Peinliches gesprochen wurde, läßt sich aus späteren Bemerkungen der beiden Beteiligten schließen. So, wenn Friedrich einige Monate darauf, nach dem Bruch, von »geschlechtlicher Verspätung« als Schlüssel zu Lous Charakter spricht, oder wenn Lou dreißig Jahre später[77] ihrem Tagebuch zur Frage der Bisexualität anvertraut: »Als ich zum ersten Mal im Leben mit jemandem dies Thema besprach, war es Nietzsche [...]. Und ich weiß, daß wir hinterher nicht wagten, uns anzusehn.«

Schon im Tautenburger Tagebuch ist von ominösen »Abgründen« die Rede, in die das Zwiegespräch immer wieder gerät, von »schwindligen Stellen, wohin man wohl einmal einsam geklettert ist um in die Tiefe zu schauen«.[78] Nietzsche, der mit *Die fröhliche Wissenschaft* den Weg einer radikal persönlichen Philosophie eingeschlagen hat, scheint entschlossen, im Gespräch mit Lou auf diesem Weg fortzuschreiten. Lou übernimmt seine Gebirgs- und Wandermetaphorik:[79] »Wir sind gute Wanderer und finden unseren Weg auch im Gestrüpp.«[80] Doch die von Nietzsche als einmalig empfundene Offenheit, mit der sie einander Einblick in die peinlichsten persönlichen »Abgründe« gewähren, während sie dem Gipfel philosophischer Erkenntnis zustreben, führt trotz allem nicht zu jenem klaren Himmel, den er sich erhofft. »Sind wir uns *ganz nah*?« fragt Lou sich: »Nein, bei alledem nicht.«[81] Sie spricht von einem *Schatten*, der zwischen ihnen steht. »Manchen dunklen Verließ & verborgenen Kellerraum« erahnt sie in Nietzsches Wesen.[82] Etwas Unterirdisches hat seinen Platz auch noch im Hochgebirge.

Nietzsches *amor fati*, Motto seiner »Rückkehr zu den Menschen«, hat als Immunisierungsstrategie gegen die Fährnisse des Lebens versagt: Infolge einer minimalen Dosis *Leben*, mit der er sich vielleicht nur impfen wollte, ist Nietzsche offenbar – und zwar schwerer, als ihm selbst bewußt ist – an Liebe ›erkrankt‹. Lou fällt es nicht schwer, die Symptome zu entschlüsseln: »Es ist wie ein Schatten jener Vorstellungen über mein Empfinden, welche N. noch vor wenigen Wochen beseligten, der uns trennt, der sich zwischen uns schiebt.«[83] Nicht nur diese Diagnose, auch ihre Prognose wird sich als richtig erweisen: »Seltsam, mich durchfuhr neulich der Gedanke mit plötzlicher Macht, wir könnten uns sogar einmal als Feinde gegenüberstehen.«[84]

Die Probleme ihrer einmaligen Offenheit, einer Nähe, die

gleich gemeinsamen Schwächen und peinlichen Geständnissen trennt, indem sie verbindet, werden in Lous Briefen an Rée nur vorsichtig angedeutet. Schärfer sind sie in den scheinbar unpersönlichen Notizen des sogenannten *Stibber Nestbuchs* umrissen. Dieses Arbeitsheft enthält Lou Salomés Versuche, Aphorismen und Aperçus im Geiste Rées und Nietzsches zu verfassen. Rée hat in Stibbe einige Eintragungen beigesteuert; in Tautenburg nun kommentiert und korrigiert Nietzsche die Versuche seiner Schülerin Lou am Rand; und so könnte man das *Nestbuch* mit seinen drei Autoren als das Dokument einer Dreieinigkeit ansehen, die nur auf dem Papier bestanden hat. Wie das Luzerner Foto, jenes andere, ungleich bekanntere Dokument, läßt sich auch das *Nestbuch* als Kommentar zum Projekt der Dreieinigkeit lesen. So notiert Lou etwa kurz und bündig: »Viele Entfremdungen entstammen zu großer Nähe.«[85]

Zu den problematischen Gemeinsamkeiten gehört Lou zufolge vor allem der »religiöse Grundzug unserer Natur«[86]. »Im Freigeiste«, und dazu zählt Lou sich und Nietzsche trotz ihrer religiösen Neigungen, kann dieses religiöse »Bedürfen« mangels zu verehrender Götter »gleichsam auf sich selbst zurückgeworfen« werden (später wird sie von Nietzsches »Selbstvergottung« sprechen). »Wir erleben es noch, daß er als der Verkündiger einer neuen Religion auftritt.«[87] Diese damals überraschende Ankündigung entspringt wohl weniger Lous psychologischem Spürsinn, sondern ist ein Indiz, daß Nietzsche sie, wie er es in Orta beschlossen hatte, exklusiv in das Geheimnis der *Ewigen Wiederkunft* eingeweiht und Rée gegenüber zum Schweigen verpflichtet hat.

So legt Nietzsche, der Hagestolz, der nicht einmal weibliche Bedienstete akzeptiert, in Tautenburg alles, was er glaubt zu geben zu haben, in die Hände einer Frau. Was er keinem Overbeck, Rée oder Köselitz anvertraut hat – und erst recht keiner Elisabeth –, Lou offenbart er es: Sein erschütterndes Gedanken-Erlebnis von vor einem Jahr.

Rée hatte schon in den ersten Briefen über Lou hervorgehoben, daß diese »in fast ärgerlicher Weise immer schon vorweg weiß, was kommt, und worauf es hinaus soll«[88]. Darin stimmen alle, von

Rée bis Sigmund Freud, überein: Sie ist, mit Freuds Wort, die »Versteherin« par excellence. Freud wird sie später dafür bewundern, wie sie seine theoretischen Bruchstücke zum Ganzen zusammenzufügen versteht. Wenn Nietzsche davon spricht, sie sei »vorbereitet« für seine Ideen wie niemand sonst, geht es vielleicht um dasselbe: um die Gabe der Er-Gänzung der Bruchstücke zum Ganzen, zum Werk, zur Lehre. Das ist Salomés Gabe, das soll ihre Gabe *für ihn* sein. Nietzsche »hat« keine Lehre; was er hat, ist Angst vor einem Gedanken, den er sich zu dieser Zeit, im Sommer 1882, noch lange nicht zu eigen gemacht hat und der ihn dennoch nicht losläßt. Lou, die Schülerin, soll ihm, dem Lehrer, seine Lehre schenken, soll ihm sagen, was es mit der *Ewigen Wiederkunft* (dem »Ring der Ringe«, wie es im *Zarathustra* später heißen wird) auf sich hat; sie soll den Gedanken auf sich wirken lassen, soll ihm, Nietzsche, sagen, wer er ist, daß ihm solche Gedanken kommen.

Doch Nietzsches flüsternd hervorgebrachte Enthüllungen stoßen auf taube Ohren. Wie sollte man auch das plötzliche *Erlebnis* eines Gedankens, den man selbst zuvor als uninteressant abgetan hat, auf herkömmlichem Wege mitteilen können? Lou kennt die Philosophiegeschichte zu gut, um die Figur des Kreises für neu zu halten, und erweist sich der Gewalt jenes Gedankens gegenüber als ähnlich immun wie angesichts Wagners *Parsifal.* Vielleicht allerdings stellt sie sich auch nur taub. Für sie handelt es sich bei der *Ewigen Wiederkunft*, wie sie später betonen wird, um Mystik, um einen Rückfall des Freigeistes ins Religiöse; davon will sie nichts wissen, davor muß sie aufpassen, vor diesen Sirenenklängen verstopft sie sich die Ohren mit dem Wachs der positiven Wissenschaft. (So wie sie laut Pfeiffer auch nicht einfach »musiktaub«, sondern im Gegenteil allzu anfällig für die emotionalen Wirkungen von Musik gewesen ist und sie darum mied.)

Nach dem Verlobungsring nun der »Ring der Ringe«: Lou verschmäht auch ihn. Doch wiederum nicht in Form brüsker Zurückweisung. Auch beantwortet sie das unzustellbare Geschenk Nietzsches mit einer Gegengabe. Zum Abschied überreicht sie ihm auf dem Tautenburger Bahnhof ein weiteres selbstverfaßtes Gedicht. Es trägt den Titel *Lebensgebet*, besingt das Leben, das bis in den Schmerz hinein bejaht wird (»Hast du kein Glück mehr übrig mir zu geben / Wohlan! noch hast du deine Pein«) und bestärkt Nietzsche wieder in seiner Überzeugung von Lous höherer Sendung. Er besinnt sich auf seine früheren musikalischen Ambitionen und geht gleich nach der Abreise aus Tautenburg und seiner Ankunft in Naumburg daran, Lous Namen für die Nachwelt mit dem seinen zu verbinden, indem er das *Lebens-Gebet* unter dem Titel *Hymnus an das Leben* vertont.

Elisabeth bleibt allein im Paradies zurück.

Der treueste angeborene Jünger

Tatsächlich, das ehemalige Pfarrhaus, in dem Elisabeth untergebracht ist, wird »Paradies« genannt. Während Fritz und Lou im Rotlichtschimmer ihre Abgründe erforschen, überarbeitet Elisabeth dort ihre Nora-Novelle, in die sie nun eine neue Gestalt einfügt, eine Bedrohung aus dem Osten.

Es geht um die Liebe Noras (nicht mehr ganz jung und ledig, dabei noch immer gutaussehend und von der verwitweten Mutter, bei der sie lebt, zur Heirat gedrängt) zum Philosophen Georg. Der hat seine Professur in »B.« aufgegeben und ist in seine Heimatstadt, das kleinstädtische »Weißenburg« (ein Nachbarort Naumburgs heißt Weißenfels), zurückgekehrt. Bevor es zwischen Nora und Georg, die zum Glück keine Geschwister sind, zum Happy-End (Heirat) kommt, taucht aus dem Osten ein »gefährliches Frauenzimmer« auf, »Schwester« eines gewissen R.:

»Nun war den ›polnischen Ramsteins‹ außer zwei Söhnen [Paul Rée hatte einen Bruder], die ihnen viel Sorg u. Noth machten, seit einigen Jahren eine erwachsene Tochter erblüth, das genaue Ebenbild der Mutter. Dieselbe Größe, dieselbe unmöglich dünne Taille, derselbe hochgewölbte Busen, (so daß man beim Anblick dieses Oberkörpers immer in Zweifel war ob der obere oder untere Theil der unnatürlichste sei) derselbe große Mund mit den aufgeworfenen rothen Lippen, derselbe gelbe Teint, dasselbe rothbraune Haar dieselben fixierenden Augen und dieselbe Kunst trotz diesem ziemlich häßlichen Äußeren Männer anzuziehen. Aber die

Tochter vom Zeitgeist angehaucht war mehr Philosophin als Belletristin und galt in Weißenburg als enormer Freigeist. Ja es war ein gefährliches Frauenzimmer, für Georg doppelt gefährlich mit ihrer geistreichen Häßlichkeit ...«[89]

Unbekannt ist, wann Elisabeth ihre – unbetitelte – Novelle, an der sie mindestens seit April 1882 gearbeitet hatte, abgeschlossen hat. (Überhaupt ist in ihrem Nachlaß die Zeit der sogenannten »Lou-Affaire«, wie die Weimarer Archivarin Roswitha Wollkopf mitteilt, auffallend schlecht dokumentiert;[90] daß ausgerechnet die Nora-Novelle überlebt hat, sozusagen der erste Anlauf zu Elisabeths großem Familienroman *Das Leben Friedrich Nietzsche's*, gibt zu denken.) Festzustellen ist lediglich, daß Elisabeth ihre Novelle nie veröffentlicht hat, obwohl sie später, im Rahmen des Nietzsche-Kultes der Jahrhundertwende, sicherlich ihre Leser gefunden hätte.

Vielleicht weil sie Teile ihrer Novelle bereits als Material verwendet hatte? Beispielsweise die Beschreibung des ebenso geistreichen wie häßlichen, des geistreichen *weil* häßlichen weiblichen Geschöpfs? Ein Brief Friedrich Nietzsches an Elisabeth, in dem er ihr schon im April 1882 von dem russischen »Fund« berichtet, ist inzwischen zweifelsfrei als Fälschung entlarvt worden. Hätte man Elisabeths »Novellen-Eierchen« studiert, wäre womöglich die Ähnlichkeit der Beschreibung aufgefallen: »Übrigens ist sie [Lou] 24 Jahre alt, unschön [...]; aber wie alle unschönen Mädchen hat sie, um anziehend zu werden, ihren Geist kultiviert.«[91]

Die natürliche und die übernatürliche Schwester

Friedrich Nietzsche an Paul Rée, Mitte September 1882: »Meine Schwester hat inzwischen die Feindseligkeiten ihrer Natur, die sie gewöhnlich gegen ihre Mutter ausläßt, mit aller Kraft gegen mich gekehrt und sich förmlich von mir *gelöst* [...], aus Abscheu vor meiner Philosophie, und ›weil ich das Böse liebe, sie aber das Gute‹ [...]. Morgen schreibe ich an unsre liebe Lou, *meine* Schwester (nachdem ich die natürliche Schwester verloren habe, muß mir schon eine übernatürliche Schwester geschenkt werden.)«[92]

Vielleicht wollte Friedrich seiner Schwester ursprünglich den Rücken zukehren, sie hinter sich lassen, indem er sich Lou zuwandte. Doch eingesperrt in sein innerfamiliäres Dreieck, bleibt Elisabeth ihm als Vermittlerin unverzichtbar. So entsteht, ob gewollt oder nicht, neuerlich ein Dreieck, und die Konstellation gewinnt eine weitere Dimension. Wenn beide Frauen Friedrichs Schwestern sind, so müssen sie auch einander Schwestern sein. Anders gesagt, die eine kann nur an die Stelle der anderen treten, wenn beide einander irgendwo ähnlich sind – wenn auch Lou und Lisbeth ›verwandt‹ sind.

Lou hat diese allerunwahrscheinlichste Verwandtschaft – zunächst jedenfalls – durchaus gesehen (sehen wollen). Sie hat an diese sogar appelliert, als sie in Jena jene Seite des Dreiecks, die von ihr zu Elisabeth führte, zu aktivieren und gegen Friedrich auszuspielen versuchte. Dieses Intrigenspiel begonnen hat allerdings wohl der Bruder. Die erwähnte abfällige Bemerkung über die »Novellen-Eierchen« hat Friedrich Nietzsche nicht seiner Schwester, sondern Lou gegenüber gemacht.[93] Elisabeth hatte ihm eine frühere Fassung ihres Werks vermutlich im Frühjahr zu lesen gegeben und dann vergeblich auf Antwort gewartet.

Lou hat der »gemeinsamen« Schwester seine Einschätzung ihrer literarischen Produktion mitgeteilt, vermutlich, um einen Keil zwischen die Nietzsches zu treiben. So erfährt Elisabeth, worüber sie sich nach dem Tautenburg-Desaster bei einer Freundin beklagt: »hinter meinem Rücken machte er es mir zum Verbrechen, daß ich Novellen schriebe«.[94]

Obwohl sie alle Vorwürfe Lous kategorisch zurückweist, kritisiert Elisabeth nun auch Fritz, denn Lou ist für sie die *»personificirte* Philosophie meines Bruders«[95] und damit sozusagen sein Geschöpf, das Ins-Leben-Treten seiner Philosophie. Von dem, was später Nietzscheanismus heißen wird, distanziert sich Elisabeth 1882 nicht bloß, sie *warnt* ausdrücklich davor (»Lies die Bücher meines Bruders nicht«[96]) – und erklärt Schopenhauer zum Philosophen ihrer Wahl[97].

Dies verweist jedoch nur auf den zurück, der sie einst zu Schopenhauer bekehrt hat. Elisabeth ist in gewisser Hinsicht das erste Produkt von Friedrich Nietzsches Pädagogik. (Sie wird das entsprechende Kapitel ihrer Biographie mit charakteristischer Niedlichkeit *Fritz als Erzieher* nennen.) Mehr als nur sein »treuester angeborener Jünger« ist sie – und sei es auch nur, um nicht die Tochter ihrer Mutter sein zu müssen – das *Geschöpf* ihres Bruders. Als solches hält sie, die nicht umsonst das *getreue* Lama genannt wird, ihm – oder dem, was sie in ihm sehen will – eine geradezu unerbittliche Treue, die in ihren Augen größer ist als seine eigene Treue zu sich selbst. Auch deshalb hat sie seinen Abfall von Wagner nie akzeptiert. Nun bekommt dieser Zwiespalt, der lange schon zwischen ihnen steht, ein Gesicht und einen Namen: Lou.

Elisabeth muß zur Kenntnis nehmen, daß zwischen Friedrich und Lou eine Nähe besteht, mit der sie nicht konkurrieren kann (»Er ist ja rasend in sie vernarrt, [...] ist *nie* von einem weiblichen Wesen nur halb so begeistert gewesen«[98]), eine Liebe, die sie ausschließt. Diese Liebe ist banal, sie *muß* banale Vernarrtheit sein (also etwas, das Elisabeth selbst bei ihrem Bruder kurz zuvor noch für unmöglich erklärt hat), eine bei älteren Männern im Angesicht junger Frauen nicht seltene Erkrankung. Und doch: Während sie sich im »Paradies« die Augen ausweint, weil sie sich aus dem Paradies ihrer Kindheit vertrieben fühlt, scheint es Elisabeth, als ob jene Krankheit – sie spricht schlicht von der Liebe zum *Bösen* – die Wahrheit über die Philosophie und den Charakter ihres Bruders an den Tag brächte. Aber diese Einsicht stellt sich als unerträglich heraus. Sie würde einen endgültigen, radikalen Bruch mit dem Bruder verlangen – eine Art Selbstmord.

Elisabeth beginnt Briefe an die Freunde ihres Bruders zu schreiben, einerseits um den Stand der Affäre zu erfahren, andererseits um ihre Deutung der Ereignisse vorzubringen. Gelegentlich läßt sie darin Selbstmordgedanken durchblicken. Zug um Zug wandelt sich die Selbstvergewisserung jedoch in eine Kampagne gegen Lou, Rée und die Dreieinigkeit um. Die Strategie, die Elisabeth einschlägt, nimmt das Motiv des gespaltenen Fritz wieder auf, mit dem sie ihr wankendes Weltbild schon zur Zeit der Veröffentlichung von *Menschliches, Allzumenschliches* gerettet hatte: Es muß zwei Friedriche geben, einen echten und einen falschen (bösen, wahnsinnigen). Eben noch hatte Elisabeth im Brief an Clara Gelzer empört geklagt: »er ist so wie seine Bücher«[99], und Lou war sein Geschöpf; nun wird umgekehrt der böse Fritz zum Produkt des Einflusses jenes »bösen Geistes«, jenes »schrecklichen Wesens«[100] erklärt. Den Guten behält sie (als Ideal, Götze, Fetisch) für sich: Diese Liebe bleibt unberührt von jeder Grausamkeit, die ihr der Bruder im Leben zufügen könnte. Doch geht es von nun an um die Liebe zu einem *Toten,* zu einem inneren Nietzsche-Monument, das sie in ihrer Trauer errichtet. Vom dem Bösen verfallenen Dr. Nietzsche, seiner gefährlichen Philosophie und dem Monster, das aus solchen Lehren entstanden ist, will sie hingegen nichts wissen. Lou muß weg, um jeden Preis, hinaus aus Friedrichs Umgebung, am besten aus Deutschland. Elisabeth beginnt als »Naumburger Tugend« tätig zu werden und tauscht sich mit der von ihrer Ersatztochter Lou inzwischen enttäuschten Malwida von Meysenbug über Möglichkeiten aus, die unheilige Dreieinigkeit zu unterbinden. Die Familienautoritäten werden eingeschaltet; der »europäische Klatsch«, den Friedrich immer befürchtet hatte, hebt zwischen Petersburg, Stibbe, Rom und Naumburg an, mit dem Ziel, Lous Rückkehr nach Rußland zu erzwingen.

Elisabeth hat ihre Kampagnenfähigkeit ja schon bei der Organisation von Bernhard Försters Unterschriftensammlung gegen die Juden unter Beweis gestellt. Nach dem Bruch mit Fritz wendet sich Elisabeth verstärkt dessen Gegenspieler Förster zu. Dieser hat seine antisemitische Agitation nach dem Scheitern der Petition von 1880 weiter verschärft und ist – bedenklich für einen preußischen Beamten – in diesem Zusammenhang in mehrere Schlägereien verwickelt, worüber die Presse ausführlich berichtet. Försters Antisemitismus beginnt paranoide Züge zu offenbaren, als er den Berliner Magistrat wegen eines (angesichts seines Verhaltens noch moderaten) Bußgeldes einer »jüdischen« Verschwörung anklagt. Förster muß schließlich den Schuldienst quittieren; Deutschland, vom »jüdischen Bazillus« offenbar schon rettungslos vergiftet, ist nicht mehr sein Vaterland, beschließt Förster: Er wird diesem »Stiefvaterland« den Rücken kehren und, wiederum einer Idee Richard Wagners folgend, mit einigen handverlesenen »Germanen« nach Südamerika auswandern, um dort eine »arische« Kolonie zu gründen, ein neues Deutschland aufzubauen, zu dem Juden keinen Zutritt haben.

Leipzig

Anfang Oktober 1882 feiert die Dreieinigkeit in Leipzig ein Wiedersehen. Etwa fünf Wochen lang wohnt man in derselben Stadt – Nietzsche allein, Rée und Lou zusammen –, und sowenig man über die Leipziger Zeit weiß, so sicher scheint es, daß hier die entscheidende Abkühlung der Beziehungen eingetreten sein muß. Nietzsche kritisiert Rées Schlaffheit; dies erweckt zusammen mit seiner anhaltenden Begeisterung für Lou deren Argwohn. Er weiß nicht, wie sehr er sie liebt, und er weiß nicht, daß sie es weiß: Diesen Eindruck gewinnt man zumindest bei der Lektüre ihrer Leipziger Tagebuchnotizen, wo von einer »Rache des Menschlichen« die Rede ist, die dem Mystiker wie dem allzu »ideal« Liebenden drohe. Was sie Nietzsche von solchen Überlegungen offenbart hat, ist unbekannt, immerhin aber hat sie ihm eine kurze Darstellung seiner Persönlichkeit vorgetragen, die seine Zustimmung gefunden zu haben scheint. Als Lou gemeinsam mit Rée in Richtung Berlin abreist, von wo man den Umzug nach Paris angehen will, überreicht Nietzsche ihr zum Abschied ein Gedicht. Diese Replik auf ihr »Lebens-Gebet« richtet sich an eine »Freundin«, die von einem Columbus aufgefordert, zugleich aber auch davor gewarnt wird, mit ihm zusammen den Aufbruch in »Fernstes« zu wagen (in einem Entwurf sollte sie, die »lieblichste Victoria«, sogar am Steuer seines Schiffes stehen).

Nietzsches Aufbruchstimmung, an der die Leipziger Eindrücke schon genagt hatten, schlägt nach dem Abschied binnen weniger Tage um. Aus Berlin kommt keine Nachricht. Lou bleibt die Antwort auf sein Columbus-Gedicht schuldig. Möglich, daß ein Brief der »Generalscha« die Wende gebracht hat; Lous Mutter schreibt an Nietzsche: »selten ist wohl einem jungen Mädchen Alles so nach Wunsch und Willen gegangen wie ihr« (die sie nicht Lou, sondern nur »meine Tochter« nennt)[101]. Mit etwas gutem Willen kann man hinter dieser Formulierung noch den Schlachtenlärm hören, die Kämpfe, die Lou durchstehen mußte, um sich durchzusetzen. Aber Nietzsches guter Wille ist fast erschöpft; zu oft schon wurde die Realisierung der Dreieinigkeit verschoben. Hat Lou ihn schlicht und einfach angelogen, als sie ihm von den Qualen ihrer Kindheit erzählte? Ist ihr starker Wille also nur Ausdruck von Selbstsucht, ihr Ernst nur Schauspielerei? Immerhin hat sie leichtfertig ihr gemeinsames Projekt aufs Spiel gesetzt, als sie das Luzerner Bild in der Öffentlichkeit herumzeigte.

Die Trennung auf Zeit wird sich schließlich, im Lauf von Jahren, als Abschied für immer erweisen. Nietzsche schreibt Anfang November an F. Overbeck über seine Umsiedlungspläne: »Noch ist *nichts* entschieden«.[102] Er selbst trifft, als er die Ungewißheit nicht länger erträgt, eine Entscheidung – genauer gesagt überläßt er es wie immer seiner Krankheit, ihm den Weg zu weisen, und reist in den Süden, wo er sich »reinen Himmel« verspricht.

Aus diesem Kothe Gold

In der Biographie von Curt Paul Janz heißt es über Friedrich Nietzsches Kindheit, daß er nicht aufbegehrte, wenn etwas gegen seinen Willen ging, »sondern sich wortlos in eine stille Ecke oder auf das Örtchen [verzog], wo er seinen Zorn mit sich selbst austrug«.[103]

Während schlafloser Nächte in kalten italienischen Pensionen imaginiert Nietzsche eine Aussprache mit Lou, zu der es nie gekommen ist. Er entwirft Briefe voller Anklagen, in denen er sich zugleich zum »unerbittlichsten Richter«[104] erklärt, listet kleinlich Lous Charakterfehler auf (»ohne Fleiß und Reinlichkeit, ohne bürgerliche Rechtschaffenheit«[105]), droht ihr »eine fürchterliche Censur über Ihr ganzes Wesen« an[106]. Und doch – kann er sich so in ihr getäuscht haben? »Damals war ich geneigt, Sie für eine Vision, und die Erscheinung meines Ideals auf Erden zu halten.«[107] Denn in Lou stecke »jener Drang nach einer heiligen Selbstsucht, welche der Drang nach Gehorsam gegen das Höchste ist – Sie haben ihn ich weiß nicht durch welchen Fluch verwechselt mit seinem Gegensatze, dem Ausbeuten aus der ausbeutenden Lust der Katze«[108]. *Sie* ist also verantwortlich für die Verwechslung: Lou, die Frau mit dem »Charakter der Katze – das Raubthier, das sich als Hausthier stellt«[109].

Doch die meisten dieser Briefe werden nie abgeschickt, und so scheint sich Lou über das Ausmaß von Nietzsches Verbitterung damals keine rechte Vorstellung gemacht zu haben. Die schlimmsten Ausfälle werden Lou vorenthalten, so wohl auch der letzte Brief, in dem Nietzsche von seinem möglichen Selbstmord spricht. Was immer ihm Lou und Rée geantwortet haben, ist später von Elisabeth vernichtet worden. Die erhaltenen Briefe und Briefentwürfe Nietzsches zeigen ihn hin- und hergerissen zwischen dem Wunsch zu verurteilen und dem Versuch, durch Verzeihen Größe zu zeigen. Aus Rapallo schreibt er am 25. Dezember 1882 an Franz Overbeck von einem »Zwiespalt entgegengesetzter Affekte [...], dem ich nicht gewachsen bin«[110]. Im selben Brief ist von der Notwendigkeit die Rede, er, Nietzsche, müsse sich selbst überwinden, und zwar mit dem »Alchemisten-Kunststück, aus diesem – Kothe *Gold* zu machen«. Aus dem »Kot« des Zufalls das »Gold« der Notwendigkeit gewinnen, das Prinzip *amor fati* praktizieren: Das heißt in diesem Falle schreiben. Binnen zehn Tagen entsteht Anfang 1883 *Also sprach Zarathustra*, nach der *Fröhlichen Wissenschaft* ein weiterer Schritt in Richtung einer Philosophie als Dichtung. (Bis 1885 folgen drei Fortsetzungen.) Auf einer bestimmten Ebene, die selbstverständlich den Gehalt dieses Werkes keineswegs erschöpft, ist die Figur Zarathustra offenkundig eine Selbstidealisierung Friedrich Nietzsches: Ein Eremit aus dem Gebirge, der zu den Menschen zurückkehrt, weil er von seiner Weisheit »verschenken und austheilen« will, nur um festzustellen, daß die Menschen noch nicht reif sind für seine ambivalente Gabe, die bittere Pille und zugleich frohe Botschaft, »fünftes Evangelium« ist. Nietzsche wird später seinen *Zarathustra* selbst als eine solche Gabe bezeichnen: »Ich habe mit ihm der Menschheit das grösste Geschenk gemacht, das ihr bisher gemacht worden ist.« Die erste Adressatin dieses großen Geschenks aber war Lou: »ich hatte damals in Orta bei mir beschlossen, Sie zuerst mit meiner ganzen Ph[ilosophie] bekannt zu machen [...] ich glaubte daß man kein größeres Geschenk Jemandem machen kann«[112].

»Werden Sie, die Sie sind, liebe Lou« und »Werden Sie, was Sie sein *müssen*«: Schon in Nietzsches Briefen an Lou zeigt sich jene Haltung, mit der Zarathustra am Ende des ersten Teils, nach dem Scheitern *seiner* »Rückkehr zu den Menschen«, seine Jünger zurückweist, um sich erneut ins Gebirge zurückzuziehen: »Ihr hattet euch noch nicht gesucht: da fandet ihr mich. [...] Nun heisse ich euch, mich verlieren und euch finden; und erst, wenn ihr mich Alle verleugnet habt, will ich euch wiederkehren.«[113]

Berlin

»Da haben wir uns nun festgenistet, in dieser großen Welt, und [...] allen Schwierigkeiten zum Trotz hat sich unser Verhältnis *vor uns selbst* und *unter den Menschen* als lebensfähig erwiesen.«[114]

Ende 1882 haben Rée und Lou sich in einer Berliner Pension nahe dem Anhalter Bahnhof eingemietet. Man nimmt Kontakt zu Rées (und Nietzsches) altem Freund Paul Deussen auf und gründet mit diesem ein philosophisches »Kränzchen«, das bald weitere Mitglieder gewinnt, darunter Freunde und Bekannte Nietzsches. Der Plan, in Paris zu studieren, scheitert (so Lou im *Lebensrückblick*[115]) an der tödlichen Erkrankung des in Paris lebenden Iwan Turgenjew, einem gemeinsamen Bekannten Salomés und Rées, auf dessen Unterstützung man gehofft hatte – nicht etwa an Differenzen mit Nietzsche. Dieser ist im »Kränzchen« durchaus präsent – »in unsichtbarer Gestalt«[116] vielleicht, aber unüberhörbar, als Thema angeregter, mitunter zweideutiger Diskussionen, diese seltsame »Dreieinigkeit« betreffend. »Exzellenz« pflegt man Lou (ihrem Titel entsprechend), wenngleich im Scherz, zu nennen. Die leidige Frage »Aber wer als ältere Dame?« wird gelöst, indem Rée Rolle und Titel einer »Ehrendame« übernimmt. Lou und er, dazwischen diverse »Brüder«: Der Lebenstraum scheint Wirklichkeit geworden zu sein (und bleibt von weiblicher Präsenz ungestört).

Für fast fünf Jahre leben Rée und Lou so zusammen, in einer Wohngemeinschaft, deren drittes Zimmer regelmäßig die erträumten »Arbeitskameraden, zu heiterem und ernstem Kreis geschlossen« als Gäste beherbergt. Mit Herrmann Ebbinghaus und Ferdinand Tönnies gehören dem hochkarätig besetzten Kreis gleich zwei werdende »Gründerväter« wissenschaftlicher Disziplinen an. Ebbinghaus (1850–1909), Pionier der experimentellen Psychologie, hält Anfang 1883 erfolglos um Lous Hand an. Lou Salomé betrachtet die naturwissenschaftliche Strenge Ebbinghaus', die Sachlichkeit, der sie hier begegnet, als Gegengift zu Nietzsches Selbstvergottung. Ein anderes Mitglied des philosophischen »Kränzchens«, Ferdinand Tönnies (1855–1936), wird später neben Georg Simmel die Soziologie in Deutschland als Wissenschaft etablieren. Seit der *Geburt der Tragödie* (1872) ein Verehrer Friedrich Nietzsches, begleitet er – in der üblichen Dreiecksformation – Lou Salomé und Paul Rée im Sommer 1883 auf eine Reise durch die Schweiz, in die Nähe Friedrich Nietzsches.

Allem Anschein nach handelt es sich um eine Goodwill-Tour als Reaktion auf Intrigen Elisabeths: Nach eifrigem Briefverkehr zwischen dieser, Malwida von Meysenbug und den Tugendwächterinnen der Familien Rée und Salomé wächst im Lauf des ersten Halbjahres 1883 der Druck auf Lou, ihre Wohngemeinschaft mit Rée aufzugeben und nach Petersburg zurückzukehren. Schlimmstenfalls droht ihr als Ausländerin die Ausweisung. Durch die Reise in die Schweiz entzieht Lou sich diesem Druck und leitet Gegenmaßnahmen ein. Zunächst besucht sie in Zürich ihren alten Professor Biedermann, der daraufhin einen Brief an Frau Salomé schreibt: Lous Entwicklung sei sehr positiv. Anschließend reist Lou weiter nach Flims, wo sie und ihre Begleiter Rée und Tönnies in einem Logierhaus eine ganze Etage für sich haben, nicht weit entfernt von Nietzsches Sommersitz Sils-Maria.

»Wir leben hier in höchst anmutigem Trio«, schreibt Tönnies im Juli seinem Lehrer Friedrich Paulsen nach Berlin. Seine Begeisterung für Lou kennt keine Grenzen: »eine Erscheinung, die man nicht für möglich hält«; »soviel Klugheit in einem 21jährigen [richtig: 22jährigen] Mädchenkopf würde beinahe Schauder erwecken«, wäre da nicht Lous »vollkommenste Sittlichkeit«. (Diese Sittlichkeit hat Tönnies, sicherlich aus pädagogischen Gründen, übrigens bald auf die Probe gestellt – er bittet Lou brieflich um ein Tête-à-tête.) »Sie ist ein genialer Mensch«, resümiert Tönnies; der getreue Rée dagegen, immerhin, »ist sehr fleißig«[117].

Mit Grüßen an Nietzsche begibt Tönnies sich nach Sils-Maria, wo der bewunderte Denker den Sommer zu verbringen pflegt und gelegentlich Besuch empfängt. Mehrmals laufen sie sich über den Weg, ihre Blicke treffen sich, doch Tönnies wagt es nicht, sein Idol anzusprechen und sich vorzustellen – »da trat ein fremdes Geschick hemmend dazwischen«[118].

Vielleicht (die Aktenlage ist undurchsichtig) war wiederum Elisabeth diejenige, die hier Schicksal gespielt hat. Wohldosiert hat sie sich in ihren Diffamierungen zunächst auf Lou Salomé konzentriert. Erst jetzt, im Sommer 1883, läßt sie ihren Bruder wissen, daß Lous Annahme, Nietzsche habe ursprünglich eine ›wilde Ehe‹ gewollt, auf Rées Mist gewachsen ist. Friedrich Nietzsche hat inzwischen durch die Arbeit am *Zarathustra* sein inneres Gleichgewicht wiedergefunden, und seine Zensur über Lou, »das klügste unter den Weibern«, fällt nicht mehr ganz so »fürchterlich« aus: Erst nach der Begegnung mit ihr »war ich reif zu meinem ›Zarathustra‹«.

Auch reif für eine Versöhnung? Elisabeth lebt ständig in der Angst vor einer Wiederannäherung ihres Bruders an »dieses Wesen«. Sie hat von der Versöhnungsreise (vermutlich über ihren Bruder) noch rechtzeitig erfahren, um ihren letzten Trumpf auszuspielen. Zum richtigen Zeitpunkt lanciert, schlagen ihre Enthüllungen über Rées »Verrat« wie eine Bombe in die mühsam wiedererrungene Gottergebenheit des Bruders ein. Nietzsche ist außer sich. Erneut entwirft er bitterböse Briefe: Lou war also »nur das Mundstück, das sehr unsaubere Mundstück *Ihrer* Gedanken über mich«, schreibt er an Rée nach Flims; »ich hätte große Lust, Ihnen mit ein paar Kugeln eine Lektion in der praktischen Moral zu geben«[119].

Es versteht sich von selbst, daß ein Pistolenduell bei –20 Dioptrien nichts anderes gewesen wäre als »der letzte übrig gebliebene, völlig ehrenvolle Weg zum Selbstmord«[120]. Vermutlich ist hier mehr im Spiel als verletzte Ehre: Dadurch, daß Rée und Salomé ihm sozusagen auf den Leib rücken, droht der Einsiedler von Sils den letzten Schutz vor seinen ihn »auffressenden« Affekten zu verlieren.

Die Familie Rée beantwortet Nietzsches Ausfälle, indem Pauls Bruder Georg ihm eine Beleidigungsklage androht. Friedrich Nietzsche, der heutzutage oft etwas einseitig nur als »Anti-Antisemit« angesehen wird, schickt seiner Schwester daraufhin das folgende traurige Spottgedicht:

»*Injurien-Prozeß*
Vor strömendem Geblüte
Da förchtet sich der Jüde,
Es macht ihn mißvergnügt.
Viel lieber strömt er Gelder
An seine Rechtsanwälter
Bis so – ›*die Ehre siegt.*‹«[121]

Vornehme Ströme von Blut versus jüdische Ströme von Geld: Nietzsches Denken der Vornehmheit und des Opfers schlägt hier eine Richtung ein, die später in den Mainstream des antisemitischen Diskurses der Weimarer Republik einmünden wird.[122] Wir erinnern uns: Nietzsche hatte sich von Rée in Verkennung dessen finanzieller Lage vergebens jenen »Goldklumpen« erhofft, mit dem er Lou für sich gewinnen wollte. Zeigt nun dieser im Affekt geschriebene Brief nicht, daß schon Nietzsche selbst sein eigenes Denken gelegentlich im Geiste des Ressentiments *mißbraucht* hat?

Doch nicht nur der Juden-, auch der Frauenfeind Nietzsche gibt in diesem emotionalen Ausnahmezustand seinem Affen Zucker; er beschimpft Lou als »diese dürre schmutzige übelriechende Äffin mit ihren falschen Brüsten«[123].

Später hat Friedrich Nietzsche diese Briefe zu Recht bereut. Das wenige, was Salomé und Rée davon bekannt wurde, wird seine Rolle gespielt haben: An eine Versöhnung ist danach einstweilen nicht mehr zu denken. Und vielleicht spricht Tönnies Nietzsche deswegen nicht an, weil er in einem möglichen Duell zwischen Rée, dem Freund, und Nietzsche, dem Idol, nicht als Sekundant verpflichtet werden will.

Ein knappes Jahr später wird sich dasselbe Spiel in anderer Besetzung wiederholen: Während Lou und Rée in Meran weilen, besucht Heinrich von Stein, Nietzsche-Freund und Kränzchenphilosoph, Sils-Maria, um nicht zuletzt ein gutes Wort für seine beiden Freunde einzulegen. Friedrich Nietzsche schreibt an seine Mutter: »Dr. von Stein hat mit der *höchsten Verehrung* vom Charakter des Dr. Rée und von seiner Liebe für mich geredet – was mir *sehr* wohlgetan hat.«[124] Von Stein weiß auch zu berichten, daß Lou Salomé an einem Roman über Nietzsche schreibt. Tatsächlich verbringen sie und Rée den Winter 1884/85 in Gries/Meran damit, Bücher zu schreiben.

Als seine »einzige Lebensaufgabe« betrachtet Rée – neben Lou – seine *Entstehung des Gewissens*[125]. Die Veröffentlichung dieses Buches soll ihm den Durchbruch (und den Straßburger Philosophie-Lehrstuhl) bringen.

Lou verfaßt währenddessen einen Roman, ganz ohne Ambitionen, nur um ihrer immer noch beunruhigten Petersburger Familie zu beweisen, daß sie nicht nur ihre Zeit und deren Geld vergeudet. Während Rées Buch ein Mißerfolg wird und seine Habilitation scheitert, erweist sich *Im Kampf um Gott* (1885) als regelrechter Bestseller. Unter dem Pseudonym »Henri Lou« entwirft Hendriks Lou, Gillots Schülerin, darin eine wüst melodramatische Geschichte, in deren Zentrum mit einem Mann namens Nico eine Kreuzung aus Gillot und Nietzsche steht. Wer ihn liebt, muß sterben: Drei Frauen wird dieser *homme fatale* zum Verhängnis.

1885 erreichen Friedrich Nietzsche an ein und demselben Tag (das Schicksal winkt wieder) die ›Zwillingsbücher‹ von Lou und Paul.[126] Einen »Halb-Roman« nennt er Lous Buch[127] und benennt damit eine Eigenart von Lous Schreiben, das auch später weder in der Fiktion noch in der Wissenschaft festen Wohnsitz nehmen wird. Die literarischen Gestalten Lou Andreas-Salomés zeichnen sich stets durch eine gewisse Modellhaftigkeit aus: Sie stellen ins Leben getretene, am Leben ausprobierte Prinzipien, Theorien, Positionen dar. Es handelt sich um Versuchsanordnungen, wenn man so will: Narration gewordene »Experimentalphilosophie«. Lous

Romanen, denen einer Philosophin und Psychologin, stehen ihre biographischen und psychoanalytischen Studien gegenüber, die in vielem die Handschrift der Dichterin verraten. Schon im *Kampf um Gott* fällt im übrigen eine Multiplikation der Weiblichkeitsmodelle auf, die für Lous Denken insgesamt prägend ist. Dieser Pluralismus stellt den praktizierten Gegenentwurf dar zu Nietzsches/Zarathustras »Alles am Weibe ist ein Räthsel, und Alles am Weibe hat Eine Lösung: sie heisst Schwangerschaft.«[128]

Nicht nur Nietzsche findet das Buch von »Rées sœur inséparable«[129] viel besser als dessen gleichzeitig erschienene *Entstehung des Gewissens*. Wenn viele Kritiker im *Kampf um Gott* den ersten nietzscheanischen Roman erblicken, so weiß er, warum: »hundert Anklänge an unsere Tautenburger Gespräche«[130]. In der Tat hat Lou Andreas-Salomé das *Stibber Nestbuch* als Materialsammlung benutzt und ihren Figuren so manchen Tautenburger Aphorismus, ja sogar das *Lebensgebet* in den Mund gelegt.

Später wird sie sich von dieser (nach eigenem Bekenntnis) zusammengeschusterten Gelegenheitsarbeit distanzieren. Dessen ungeachtet eröffnet sich ihr durch den Erfolg eine Laufbahn als Schriftstellerin. Lous Biograph Rudolph Binion berichtet von Bergen von Fanpost für Lou; auch Heiratsanträge kommen wieder häufiger.

So schreibt Kränzchenmitglied Paul Deussen über Henri Lous Roman: »Dieses Werk, in welchem verschiedene Ehebrüche, Selbstmorde usw. vorkommen, wird verschieden beurtheilt. Mein Freund Ebbinghaus behauptet, das seien ›Nonnenphantasien‹, ich fand in dem Buch viel Geist und in den Geist verliebte ich mich.«[131]

Rées letzter Schritt

Der Mißerfolg des Zwillingsbuches dagegen besiegelt das Scheitern von Rées akademischer Laufbahn. Er nimmt daraufhin das Studium der Medizin auf.

Lou Salomé hat Paul Rée letztlich nicht ›auffangen‹ können. 1886 verläßt er sie fluchtartig; die Liebe schlägt in Haß um, als sie sich verlobt (siehe nächstes Kapitel). Der Fall Rée endet mit einem Aufprall; 1901 stürzt er im Engadin bei einer Bergwanderung tödlich ab. Zuvor hat Rée einen anderen Schritt gemacht und ist Landarzt geworden. Auch sein Freund Nietzsche hatte gelegentlich von einer solchen Existenz geträumt: »namenlos oder leicht verspottet leben, zu niedrig, um Neid oder Feindschaft zu erwecken [...], gleichsam ein Armenarzt des Geistes sein [...], abgeben, zurückgeben, mittheilen, ärmer werden! [...] Das wäre ein Leben!«[132]

In dem hier untersuchten Zusammenhang wird die Figur des Arztes immer dann auftauchen, wenn es um das Ende des Schreibens geht. Der Arztberuf verspricht die endliche Erlösung von der Selbstbezogenheit und Isolation des Schreibenden. Insofern ist es der logische, konsequente, letzte Schritt auf dem Denkweg eines nichtakademischen Philosophen, sein Schreibtischleben aufzugeben, allerdings erst, wenn das letzte Wort gesagt, der letzte Satz niedergeschrieben, die Arbeit des Denkens getan ist. Der Arzt Rée hat mit der Philosophie abgeschlossen, er hat *Philosophie* abgeschlossen, sein letztes, posthum veröffentlichtes Buch, das alle seine vorigen als unreife Jugendschriften abqualifiziert. Ende der Philosophie, Ende eines nutzlosen, weil ohnmächtigen Schreibens: Auch Nietzsche will mehr sein als ein weiterer Interpret, er will wirken, will, auch er, Arzt sein, Heiler, wenn nicht Heiland; da er jedoch an die *Macht* der Gedanken glaubt, bleibt er dabei, Ideen zu verabreichen. Die Idee der Ewigen Wiederkunft ist in seinen Augen die gefährlichste Roßkur, die der Menschheit je verordnet wurde: eine bittere Pille, in den Zuckerguß einer verführerischen Sprache gehüllt.

Insofern alle diese Philosophen die Philosophie zu Ende denken und somit überwinden wollen, sprechen sie ihrem Werk bzw. Hauptwerk *testamentarischen* Charakter zu: Traum, das letzte Wort zu behalten – was für den Philosophen vielleicht die tiefste, skandalöseste Unmöglichkeit darstellt. Wie sich zeigen wird, liegt derselbe Traum, dasselbe Versprechen dem Wunsch Elisabeths nach einem abschließenden Hauptprosawerk ihres Bruders zugrunde.

Lou hat ihren Freund Rée nicht retten können, und sie hat wohl befürchtet, ihn in den Tod getrieben zu haben. Im *Lebensrück-*

blick erwähnt sie seine selbstzerstörerischen Neigungen, seine Unfähigkeit, mit seiner jüdischen Abstammung zu Rande zu kommen, und bedauert, daß es zu Rées Zeit noch keine Psychoanalyse gegeben habe. Theodor Lessings Buch *Der jüdische Selbsthaß* wird den Fall Rée später zum Paradigma erklären, sein Ende zum tragischen Scheitern der jüdischen Assimilationspolitik stilisieren, dem Fall somit Sinn geben. War der Fall Rées Absturz oder Sprung? Es mag wohl sein, daß der Spieler Rée auf allzu gewagten Bergwanderungen sein Leben, mit dem er in gewisser Hinsicht abgeschlossen hatte, bewußt riskiert hat. Trotz aller Hinweise, Indizien und Vorzeichen jedoch bleibt die letzte Frage an diese so überaus stimmige Philosophenbiographie offen.

Kapitel III
»Im Zwischenland«

Der Ring der Ringe

> *An einem Sonntagmorgen, in unserer Reisekleidung, standen wir vor der erstaunten Dorfgemeinde zu Dritt: beide Männer tiefer vom Anlaß bewegt als ich, die ich – furchtbar ernst – nur Raum hatte für eine Empfindung: nun ist es geschehen!*
> Lou Andreas-Salomé über ihre Hochzeit[1]

Die Hochzeit gilt im 19. Jahrhundert als der bedeutungsvollste Moment im Leben jeder Frau, als entscheidender Schritt auf einem Weg, den ein Mensch weiblichen Geschlechts zu beschreiten hat, um überhaupt erst ›zur Frau zu werden‹: Familie gründen, sich in die häusliche Sphäre zurückziehen, Kinder gebären – von der Jungfrau zur Mutter, nächste Runde. Die Hochzeit wäre somit der Moment, in dem ein Kreis sich schließt. Das Symbol auch dieser ewigen Wiederkunft (Niederkunft) ist passenderweise der Ring.

Doch was bedeuten *dieser* »Ring der Ringe«, dieses »nun ist es geschehen« für Lou, für Elisabeth? Wenig, wie wir sahen. Zumindest in ihrer Jugend haben beide mit der Ehe nichts im Sinn gehabt (auch wenn sie fleißig Heiratsanträge sammelten). Bereits der Generation Elisabeths kamen Zweifel am oben beschriebenen überkommenen Geschlechterarrangement; schon in der »guten alten Zeit« vor der Reichsgründung, erinnert sich die Autorin von *Friedrich Nietzsche und die Frauen seiner Zeit* 1935, waren die Frauen »problematisch« geworden. Spätestens Ibsens *Nora* (1879) macht dann den Bruch des Ehevertrages durch die Frau als Akt der Befreiung diskussionsfähig. Lou Salomé, 15 Jahre jünger als Elisabeth, geht ihrem Mentor Gillot gegenüber 1882 noch weiter, wenn sie die geforderte Entwicklung zur (Ehe-)Frau und Mutter radikal verweigert: »dann will ich ewig im Übergang stekkenbleiben«[2].

Über dieses *Steckenbleiben* sollte man nicht vorschnell hinweggehen – selbst wenn es sich dabei um die ›Flausen eines Backfischs‹ handeln sollte, selbst wenn Lou dann doch geheiratet hat und selbst wenn sie das ideale »Weib«, je älter sie wurde, desto einseitiger als Mutter gedacht hat. Denn abgesehen von der Diskrepanz zwischen Lehre und Leben (weder sie noch Elisabeth haben Kinder geboren), abgesehen also vom *Selbstwiderspruch*, auf den wir später noch näher einzugehen haben, gibt es im Werk Andreas-Salomés ein anhaltendes Interesse an biographischen Übergängen, insbesondere an jenem »Zwischenland«, das später einem Buch Lous über heranwachsende Frauen den Titel geben wird.[3]

»Heim, Familie, Hausfrau, Kinder, – es ist mir fremd, fremd, fremd!«[4] Nicht nur der russischen Studentin, die mit diesen Worten in Lous Novelle *Fenitschka* (1898) einen Heiratsantrag ablehnt, auch der Autorin selbst werden Ehe und Mutterschaft zeitlebens fremd bleiben, etwas, »was meinem ganzen Wesen zuwider strebte«, wie sie noch kurz vor ihrem Tod feststellt.[5]

Ihr »Lebenstraum« sah bekanntlich anders aus. Da hat sie sich als Schwester von freundlichen großen Brüdern umringt gesehen; die Privilegien des Kindes genießt in dieser Konstellation sie selbst und niemand sonst. Dem Anschein nach hat Lou diesen Traum (ihre Version des häuslichen Kreises) in ihrem Berliner Zirkel verwirklicht.

Um so überraschender kommt für alle Welt, vor allem natürlich für Rée, die Nachricht von ihrer Verlobung. Nach nur kurzer Bekanntschaft mit dem 15 Jahre älteren Orientalisten Fred Charles Andreas nimmt sie im November 1886 dessen Heiratsantrag an.

Warum?

In ihren autobiographischen Aufzeichnungen grübelt Lou selbst fast fünfzig Jahre später immer noch über diese Frage nach. Und in seinem Buch über die Geschichte der Psychoanalyse in Rußland konnte Alexander Etkind 1993 resümieren: »Nachdem die Biographen Lous gesamten Nachlaß studiert und aus dem Material etliche voneinander verschiedene Lebensgeschichten rekonstruiert hatten, wußten sie immer noch nicht zu sagen, wie und warum es zur Ehe [...] gekommen war.«[6] Die große Liebe war es jedenfalls nicht, obwohl ihr Verehrer ein durchaus faszinierender Mensch ist:

Fred Charles Andreas – er verdeutscht seinen Namen später zu »Friedrich Carl«, bleibt für Lou aber »Fred«: von den Friederichen hatte sie wohl genug –, Fred stammt väterlicherseits aus einem armenisch-persischen Adelsgeschlecht, das im Streit mit einer anderen Herrschaftsfamilie auf den Nachnamen verzichten mußte (»Andreas« ist ein ersatzweise Nachname gewordener Vorname). Mütterlicherseits ist er, der in Hamburg aufwuchs, deutsch-malaysischer Abstammung. Nach einigen Jahren in Dänemark hat er als Iranist sechs Jahre lang Persien durchstreift, zugleich Philologe und Abenteurer, sich wohl auch als Heilpraktiker betätigt. 1886, während er darauf wartet, in Berlin einen Orientalistik-Lehrstuhl zu erhalten, gibt er türkischen Offizieren in der Pension in der Hedemannstraße Sprachunterricht. Bei dieser Gelegenheit muß ihm die junge Nachbarin aufgefallen sein, die, seitdem ihr Mitbewohner Paul Rée sein Medizinstudium aufgenommen hat, praktisch allein lebt. Glaubt man Lous *Lebensrückblick*, dann stand dieser dunkle Fremde eines Tages an ihrer Tür und begehrte Einlaß. So beginnen Liebesgeschichten. Deren vorbestimmter Ausgang aber ist für die junge Lou Salomé alias Henri Lou der Tod.

Da paßt es gut ins Bild, daß F. C. Andreas, nachdem er zunächst abgeblitzt ist, ihr Jawort schließlich erpreßt, indem er sich vor ihren Augen sein Taschenmesser in die Brust stößt. Sei es die Vorsehung, sei es der Klappmechanismus, Fred überlebt diese Herausforderung des Schicksals fast unverletzt, und Lou, übernatürlichen Erscheinungen gegenüber aufgeschlossen, kann sich seinem Drängen nicht länger widersetzen. Doch dasselbe Messer, das die Heirat erzwingt, zeichnet die Form, in der sie gelebt werden wird, unauslöschlich in Freds Brust ein: Er trägt von nun an über dem Herzen eine Narbe von der Form eines Dreiecks.

Lous Jawort ist in der Tat alles andere als eine bedingungslose Kapitulation. Andreas muß Paul Rée als Dritten im Bunde akzeptieren und einwilligen, daß die Ehe nie vollzogen, sondern platonische Freundschaft mit Trauschein, ›Scheinehe‹ bleiben wird. 1887 heiraten sie, zunächst standesamtlich in Sankt Petersburg, dann kirchlich in einem holländischen Dorf namens Santpoort. Lou ist dort von Hendrik Gillot bereits konfirmiert worden, mit den bedeutungsvollen Bibelworten »Ich habe dich bei deinem

Namen gerufen: du bist mein«. Sie veranlaßt den widerstrebenden Gillot, sie in derselben Dorfkirche nun auch zu trauen – »zu Dritt«, wie es in Lous *Eintragungen* heißt.[7] F. C. Andreas muß – so will es das Zeremoniell, so will es wohl auch Lou – vor Gillot niederknien. Aus dem Besitz des einen, soll das wohl heißen, geht sie über in den des anderen, dessen Namen sie nun annimmt. Bezeichnenderweise aber wird inmitten dieses Exzesses bedeutungsvoller Akte das wichtigste Requisit »vergessen« (wie die psychoanalytisch geschulte Autorin des *Lebensrückblick* kommentarlos mitteilt[8]): nie – nicht bei der Trauung und auch nicht später – hat Lou den *Ring* von Fred Andreas angenommen und getragen.

Auf dem Verlobungsbild (einer Art Gegendarstellung zum Luzerner Peitschenfoto) macht Lou, die größer ist als Fred, sich klein, damit ihr Kopf an seiner Schulter ruhen kann. (Ein vergleichbares Fotoarrangement zeigt den kleinwüchsigen Richard Wagner, neben seiner hochgewachsenen Ehefrau Cosima stehend; auf einem Stuhl sitzend, blickt sie, von Friedrich Nietzsche das »freiwillige Opfertier« genannt, zu ihrem Abgott auf.) Doch Lou ist, wie sich bald zeigen wird, nicht geschaffen für die Position der ›Frau an seiner Seite‹ – eine Pose für den Fotografen, für das Familienalbum, für die Mutter, die sich daheim in Petersburg darüber gefreut haben mag.

Lou hat sich zunächst immerhin bemüht, wenigstens dem *Bild* einer guten Ehefrau zu entsprechen. Für einige Zeit tritt sie in Freds Schatten, nachdem die Dreieckskonstruktion mit Paul Rée sich als nicht tragfähig erwiesen hat – Rée nämlich faßt es als Verrat auf, als sie das ihm verweigerte Jawort einem anderen gibt, und ist kurz nach ihrer Verlobung plötzlich verschwunden, um niemals zurückzukehren. Mit ihm aber verliert Lou einen großen Teil ihres Freundeskreises, und damit sieht es so aus, als sei der »Lebenstraum« gescheitert. In dieser Situation ist Lou bereit, ihr bisheriges Leben in Berlin aufzugeben und mit ihrem Mann das Land zu verlassen, um ihn auf eine Forschungsreise nach Armenien zu begleiten.

Als der Armenien-Plan sich zerschlägt, zieht Lou zu ihrem Gatten in den damals noch grünen Berliner Vorort Tempelhof. Nach vertrautem Muster sucht sie ihre Ehe mit dem 15 Jahre älteren Fred

Lou von Salomé und F. C. Andreas, Verlobungsfoto, 1886, Berlin als Lehrer-Schülerin-Verhältnis zu gestalten. Sie paßt sich Freds Lebensweise an; wie er wird sie »ein nach Simplizität von Kleidung und Nahrung und nach radikalem Verhältnis zur Luft strebendes Wesen«[9]. Man sympathisiert mit dem Vegetarismus und läuft barfuß durch den Morgentau.

Der Lebensbund mit Fred, in dem der »Lebenstraum« in modifizierter Form überlebt, wird sich nach schwierigem Anfang schon bald zu einer Kameradschaftsehe entwickeln: nie ›vollzogen‹, ein freundliches Aneinandervorbeileben, bleibt diese, wie wir sehen werden, für Lou doch der Ankerplatz, den sie zwischen ihren Abenteuern gerne anläuft.

Lebensaufgaben

Der ›Hafen der Ehe‹ wird auch von Elisabeth nur angesteuert, um von dort aus aufzubrechen und an der Seite ihres Mannes nach Übersee auszulaufen.

Am 22. Mai 1886 heiratet sie Bernhard Förster in Naumburg. Es ist der Geburtstag Richard Wagners und der Jahrestag der Grundsteinlegung des Bayreuther Festspielhauses; kein Wunder, daß Friedrich bei der Hochzeit fehlt. »Du bist zu meinen Antipoden übergegangen!« schreibt er ihr zur Verlobung[10]; sie habe sich entschlossen, den Idealen, denen er abgeschworen habe und die er seitdem bekämpfe, ihr Leben zu »opfern«. In ihrer Biographie verschweigt Elisabeth diesen Brief. Sie berichtet von ihrem 1883/84 herangereiften, »abenteuerlichen Entschluß«, mit Förster nach Paraguay zu gehen, und von den Sorgen ihrer Angehörigen: »Ich kann mich jetzt in meinem Alter«, schreibt sie 1913, »eines wehmütigen Lächelns nicht erwehren, wie wertvoll ich meinen Angehörigen gewesen sein muß.«[11]

Die Wehmut hätte sich gewiß noch vertieft, wären jene Briefe ihres Bruders an die Öffentlichkeit gelangt, in denen er ihre Auswanderung begrüßt, ja fordert – als seine einzige Chance, sie loszuwerden. So z. B. an Franz Overbeck: »[Elisabeth] ist wirklich eine recht bösartige Person geworden; ein Brief voll der giftigsten

Elisabeth Nietzsche zur Zeit ihrer Verlobung, ca. 1885, Jena

Verdächtigungen meines Charakters, den ich von ihr im Januar erhielt«, und der von der Verfasserin in ihrer Eigenschaft als Nachlaßverwalterin später offenbar vernichtet worden ist, »hat mir nun hinreichend Klarheit verschafft – *sie muß fort nach Paraguay*. Ich selber will den Verkehr zu allen Menschen abbrechen, welche zu meiner Schwester halten«.[12] Doch steckt in diesem ›Sie muß weg‹ immer noch ein Rest von »Sternenfreundschaft«: Mit der Distanz wird sein Respekt für sie, die ihrem Stern folgt, wieder zunehmen; nur darf es eben keine »Verwechslungen« geben, darf man ihn, Friedrich Nietzsche, nicht für einen Antisemiten halten, nur weil seine Schwester es ist. Doch die erhoffte (und sicherlich zugleich befürchtete) saubere Scheidung kommt auch diesmal nicht zustande. Zwar schreiben die Geschwister sich nur selten, doch gibt es ja noch die Mutter, von der Fritz auf dem laufenden gehalten wird.

Franziska hat Elisabeths Aufbruch naturgemäß am meisten zu schaffen gemacht. Muß es denn gleich Amerika sein? Ihre Angst davor, nun auch von der Tochter verlassen zu werden, gibt sie Elisabeth gegenüber als Besorgnis über deren Zukunft aus. Noch über dreißig Jahre später, Mutter und Bruder sind längst unter der Erde, verfällt Frau Dr. Förster-Nietzsche, die würdige Vorsteherin des Nietzsche-Archivs, in den Tonfall der trotzigen Tochter, wenn sie die Naumburger Streitereien beschreibt: »Sonst sind doch Mütter ziemlich befriedigt, wenn ihre Töchter heiraten, zumal in so späten Jahren, und es waren mir früher genug Vorwürfe gemacht worden, daß ich günstige Heiratsgelegenheiten ablehnte.«[13] Und natürlich stellt Franziska auch die Frage aller Elternfragen: »Wovon gedenkt ihr denn eigentlich zu leben?«[14]

Daß das Unternehmen etwas Selbstmörderisches hat, liegt jedoch in der Natur der Sache. Für Elisabeth bedeutet die endlich gefundene Lebensaufgabe immerhin die Aufgabe ihres bisherigen Lebens – Elisabeth Nietzsche ist tot, es lebe Eli Förster. Eli: so nennt sie (exklusiv wie Fritz mit seinem »Lama«) nur ihr »Bern«. Der hat ihr, der unterforderten, aus der Seele gesprochen, als er schrieb: »Ein jeder macht an sich die Erfahrung, daß er sich in dem Maße lebensmüde vorkommt, als er nichts Ersprießliches zu tun hat, daß aber die Lebenslust mit einem Schlage in ihm erwacht, sobald ihm erstrebenswerte Ziele zu harter Arbeit winken.«[15]

Die Depressionen, die hier im Moment ihrer angeblichen Überwindung angedeutet sind, hätten vielleicht Elisabeths Mißtrauen wecken sollen. Und wenn Bernhard Förster vom »besten Urwald« sprach, der die Kolonisten in Paraguay erwarte, so zeigt sich darin der Phantasiecharakter seiner Pläne: nicht um kultivierbaren Boden ging es ihm, sondern um ein Zurück zur – arischen – Natur.

Doch Elisabeth will in Förster nun einmal den Tatmenschen, ja den *Übermenschen* sehen, den sie sich früher von ihrem Bruder versprochen hat. »Dieses Streben nach dem Übermenschen schien mir etwas wundervolles, und es kam mir so vor, als ob Sie mit Ihrer Neugründung den ersten Schritt dazu getan hätten.«[16] Sie ist sich zu dieser Zeit vollkommen bewußt, daß *ihr* Übermensch, der staatenbildende Neugermane, mit den Zarathustra-Ideen nichts zu tun hat – »Meines Bruders Ziel ist nicht mein Ziel [...], seine ganze Philosophie geht mir sozusagen wider den Strich«, denn spätestens bei Erscheinen des zweiten Teils des *Zarathustra* hat sie eingesehen, daß dessen »›Übermensch‹ nicht mein Ideal ist«[17]. Ihr Ideal, das ist eher jener Herrenreitertyp, für den sie Förster hält: einer, der im Gegensatz zu Friedrich nicht vom Pferd stürzt und gepflegt werden muß, wenn es hart auf hart kommt (wie geschehen im 1866er Krieg), sondern sich vom Gymnasiallehrer zum Eroberer aufgeschwungen hat. Zwei Jahre lang hat Förster Paraguay im Sattel erkundet, ganz allein, nur von ihren Briefen begleitet.

Zur gleichen Zeit, im Jahr 1884, ist ein anderes deutsches Kolonialabenteuer, der Versuch des niedersächsischen Pastorensohns und Oberlehrers Carl Peters (1856–1918), im tansanischen Küstenhinterland gegenüber Sansibar Grund und Boden zu ergaunern, spektakulär ›geglückt‹: »Innerhalb weniger Wochen schloß er gegen geringfügige Geschenke und wertlose Versprechen mit den lokalen Herrschern in Usagara ›Verträge‹ und erwarb ein Gebiet von insgesamt 140 000 km^2.«[18] Trotz Bismarcks Skepsis gegenüber Bestrebungen, das deutsche Reich als Kolonialmacht zu etablieren, gelingt es Peters, seinen privaten Handstreich vom Kaiser per Schutzbrief offiziell anerkennen zu lassen. Das Gebiet erhält den Namen »Deutsch-Ostafrika«, Peters wird kaiserlicher Kommissar für das Kilimandscharo-Gebiet. Vor allem aber wird er in Deutschland zur Galionsfigur einer immer breiter anwachsenden kolonialistischen Bewegung.[19]

Ein solches Mannsbild ist es wohl, was Elisabeth als »Tatmensch« vorschwebt. Daß Förster als solcher eine Fehlbesetzung ist, von Geld nicht mehr versteht als ihr Bruder und ein Agitator, aber kein Praktiker ist, mag ihr sogar recht sein: »Wenn nun jemand einen so starken Tätigkeitstrieb besitzt wie ich und außerdem [...] ein ziemliches Organisationstalent, der empfindet eine solche tatenlose Situation« – nämlich bei der Mutter in Naumburg – »als etwas Unwürdiges. Gerade das Schwierige, das in einer Heirat mit Förster in Hinsicht auf Auswanderung in ferne Länder und Koloniebegründung lag, hatte für mich etwas besonders Anziehendes.«[20]

Nun ist Förster Elisabeths Heiratsplänen lange Zeit ausgewichen, und er hat sich erst, als sie ihr gesamtes Vermögen dem Kolonieprojekt zur Verfügung stellte, brieflich mit ihr verlobt. Doch wäre es schwierig zu bestimmen, wer hier der ›Heiratsschwindler‹ ist. Denn obwohl Elisabeth das Unvernünftige und Abenteuerliche ihrer Entscheidung betont, ist die Heirat für sie genauso wenig Ausdruck romantischer Verliebtheit wie für Förster. Vielmehr dient ihr der Trauschein als Ticket nach Paraguay, einfache Fahrt, in jenes »Leben ohne Compromiß, voller Wahrhaftigkeit Menschenliebe nützlicher Arbeit und Religiosität«, von dem sie 1884 in einem Brief schwärmt[21]. Seit langem schon hat sie in Gedanken an der von ihr »Försterhof« getauften Urwaldresidenz gebaut, wo sie an der Seite ihres Gatten die Huldigungen der Kolonisten entgegenzunehmen gedenkt.

Elisabeth ist 39 Jahre alt, als sie zu den Antipoden geht, von der kleinen Schwester eines Privatgelehrten zur Kolonialherrin wird. Von Hamburg brechen die Försters am 15. Februar 1886 unter großer öffentlicher Anteilnahme mit 14 Familien nach Amerika auf, um ihr vegetarisch-arisches, garantiert judenfreies neues Deutschland zu gründen. Elisabeths Ehering geht bei der Abfahrt auf mysteriöse Weise verloren.

Im Land des Lamas

Der 15. März soll, so Ben McIntyre in seinem Buch über *Die Spuren der Elisabeth Nietzsche*, in Paraguay der heißeste Tag des Jahres 1886 gewesen sein.[22] Am späten Nachmittag legt ein aus Montevideo kommender Dampfer, an Bord die 14 deutschen Siedlerfamilien, am verwahrlosten Kai der Hauptstadt Asunción an. Infolge des verlorenen Angriffskrieges Paraguays gegen seine drei Nachbarländer Brasilien, Argentinien und Uruguay (1865–70), bei dem drei Viertel der männlichen Bevölkerung Paraguays ums Leben gekommen sind, liegt Asunción zu diesem Zeitpunkt immer noch in Trümmern. Als Menetekel grüßt die Ankommenden der nie fertiggebaute Palast des kriegswütigen Präsidenten und Napoleon-Fans Francisco Solano López, der sein Land in den Ruin getrieben hat – eine Situation, in der ausländisches Kapital und Kolonisten zum Wiederaufbau durchaus erwünscht sind.

Bernhard Förster bringt seine Frau in einem gemieteten Landhaus einige Meilen außerhalb von Asunción unter; zum Teil mit mitgebrachten deutschen Möbeln eingerichtet, ist es groß genug für ein »im bescheidenen Rahmen gehaltenes gesellschaftliches Leben«, von dem Elisabeth in Briefen an die Mutter immer wieder berichtet. Über den eher bäuerlichen Alltag der vermeintlichen Salondame gibt ihr Tagebuch Aufschluß: »Schönes Wetter, etwas warm. Wir fangen mit dem Abendmelken an.«[23]

Auf der Suche nach geeignetem Grund und Boden führt Förster derweil langwierige Verhandlungen in Asunción. Obwohl General Caballero, der neue Präsident Paraguays, sich persönlich für das Kolonieprojekt einsetzt, gibt es Schwierigkeiten, nicht zuletzt aufgrund fehlenden Kapitals. Förster läßt sich schließlich auf eine riskante Bodenspekulation ein; mit Hilfe eines Finanziers erwirbt er in einem komplizierten Deal vom Staat Paraguay eine Option auf 22 000 ha Land an der Gabelung der Flüsse Aguaray-mi und Aguaray-guazu, 150 Kilometer nördlich von Asunción (nahe der Stadt San Pedro). Es handelt sich um ein Territorium von der Größe eines kleinen Fürstentums, das Förster gegen eine Kaution von nur 8000 Goldmark zur Verfügung gestellt wird. Er muß sich allerdings verpflichten, binnen zwei Jahren 140 Familien dort anzusiedeln; andernfalls würde er alles verlieren. Er? Das Geld, das Förster in Alles-oder-nichts-Manier aufs Spiel setzt, gehört nicht ihm, sondern ist ihm von seinen Siedlern anvertraut worden. Ganze 14 Familien, statt 140, hat er aus Deutschland mitgebracht, als er den riskanten Pakt besiegelt. »Wenn es zum Äußersten kommen sollte, erklärte er, würde er lieber sterben, als nach Hause zurückzukehren, ohne sein Ziel erreicht zu haben.«[24]

Aber eine Weile noch sieht es so aus, als könne alles gutgehen. Elisabeth mobilisiert von der Propagandazentrale Asunción aus die stillen Finanzreserven ihrer Naumburger Freunde und Verwandten; selbst die getreue Alwine, das Dienstmädchen ihrer Mutter, erwirbt neugermanischen Grundbesitz. Nur Friedrich, der schon zur Hochzeit (wie seine Schwester beschönigend schrieb) »nicht kommen konnte«[25], gibt nichts.

Am 5. März 1888 erfolgt nach zwei Jahren endlich der Einzug der Försters in Nueva Germania: »wie die Könige« wurden sie empfangen, berichtet Elisabeth ihrer Mutter. Die Regentin fährt im Ochsenwagen, »darin ein kleiner roter Thron, zu niedlich gemacht«, ihre Besitzungen ab, Förster hoch zu Roß daneben. Gewehrsalven werden als Salut abgefeuert, kleine Mädchen sagen Gedichte auf; die Siedler lassen nicht nur Bernhard Förster, sondern auch Elisabeth, die Mutter der Kolonie, hochleben. Und überall nur Neugermanen! »Es waren solche hübsche, biedere, deutsche Gesichter.« Leider muß das Herrscherpaar weiter, zur Residenz, und läßt die gutgläubigen Kolonisten in ihren halbfertigen Häusern zurück, »in denen die Leute so amüsant wohnen«[26].

Schließlich erreicht man »Försterrode« und betritt das neuerrichtete Herrenhaus, »überraschend häßlich« von außen, innen aber geräumig und vor allem kühl. Elisabeth ist überwältigt von der schieren Großartigkeit des Unternehmens Nueva Germania. Nachts liegt sie rechnend im Bett und fragt sich, möglicherweise mit bösen Ahnungen, ob das finanzielle Abenteuer gut ausgehen wird: »es ist ja wahr, wir haben Schulden, im Verhältnis zu unserem Besitz sind sie aber lächerlich klein. Nun leb wohl, liebe Herzensmutter, ich muß schließen. Kaum halb eingerichtet, haben wir vier liebe Gäste zu Besuch.«[27]

Nein, als »Kolonistin« möchte Eli Förster auch im Urwald

nicht gelten. Selbst unter subtropischen Klimaverhältnissen zugeschnürt vom Halsband bis zur Stiefelette, gibt sie lieber die Salondame, und Fritz spricht ihr sicher aus dem Herzen, wenn er über das neugermanische Unternehmen schreibt, er sei »zu aristokratisch gesinnt, um mich dermaaßen mit 20 Bauernfamilien rechtlich und gesellschaftlich auf gleichen Fuß zu stellen«[28].

Die Kolonisten kämpfen derweil mit unzugänglichem Urwaldgelände, das »in den Ausmaßen mit dem Fürstentum Lippe-Detmold« konkurrieren kann[29] (ein Vergleich, der Elisabeth gefallen haben dürfte). In Lippe gibt es allerdings, anders als in Nueva Germania, keine Sandflöhe – tropische Parasiten, die mit Eifer germanische Fußsohlen durchbohren, um sich dort zu vermehren und schmerzhafte, gelegentlich sogar tödliche Entzündungen zu verursachen. Es fehlen Werkzeug, Medizin, Tropenerfahrung. Es fehlt an allem, was über das nackte Überleben hinaus den wirtschaftlichen Erfolg des Kolonialunternehmens sichern könnte. Und immer wieder fehlt es schlicht an Geld. Bei der Planung des Projekts scheinen Fragen der Infrastruktur vergessen worden zu sein: Von und nach Asunción ist es eine mehrwöchige Reise – es gibt weder Straßen noch Geld, welche zu bauen; die Flüsse sind, weil zu flach, als Verkehrwege unbrauchbar. Bernhard Förster ist selten zu sprechen, er versucht, Geld aufzutreiben. Zur Deckung der laufenden Kosten ist man zur Zweckentfremdung von Kapital gezwungen, das von Kolonisten für das erst noch zu erwerbende Land eingebracht worden ist.[30] Siedler, die sich innerhalb Paraguays nach etwas Besserem umsehen wollen (es gibt zwei deutsche Konkurrenzkolonien), erleben ein böses Erwachen, da Förster sie nicht auszahlen kann. Und obwohl auch neue Siedler hinzukommen, leben 1889, als die Frist, die Bernhard Förster von Regierungsseite eingeräumt worden ist, abläuft, statt der vereinbarten 140 nur 26 Familien in Nueva Germania. Oberlehrer Förster, der seinen Anhängern Angst vor jüdischen Finanzspekulanten eingejagt hat, hat sich selbst verspekuliert.

Bernhard Förster weiß, daß die Stimmung in Nueva Germania kurz vor dem Kippen ist. Unter anderem stößt der extravagante Lebensstil seiner Gattin auf Kritik; ein holländischer Kolonist, der nach Europa zurückgekehrt ist, hat in einem Zeitschriftenartikel die undurchsichtigen Machenschaften der Försters angeprangert,

Elisabeth Förster mit kartenspielenden Kolonisten in Nueva Germania, 1887/88, Paraguay mit besonderem Hinblick auf Frau Doktor: »Einen widerwärtigen Eindruck machte es, Zeuge zu sein, wie er [B. Förster] die Domination seiner herrschsüchtigen Frau erträgt.« Die Geldangelegenheiten erledigt in der Hauptsache Frau Förster, »die in der Verwaltung der Kolonie Neu-Germania eine wichtige, vielleicht die wichtigste Rolle spielt. Sie sagt selber, daß sie und ihr Mann in dem kleinen Fürstentume, wie sie die Kolonie nennt, die Regenten seien. Überdies hört man vom Doktor jedesmal, wenn man etwas mit diesem überlegen will: ›Sprechen sie mit meiner Frau‹. Der Dame gelingt es häufig, durch ihr Geschwätz unbewußt und ungewollt, eine komische Wirkung hervorzubringen; hingen nicht soviel Tränen und soviel Elend an der ganzen Komödie, man würde häufig versucht sein, herzlich zu lachen. Die Dame besorgt ferner die wichtigsten Teile der Korrespondenz ihres Mannes.«[31]

Solcher Kritik ungeachtet wähnt Eli Förster sich am Ziel ihrer Wünsche: Sie hat ein neues Leben begonnen, hat alles riskiert und gewonnen. Sie hat den bewunderten Bruder überrundet: Fritz haust in kargen Pensionen, sie residiert im »Försterhof« und läßt sich »Frau Doktor« nennen oder gar (von einem ehemaligen Botschafter der USA) »the little queen of Nueva Germania«. Die Försters, berichtet sie nach Naumburg, zählten jetzt zu den größten Grundbesitzern des Landes. Ihr Bernhard sei als nächster Präsident Paraguays im Gespräch!

Und während Professor Nietzsches Bücher Ladenhüter bleiben – für den vierten und letzten Teil des *Zarathustra* findet Nietzsche keinen Verleger mehr –, veröffentlicht seine kleine Schwester, die Dilettantin Elisabeth, Artikel in einschlägigen Zeitschriften wie den Chemnitzer *Kolonial-Nachrichten*, aber auch in den *Bayreuther Blättern*, dem Zentralorgan der Wagnerianer. Statt wie früher »Novellen-Eierchen« auszubrüten, verfaßt sie jetzt beschönigende Schilderungen des so ursprünglichen Lebens in der Kolonie, die eher dem Stilgesetz der Gartenlauben-Poesie als irgendeiner Wirklichkeit verpflichtet sind.

»Auf die Schiffe« hat der Autor der *Fröhlichen Wissenschaft* die Philosophen gerufen. Elisabeth hat jene Auswanderungen und Entdeckungen neuer Länder, von denen Friedrich Nietzsches Werke im Modus der Metapher häufig sprechen, in gewissem Sinne *verwirklichen* wollen. Da ihre eigentliche Inspirationsquelle, Richard Wagner, 1883 gestorben war, hätten beide Försters Nietzsche gern als eine Art Paten für ihre Kolonie gewonnen: Wiedergeburt Deutschlands aus dem Geiste der Philosphie, Nueva Germania als Staat gewordener Nietzscheanismus. »Friedrichshain« soll ein Teil der Kolonie heißen, schlägt Elisabeth vor; der Bruder protestiert und plädiert für »Lamaland«.

Im Herbst 1887 hat Friedrich Nietzsche eine Art Testament veröffentlicht und auch seiner Schwester zukommen lassen: Der *Hymnus an das Leben* soll, schreibt Friedrich im Begleitbrief an Elisabeth, »einmal [...] ›zu meinem Gedächtniß‹ gesungen werden«[32]. Und hinterlistig fügt er hinzu, jener Hymnus sei »der Ausdruck des gehobensten und stolzesten Zustandes, den ich erlebt habe«[33]. Es handelt sich dabei, wie wir uns erinnern, um das »Monument der Leidenschaft« zu Lou – was Elisabeth jedoch nicht weiß. Die Neugermanenkönigin tappt in die Falle: Begeistert schlägt sie in ihrem Antwortbrief vor, aus dem *Hymnus* die Nationalhymne ihrer Kolonie zu machen.

Aufbrüche, Zusammenbrüche

Friedrich Nietzsche wollte ein Kolumbus des Denkens sein; seine Schwester ging nach Amerika. Dazwischen liegen Welten. Das wird deutlich, als die Dinge sich im Laufe des Jahres 1888 für Friedrich dann doch zum Besseren wenden. Der Kopenhagener Universitätsprofessor Georg Brandes berichtet ihm von seinen Nietzsche-Vorlesungen über den »aristokratischen Radikalismus«. Als Elisabeth davon erfährt, gratuliert sie ihrem Bruder dazu, daß *auch er* nun berühmt werde – nicht ohne ihn vor dem Umgang mit dem Juden Brandes zu warnen.

Als »Unbehauster«[34], als Nomade treibt sich der eine in der (Alten) Welt herum: Engadin, Genua, Nizza, schließlich Turin; als Kolonialherrin in der Neuen Welt die andere. Zwei Haltungen, zwei Auffassungen von Vornehmheit: Bei Elisabeth steht neben neureichem Geprotze (jener unauslöschlichen Duftmarke ihres

Kleinbürgertums) tatsächliche *Macht*. Ihr Bruder vertritt dagegen die Auffassung, »Adel« – und das ist und bleibt für Friedrich nur ein anderes Wort für wahre Größe – zeige sich in der Persönlichkeit, vermittels eines Charisma, das noch in jener kompletten Anonymität wirkt, die er gesucht hat. Während Elisabeth sich als Königin von Neugermanien titulieren läßt, nimmt er von allen Titeln Abschied: »Siehst Du, das ist das Kunststück: ohne Namen, ohne Rang, ohne Reichtum werde ich hier wie ein kleiner Prinz behandelt«, schreibt er aus Turin in seinem letzten Brief an die Mutter.

Der Herbst 1888 scheint dem Vater des *Zarathustra* die große Genesung zu bringen: Die Kopfschmerzen schwinden, eine kreative Explosion läßt »in einem tempo fortissimo der Arbeit und der guten Laune«[35] Meisterwerke im Monatstakt entstehen. Überall ist Aufbruch. Es gibt endgültig keine Zufälle mehr, kein Leben »auf meinen eigenen Credit hin«[36], jetzt wird sich alles einlösen, was das Leben versprach. Wie hatte Zarathustra gesagt? »Es kehrt nur zurück, es kommt mir endlich heim – mein eigen Selbst, und was von ihm lange in der Fremde war und zerstreut unter alle Dinge und Zufälle.«[37]

Seiner Freundin Meta von Salis beschreibt Friedrich Nietzsche Ende 1888 jene »vollkommne Fascination«, die sein neues Selbst ausübe – »in allen Ständen. Ich werde mit jedem Blick wie ein Fürst behandelt«[38]. Doch mag seine Wahrnehmung des Verhaltens von Menschen, deren Sprache er nur ungenügend versteht, hier bereits getrübt sein; vielleicht sieht man in ihm bloß einen merkwürdigen ausländischen Herrn, dessen Umgangsformen von Vornehmheit zu Schrulligkeit übergegangen sind. In gewisser Weise hätte Nietzsche dann recht gehabt mit seiner Behauptung: »Jedes Gesicht verwandelt sich, wenn ich in ein großes Geschäft trete.«[39]

Der Aufbruch ist in Wirklichkeit der Zusammenbruch. Nietzsche beginnt wirre Postkarten, die sogenannten »Wahnsinnsbriefe«, zu versenden, unterzeichnet wahlweise mit »Dionysos« und »Der Gekreuzigte« und gibt als seine Adresse den Königspalast an. So eng schließen die Wahnideen an seine philosophisch-biographischen Themen, die psychotische »Gedankenflucht« an seinen früheren Ideenreichtum, der ausgebrochene Größenwahn an die Superlative seiner letzten Werke an, daß der wahrhaft gläubige Jünger Köselitz seinem Meister, als der den ›Rubikon‹ bereits überschritten hat, gratuliert: »es müssen große Dinge sein, die mit Ihnen vorgehen! [...] Sie sind eine ansteckende Gesundheit«[40]. Anders als der verblendete Köselitz ist Franz Overbeck durch Nietzsches Briefe alarmiert und reist nach Turin, wo sein Freund ihn in seiner Mansarde mit einem dionysischen Tanz empfängt.[41] Als Gasts Brief in Turin eintrifft, sitzt Professor Friedrich Nietzsche schon in der Basler Irrenanstalt, wohin ihn Overbeck gebracht hat. Die Diagnose der Ärzte lautet: progressive Paralyse, vermutlich Spätfolge einer Syphilisinfektion – unheilbar.

Auch in Paraguay ist der Zusammenbruch nahe. Die Siedler sind in Lynchstimmung, weil Bernhard Förster seine Versprechen nicht gehalten hat; nach Deutschland zurückkehren kann er nicht, denn dort läuft gegen ihn ein Gerichtsverfahren. Nach einer letzten, erfolglosen Bittstellermission hat Dr. Bernhard Förster sich einem weiteren Willkommensgruß aus den Gewehren seiner Kolonisten entzogen. Am Morgen des 3. Juni 1889 findet eine Hotelbedienstete ihn tot in seinem Bett. Keine Frage: ein »Nervenschlag« – Frau Doktor Förster stellt die Diagnose höchstpersönlich. Da ein Selbstmord sich gar zu schlecht machen würde, bringt sie einen Arzt dazu, einen falschen Totenschein auszustellen. Nicht ein Giftcocktail aus Strychnin und Morphium, sondern »die Aufregung« hat den Herrenreiter dahingerafft, erklärt sie und übernimmt, als die zur Fortführung der Kolonie notwendigen Kredite gestoppt werden, die Konkursverhandlungen. Die Kolonie der Neugermanen, die deutscher als deutsch sein wollte, wird 1890 von einem internationalen Gläubigerkonsortium übernommen. Doch die Witwe des Bankrotteurs zeigt sich bei den Verhandlungen von ihrer besten, sprich zähesten Seite: In der persönlichen Unterredung hat Elisabeth, unbeirrt auf ihrem Standpunkt beharrend, fest überzeugt von ihren eigenen Lügen, ihren Willen von nun an fast immer durchsetzen können gegen diverse »Männlein«, die sich ihr in den Weg stellten. (Tatsächlich scheint sie von den vielen Prozessen, die sie in ihrem langen Leben geführt hat, kaum einen verloren zu haben.) Die neuen Eigentümer setzen einen Vertrauten Eli Försters als Bevollmächtigten ein, so daß Elisabeth – immerhin eine der Hauptverantwortlichen des Desasters – weiterhin auf die Leitung der Kolonie Einfluß nehmen kann. Im fernen Deutschland gibt man sich, was die Zukunft Nueva Germanias betrifft, nach wie vor zuversichtlich; die Kolonial-Nachrichten loben die Willenskraft der Witwe: »noch über das Grab hinaus wirkt sein Geist in ihr fort«[42]. Ende 1890, fast zwei Jahre nach dem Zusammenbruch ihres Bruders, reist Elisabeth als Propagandistin Nueva Germanias nach Deutschland. »Eli Förster, geb. Nietzsche« wirbt von Naumburg aus neue Kolonisten, sammelt Geld für den Bau einer Kirche für die Kolonie und vermittelt den Neugermanen, unter denen Frustration und Schnapsverbrauch mittlerweile stark angestiegen sind, wenigstens einen deutschen Pfarrer.

Die Psychiater haben Friedrich Nietzsche nach Klinikaufenthalten in Basel und Jena inzwischen aufgegeben und der Obhut seiner Mutter überstellt, die ihn im Naumburger Haus gemeinsam mit Alwine, dem Hausmädchen, pflegt. Ob der Verfall ihres Idols Elisabeth mit Grausen oder Triumphgefühlen erfüllt hat (oder beidem), weiß man nicht. Fest steht, daß sie sich (entgegen der später von ihr geschaffenen Legende) keineswegs an der Krankenpflege beteiligt hat.

Fritz ist endgültig zu seiner Mutter zurückgekehrt, geistig zum Kleinkind regrediert, das Besuchern auf Bitten Franziskas artig die Hand gibt.

Unter Sozialaristokraten

Eine Mutter, die mit ansehen muß, wie ihr Sohn den Verstand verliert und zum hilflosen Kind regrediert: Diese Szene steht zur gleichen Zeit in Berlin im Mittelpunkt eines Theaterskandals, der in Deutschland die literarische Moderne einläutet. Henrik Ibsens Schauspiel *Gespenster* handelt von einer Geisteskrankheit, die sich – auf dem Umweg über eine vererbte Syphilis – vom Vater auf den Sohn überträgt; als der vom Sohn befürchtete Wahnsinn am

Ende ausbricht, bleibt die Frage offen, ob die Mutter den Sohn, der zu ihr zurückgekehrt ist, pflegen oder – seinem Wunsch folgend – töten wird.

Das Stück, im wilhelminischen Deutschland von der Zensur nicht freigegeben, ist am 29. September 1889 in einer geschlossenen Vorstellung des Vereins *Die Freie Bühne* aufgeführt worden. Einen Monat später folgt nach denselben Spielregeln die Uraufführung von *Vor Sonnenaufgang* des bis dahin unbekannten Berliner Dramatikers Gerhart Hauptmann, und mit diesem doppelten Paukenschlag gründet sich der deutsche Naturalismus als literarische Bewegung.

Als Mitglieder der *Freien Bühne* nehmen die Eheleute Andreas an dieser Bewegung teil. Lou vollzieht damit – an der Seite ihres Mannes, des Abenteuer-Philologen – den Milieuwechsel von der Wissenschaft zur Kunst, insbesondere zum Theater. Nicht zufällig ist es der Naturalismus, der ihr diesen Übergang ermöglicht. Schon der französische Pate der Bewegung, Emile Zola, hat auf den Spuren Auguste Comtes und Hippolyte Taines versucht, die Literatur der Naturwissenschaft anzunähern, am prägnantesten in seiner berühmten Forderung nach einem »Experimentalroman«, der in einer Versuchsanordnung zeigen sollte, »wie sich eine Leidenschaft in einem sozialen Milieu verhält«[43]. Auch die Frage nach der Determination des Schicksals eines Menschen durch das Erbgut spielt schon bei Zola, dann auch bei Ibsen und Hauptmann eine wichtige Rolle.

So findet Lou das »gesunde Klima« der Tatsachenwissenschaft, dem sie an der Seite Rées zugestrebt hatte, nun in den Kreisen einer literarischen Vorstadtboheme wieder, die in ihrer Lyrik und ihren Dramen den Rauch aus den Fabrikschloten der neuen Reichshauptstadt salonfähig macht, für sich persönlich jedoch die frische Luft des Berliner Umlands bevorzugt. Um die aus der westfälischen Provinz stammenden Dichterbrüder Heinrich und Julius Hart, den Naturphilosophen Wilhelm Bölsche und den SPD-Dissidenten Bruno Wille hat sich »hinter der Weltstadt«, im Berliner Vorort Friedrichshagen am Müggelsee, eine Künstlerkolonie gebildet; Gerhart Hauptmann als Nachbar sowie Lou und ihr Mann sind dort gerngesehene Gäste.

Die Friedrichshagener Kolonie ist in vielerlei Hinsicht das Gegenteil von *Nueva Germania*. Doch beruhen beide Projekte auf der alten Idee, man könne der schnöden Welt den Rücken zukehren und beim Individuum, bei sich selbst ganz neu anfangen, indem man mit einer ausgewählten Schar von Freunden eine Kolonie oder Siedlung gründet – eine Idee, mit der nach der gescheiterten Revolution von 1848 in Deutschland die unterschiedlichsten Kreise liebäugelten, utopische Sozialisten, Wagnerianer und, wie erwähnt, auch Friedrich Nietzsche. Mit der Reichsgründung von 1871 werden die Weichen für eine zügige Industrialisierung Deutschlands unter einem weiterhin repressiven Regime gestellt; dementsprechend eint die Opposition gegen den Wilhelminismus gegensätzliche Bewegungen wie Sozialdemokraten und antimoderne »Germanen« – gelegentlich in Personalunion. Nicht nur im »besten Urwald« Paraguays, auch unter Friedrichshagener Kiefern kann man sich einen Förster bestens vorstellen; auch hier, unter »Sozialaristokraten«, ist ein »urgermanischer Typus [...] zwischen Waldmensch und Oberlehrer« durchaus gefragt.[44] Ein sozialkritischer Dichter wie Gerhart Hauptmann etwa sympathisiert einerseits mit der SPD, verfolgt jedoch zugleich das Projekt der Gründung einer »pangermanischen« Kolonie in Amerika. Wer nicht auswandern mag, zieht wenigstens ins Grüne und schließt sich der Lebensreform-Bewegung an. Als »ländliche Inseln in einem Meer der Industrialisierung« (George L. Mosse[45]) werden – neben einer Reihe von Künstlerkolonien, z. B. Worpswede – diverse Landkommunen und Produktionsgenossenschaften gegründet, einige davon im Berliner Umland (etwa die vegetarische Obstbaukolonie Eden bei Oranienburg).

Auch das Ehepaar Andreas sympathisiert mit den Ideen der Lebensreformer: Naturheilverfahren, Vegetarismus, körpergerechte Kleidung. F. C. Andreas scheint sich gelegentlich als Heilpraktiker betätigt zu haben; Lou befreit sich vom Korsett und beginnt, selbstgenähte »Reformkleider« (boshaft auch als »Reformsäcke« bezeichnet) zu tragen.

Dank Fred, der einige Jahre in Skandinavien verbracht und dort Ibsens Stücke schätzen gelernt hat, hat Lou sich umfassend mit Ibsens Werk vertraut gemacht. Im Friedrichshagener Dichterkreis interessiert man sich für sie jedoch nicht nur als Ibsen-Kennerin; schon 1886 haben Wille, Bölsche und Hauptmann in ihrem Leipziger »Genie-Club« Nietzsche heiß verehrt[46] und sind daher fasziniert von der Begegnung mit jener Frau, die dessen »Freundin« war (Genaues weiß man nicht).

Mit dem sich entwickelnden Nietzsche-Boom der 1890er Jahre taucht Lous Vorgeschichte wieder auf: Nietzsche als Gespenst einer Vergangenheit, die, ein wenig wie in einem Ibsen-Stück, Macht über die Gegenwart gewinnt. Wo Lou auch hinkommt, ist Nietzsche schon da – und ihr Ruf ihr selbst vorausgeeilt. Zwischen Lou und die Männer, denen sie in den Berliner Literatenkreisen begegnet, tritt mit einem zeitgenössischen Wort ein »Frauenphantom«[47]. Das bedeutet ganz allgemein: ein Phantasiebild von der Frau, wie Männer es sich – nach eigenen Wünschen, aber auch Ängsten – zurechtmachen. Das bedeutet konkret: Das Luzerner Peitschenfoto, von dem man gerüchteweise gehört hatte, weckte Hoffnungen und Befürchtungen, noch bevor man Lou kennenlernte und vielsagend bemerken konnte: »Ich habe schon viel von Ihnen gehört.« Man sah die junge Frau an, die sich so geradeheraus und ungezwungen, gleichzeitig jedoch so vergeistigt gab, und forschte insgeheim nach Zweideutigkeiten. Lou bewegt sich in einer fast reinen Männerwelt. Nonne oder Hure? fragen diese sich. Ferdinand Tönnies hatte sich »die Hand abhacken« lassen wollen,[48] wenn Lou sich nicht als Keuschheit in Person erweisen sollte, und er ist mit dieser Phantasie nicht allein geblieben. Das Fatale an der angeblichen *Femme fatale* Lou, an »Frau Lou«, wie sie gern genannt wurde (vielleicht weil sie sich einfach als »Lou« vorstellte, ohne Familiennamen?), dieses Fatale ist gerade die Ungeklärtheit der Lage, die Unentscheidbarkeit der Frage, ob ihr offensichtlicher Mangel an Koketterie nur ein weiblicher Trick ist, um Männerherzen desto leichter zu zerbrechen. Dieses Tödliche, Zerstörerische, Zerreißende, das viele Männer Lou angstlüstern zuschreiben, wird später von ihrem Liebhaber Rainer Maria Rilke schlechthin unüberbietbar zusammengefaßt. In einem Gedicht, das ursprünglich an Lou gerichtet war (bevor Rilke es umadressierte – an Gott!), bleibt vom Mann kaum noch etwas übrig:

»Lösch mir die Augen aus: ich kann Dich sehn
Wirf mir die Ohren zu: ich kann Dich hören
Und ohne Fuß noch kann ich zu Dir gehen
Und ohne Mund noch kann ich Dich beschwören
Brich mir die Arme ab [...]«[49]

Für Lou Andreas-Salomé ist es nicht nur angesichts ihres Lebens unter ›Brüdern‹ unumgänglich, sich mit solchen »Frauenphantomen« auseinanderzusetzen. Die Selbstfindung Lous nimmt den Weg über ihre Selbsterfindung als Frau; diese jedoch fängt nicht bei Null an, sondern arbeitet mit dem vorgefundenen Material der Kultur, in der sie sich abspielt. Kennzeichnend für die Herangehensweise Lous ist dabei, daß sie sich immer wieder mit der zeitgenössischen Wissenschaft auseinandersetzt. *Das Liebesleben in der Natur* ihres Friedrichshagener Bekannten Wilhelm Bölsche[50] scheint ihr dabei als eine Art Grundausstattung gedient zu haben. Später sucht sie bei dem Hormonforscher Pineles, dem Psychiater Bjerre und schließlich bei Freud und der Psychoanalyse wissenschaftliches Material für ihre Konzeption von Weiblichkeit. Die Grenzen zwischen Biologie, Psychologie, Autobiographie und Dichtung zu respektieren gehört wohl von Anfang an nicht zu Lous Programm. Und so ist der Ort, an dem sie die Psychologie der Geschlechterkonflikte zuerst systematisch studiert hat, das Theater gewesen.

Frauengestalten

Die Wirklichkeit, die das Berliner Publikum in den Werken der Naturalisten erstmals die Szene betreten sieht, personifiziert sich nicht nur in der Gestalt des Arbeiters, sondern auch in ganz neuen Frauenfiguren. Mit diesen hat sich Lou als Kritikerin intensiv auseinandergesetzt. Für das Zentralorgan der Naturalisten, die Zeitschrift *Freie Bühne*, verfaßt Lou Andreas-Salomé (wie sie sich als Autorin nach ihrer Heirat nennt) seit Anfang der 90er in erster Linie Theaterkritiken, darunter eine, die sich mit einer Frauengestalt bei Gerhart Hauptmann befaßt.

In seinem Schauspiel *Einsame Menschen* (1890), das der Autor vielsagend denen widmet, »die es gelebt haben«, taucht in Gestalt der russischen bzw. baltendeutschen Studentin »Anna Mahr« eine ›neue Frau‹ auf, die nicht nur, aber doch weitgehend Lou nachempfunden ist. Anna Mahr trägt erotische Komplikationen in ein Haus am Müggelsee, wo die Hauptfigur, ein Philosoph namens Johannes Vockerat, mit Frau und Familie wohnt. Gerhart Hauptmann, der zu dieser Zeit mit seiner Frau am Müggelsee lebt und mit Lou befreundet ist – in ihrem Nachlaß befindet sich ein Billet von ihm: »Liebe und theure Frau, ich muß kommen dürfen! Gerhart«[51] –, Hauptmann also läßt seine Nietzsche zitierende, das Tragen von Schmuck aus Prinzip ablehnende und stets in Schwarz gekleidete Zürcher Studentin in einen Konflikt zwischen Familie und Geistesverwandtschaft geraten. Obwohl sie dem von seiner Familie unverstandenen Philosophen nur hilft, indem sie »sachlich« auf ihn eingeht, gerät Anna Mahr, die »Emanzipierte«, wider Willen in Konkurrenz zur eher schlichten Ehefrau und muß, so wollen es die argwöhnischen Angehörigen, das Haus verlassen. »Anna! Schwester«, ruft der Philosoph ihr noch zu, »Bruder Johannes«, antwortet sie. Er: »Soll ein Bruder – seine Schwester nicht küssen dürfen, bevor sie sich trennen, auf ewig?« Da liegen sie sich auch schon, endlich, in den Armen, »und beider Lippen finden sich in einem einzigen langen, inbrünstigen Kusse, dann reißt Anna sich los und verschwindet«[52]. (Nachzutragen wäre noch, daß der Philosoph ohne Anna nicht seinem Werk, sondern seinem Leben ein Ende setzt – »lieber der Müggelsee« als der alte Familientrott.)

Lous Besprechung von Hauptmanns Stück übergeht diskret dessen biographische Quellen. Sie interessiert eine andere Form von Authentizität: Ein wirklich neuer, zeitgenössischer Frauentyp habe mit *Einsame Menschen* die Bühne betreten; obwohl willensstärker und selbständiger als der Philosoph, entspreche Anna Mahr keineswegs dem Klischee des »Blaustrumpfs«. Doch auch die Frau von Geist erweist sich als Frauenphantom; Annas intellektuelle Überlegenheit, kritisiert Lou, sei nicht zu sehen, sie bleibe bloße Behauptung.[53]

Das Buch *Henrik Ibsen's Frauen-Gestalten* schließlich (1892 unter dem neuen Namen Lou Andreas-Salomé veröffentlicht) nimmt Ibsens Dramen sozusagen persönlich und entwickelt aus seinen Frauenfiguren, wie der Untertitel verspricht, *Psychologische Bilder*. Es handelt sich um eine Art Naturalismus der Lektüre: Als ginge es um wirkliche Menschen, wird ausschließlich diesen Charakteren »psychologisch« nachgeforscht; Fragen nach der Gemachtheit des Ganzen, nach Intentionen des Autors und formaler Gelungenheit treten gegenüber der Wahrhaftigkeit der dargestellten Charaktere und der Relevanz ihrer Probleme in den Hintergrund. Diese allgemein empfundene Authentizität – »echte Menschen« auf der Bühne – war das eigentlich Neue, Aufregende, Skandalöse an den Werken Ibsens, Gerhart Hauptmanns und anderer dem Naturalismus zugerechneter Autoren; sie gibt den Maßstab für Lous Lektüre ab.[54]

Lou begnügt sich aber nicht damit, fiktive Gestalten psychologisch zu analysieren; ihr Ibsen-Buch »changiert zwischen textbezogener, wissenschaftlicher Analyse und ›märchenhaftem‹ Fortspinnen der Handlung«[55]. Die Frauengestalten werden ihrem geistigen Vater – dem, der sie ›bei ihren Namen genannt‹ hat – quasi enteignet; sie gewinnen ein Eigenleben, das der Autor Ibsen so nicht vorgesehen hat, indem Lou sie über die Textgrenzen hinweg »in ein Gespräch treten [läßt], das sie so bei Ibsen nicht geführt haben«[56]. Unter ihnen wird die Frage verhandelt, die sich auch für Lou spätestens seit ihrer Heirat stellt: ob zwischen weiblichem Freiheitsdrang und dem Bedürfnis nach Bindung Kompromisse möglich sind. Den sechs Analysen weiblicher Verhaltensmuster stellt die Autorin eine Widmung – »meinem Mann« – und, gleichsam als Ouvertüre, ein »Märchen« voran. Darin spielt sie, Ibsens Allegorie der eingesperrten Wildente aufnehmend, wie in einer Versuchanordnung vorab die möglichen Lösungen durch, die Antworten auf eine keineswegs rhetorische Frage: »ein Wildvogel in einer Bodenkammer: das ist doch wohl notwendig eine Tragödie?«[57]

Eben nicht – behauptet Frau Andreas-Salomé und entwickelt einen Bogen, der mit Noras Aufbruch aus dem *Puppenheim* krisenhaft beginnt und mit der Rückkehr Ellidas (der *Frau vom Meere*, 1888) zu ihrem Ehemann glücklich endet: »So schließt Nora mit einer stummen Frage, und erst Ellida gibt uns die Antwort darauf.«[58]

In der Ehe Ellidas findet Lou offensichtlich ein Modell für ihren eigenen Lebensbund mit F. C. Andreas: Ellidas Gatte gibt dieser die Freiheit, sich einem anderen zuzuwenden, und läßt sie gerade dadurch erkennen, daß sie zu ihrem Ehemann gehört. Vielleicht zeichnet sich hier eine Gesetzmäßigkeit innerhalb des Beziehungsmusters Lehrer–Schülerin ab. Schon in der Revolte gegen Gillot, im Bekenntnis zum Leben im »Übergang«, hatte Lou darauf bestanden, sie nehme ihn nur beim Wort: »Weil ich doch nun grade dabei bin zu beweisen, wie gut ich seinerzeit meine Lektion bei Ihnen gelernt habe [...] indem ich [...] nicht einer bloßen Phantasie nachhänge, sondern sie verwirklichen werde.«[59]

Wenn Lou nun das Buch ihrem Mann widmet, so sicherlich nicht nur als Dank dafür, daß er sie mit Ibsens Werk bekannt gemacht hat, sondern um ihm als seine gute Schülerin vorzuschlagen, es Ellidas Mann gleichzutun, seiner Wildenten-Frau Lou das Fenster zu öffnen und sie nur ruhig in der Welt herumflattern zu lassen: um so freudiger und glücklicher werde sie immer wieder zu ihm nach Hause zurückkehren.

Mit dieser perfekten Rundung müßte Lous Buch eigentlich schließen; daß dieser Abschluß nicht gelingt, ist bezeichnend. Hedda Gabler, Ibsens letzte große, seine sozusagen allerletzte Frauengestalt, stellt für Lou die radikale Antithese weiblicher Entwicklung und Emanzipation dar: Neidisch, berechnend und unfruchtbar ist diese Frau; ihr Weg, der kein höheres Ziel kennt, muß zwangsläufig in der Selbstzerstörung enden. (Im Stück erschießt sie sich.) Lou betont Heddas »Seelenarmut« (»eine leere Tiefe, [...] ein hohler Abgrund«[60]). Manche Ausfälle der Autorin gegen die Dramenfigur Hedda erinnern an Friedrich Nietzsches Tiraden gegen Lou; kein Wunder, ist die Gestalt, der Ibsen den Namen Hedda gegeben hat, der Autorin doch nur allzu vertraut. Verwöhnte Tochter eines Generals, die »ihr Mädchenleben mit Toilettensorgen, Bällen, Ausritten und Kurmachern« »vertändelt« hat[61], ist Hedda Gattin eines Professors, den sie nie geliebt hat; mit all dem repräsentiert sie Lous dunkle Doppelgängerin, ein Schicksal, das auch dieser drohte – und vielleicht noch immer droht. Denn wie aus Lous Ausführungen hervorgeht, ist es die »täuschende Oberfläche und stets bereite Maske«[62], die Macht der Verstellung, die der Gestalt Heddas »ihren so unheimlichen Charakter« verleiht[63]. In letzter Analyse könnten sich die Noras und Ellidas womöglich als Heddas erweisen. Die neidische Frau: Man müßte den Spuren dieser Gestalt, die in der »Unfruchtbarkeit« eines »unheimlichen Selbstwiderspruch[s]«[64] verharrt, im Werk Lou Andreas-Salomés nachgehen.

Heimkehr und Aufbruch

Die Krisen, von denen *Henrik Ibsens Frauengestalten* handelt, nehmen im Erscheinungsjahr des Buches (1892) für das Ehepaar Andreas konkrete Form an.

Zum Umfeld des »Friedrichshagener Kreises«, wo man politisch der Sozialdemokratie oder sogar dem Anarchismus zuneigt, gehört der sozialistische Politiker Georg Ledebour, ein moralischer Rigorist, der für seine Überzeugungen ins Gefängnis zu gehen bereit ist (später wird er einer der Mitbegründer der USPD). »Warum tragen Sie keinen Trauring?« fragt er Lou bei ihrem ersten persönlichen Gespräch in schroffem Ton und läßt ihre Erklärungen nicht gelten: »Das muß man aber!«[65] Ledebour wird ihren Status als verheiratete Frau tatsächlich nie akzeptieren. Mag ein solcher Auftakt auch peinlich sein, so zeigt sich darin doch ein gewisses Interesse; man kommt ins Gespräch, verabredet sich »allein zu zwein«, der Frühling tut ein Übriges, kurz: Nach einigen Wochen gesteht ihr der gut zehn Jahre ältere Ledebour seine Liebe. Ihren Lebensbund mit F. C. Andreas hält er für eine Scheinehe und sagt der 31jährigen auf den Kopf zu: »Sie sind keine Frau: Sie sind ein Mädchen.«[66] Dieses erschreckende »unvorstellbare Wissen«[67], das er über sie besitzt, beschäftigt sie noch im *Lebensrückblick* so stark, daß sie zu ihren eigenen Gefühlen ihm gegenüber schweigt – wie, allgemein gesagt, ihr Gedächtnis regelmäßig gerade an jenen entscheidenden Punkten zu versagen pflegt, auf die ihre eigene Darstellung zusteuert.

Sie wäre offenbar bereit gewesen, Andreas für Ledebour zu verlassen. Doch zwischen den Männern war keine Vermittlung, kein Gespräch möglich – Andreas wollte den Konkurrenten »nur niederstechen [mit dem bewährten Dreiecks-Messer?], nicht aber sprechen«, und Lou weiß zu berichten, daß Ledebour »als Hasser meinem Mann nicht nachstand«[68]. Andreas in Feindschaft zu verlassen kam für Lou jedoch nicht in Frage.

Über zwei Jahre zieht sich die quälende Situation mit vorübergehenden Trennungen von Ledebour und Andreas hin, zwei Jahre, in denen Lou sich von ihrem Mann entfremdet, ohne sich für den Liebhaber entscheiden zu können, in denen Andreas sich umzubringen droht und das Ehepaar sogar einen gemeinsamen Selbstmord in Erwägung zieht.[69]

Einen gewissen Rückhalt findet Lou in dieser Zeit in der ersten substantiellen Frauenfreundschaft ihres Lebens, die als Brieffreundschaft zweier Leidensgenossinnen beginnt. Lou hat die Afrikareisende Frieda von Bülow schon 1892 in Berlin kennengelernt, doch ist diese danach für ein Jahr nach »Deutsch-Ostafrika« (Tansania) zurückgekehrt, um dort als Farmerin ihr Glück zu versuchen. Dieser Traum vom neuen Leben in der Kolonie verbindet sich mit persönlichen Beziehungen Frieda von Bülows zu dem erwähnten Carl Peters, der in Ostafrika zur Galionsfigur des deutschen Kolonialismus geworden war. Eine weniger verblendete, pragmatischere Ausgabe Bernhard Försters, denkt der kaiserliche Kommissar Carl Peters ebenso rassistisch wie jener und ist zudem von der Zweitrangigkeit der Frau überzeugt.[70] Das macht Peters zum geeigneten Objekt für die hoffnungslose (einige Biographen meinen: masochistische) Liebe Frieda von Bülows. Sie und Lou tauschen eine Reihe sehr offener Briefe über ihre Liebesprobleme aus.

Lou magert dennoch im Laufe der Krise mehr und mehr ab, um sich schließlich Anfang 1894, dem Willen ihres Mannes entsprechend, endgültig von Ledebour zu trennen. Dem Anschein nach ist die Ehe gerettet; sogar Lous Jungfräulichlichkeit blieb im Sturm der Gefühle unangetastet. Doch Friedrich Carl Andreas hat seinen Willen nur um den Preis durchgesetzt, seine Frau in die Flucht zu schlagen.

Ihr Erfolg als Schriftstellerin (das Ibsen-Buch verkauft sich gut und gilt noch 40 Jahre später als das beste Buch, das über Ibsen je geschrieben wurde) macht sie von Mann und Familie finanziell unabhängig. Von nun an wird sie mehr und mehr Zeit auf Reisen verbringen – bekannt als »Frau Lou«, ohne Ehemann und -ring, wie gehabt mit allerlei »Mißverständnissen«. Im *Lebensrückblick* resümiert sie: »Nach außen veränderte sich nichts: nach innen zu alles. In all den Jahren erfolgten viele Reisen.«[71]

Während Lou Andreas-Salomé mit dem Schreiben Geld zu verdienen beginnt, veröffentlicht auch Eli Förster ihr erstes Buch, eine Darstellung der Geschichte von *Dr. Bernhard Försters Kolonie Neu-Germania in Paraguay* (1891). Eingeweihte sprechen sogleich von einem »Märchenbuch«; langsam, aber unaufhaltsam sickern Informationen über die wirkliche Lage der Kolonie nach Deutschland durch. Und so kehrt Elisabeth im Juni 1892, ohne Erfolge bei der Anwerbung von Kolonisten oder Kapital vorweisen zu können, nach Paraguay zurück.

Dort hat sich die Stimmung inzwischen eindeutig gegen sie gewendet. Die Forderung nach ihrer Ausweisung wird unter den Kolonisten laut; selbst die Chemnitzer *Kolonial-Nachrichten*, die mit Bernhard Försters Bild im Zeitungskopf erscheinen, werfen ihr schließlich ein System von Lügen, Intrigen und Begünstigung vor und sehen in der »Beseitigung der Frau Dr. Förster die erste Bedingung« für eine Besserung der verfahrenen Situation.[72]

Am Ende wird es Elisabeth in Paraguay zu heiß; im Sommer 1893 verkauft sie Försterhof einschließlich der Möbel und macht dabei sogar noch ihren Schnitt. Doch sie verläßt Nueva Germania nicht, ohne in den *Bayreuther Blättern*, die ihr weiterhin in Nibelungentreue ergeben bleiben, nachträglich einen weihevollen Abschiedsartikel zu veröffentlichen. Ein letztes Mal grüßt sie dort 1894 »mein ehemaliges Pflegekind Neugermanien«, mit der »Liebe einer Mutter, welche sich nicht um ihr Kind kümmern kann«. Denn: »Eine andere große Lebensaufgabe: die Pflege meines einzigen Bruders, des Philosophen Nietzsche, die Sorge für seine Werke und Beschreibung seines Lebens und Denkens, nimmt von jetzt ab meine ganze Kraft und Zeit in Anspruch.«[73]

[illegible]

[illegible] Geliebte [illegible]
[illegible]
[illegible] in Paris [illegible]
[illegible]

[illegible]

Kapitel IV
»Verwechselt mich nicht!«

»Die Liebe hat dieses Buch geschrieben«

Das lange Zeit auf kleine Lesezirkel begrenzte Interesse an Friedrich Nietzsche nimmt mit der Nachricht von seinem geistigen Zusammenbruch auf einen Schlag – man könnte mit Nietzsche von einer »Explosion« sprechen – den Charakter einer intellektuellen Mode an. Wer war dieser Mann? fragt man sich eingangs der 1890er Jahre. In dieser Situation haben erst Lou, dann Elisabeth aus ihrer persönlichen Bekanntschaft, aus dem ›biographischen Zufall‹ ihrer Nähe zu dem großen Mann Friedrich Nietzsche kulturelles Kapital geschlagen. Beide haben jeweils wegweisende Darstellungen Nietzsches geschrieben, Bücher, in denen mal subtil, mal ungehobelt die Grenze zwischen Leben und Denken, Charakter und Werk niedergerissen wird. Die Küchenperspektive auf den großen Mann – ist das nicht genau das, was man von einer Biographie erwartet? Elisabeth erhebt gerade als Köchin, Helferin, Schwester den Anspruch, die einzig legitime Nietzsche-Biographin zu sein, weil kein Mensch ihn so gut, vor allem aber so lange gekannt habe wie sie, die sich nun, gerichtlich bestätigt, den Nachnamen *Förster-Nietzsche* zulegt.

Elisabeth ist zweifach verwitwet, verwaltet ein doppeltes Erbe, so wie sie zweimal nach Deutschland zurückgekehrt ist: Das erste Mal als Eli Förster, Witwe eines verkrachten Auswanderers, die für dessen bankrottes Unternehmen Geld auftreiben will, deren besonderes Augenmerk daher dem Anstieg der Verkaufszahlen der Bücher ihres Bruders gilt. (Als er nicht mehr widersprechen kann, wird der entmündigte Fritz also endlich doch noch für die antisemitische Bewegung eingespannt.)

Das zweite Mal kehrt Elisabeth 1893 zurück, nachdem sie, mehr oder weniger auf der Flucht vor den Siedlern, Försterhof abgewickelt hat. Im Augenblick ihrer totalen Niederlage, auf dem Weg zurück ins »Stiefvaterland« und zur Mutter, steigert sie sich in eine neue Identität als ihres Bruders Hüterin hinein. Den um 1890 beginnenden Nietzsche-Boom, der sie in ihrer nie ganz aufgegebenen Brudervergötterung bestätigt (sie teilt ja im Grunde den Größenwahn Friedrich Nietzsches), nimmt sie deshalb als eine der ersten wahr – und sie ist entschlossen, die Gelegenheit zu ergreifen, doch noch zu ihrem erträumten Salon zu kommen.

Auf der Überfahrt schmiedet Elisabeth einen Plan: Sie wird ein Nietzsche-Archiv gründen, das sich, angelehnt an den Bayreuther Wagnerkult um die Witwe Cosima, als kulturelles und gesellschaftliches Zentrum der Pflege des Lebenswerkes ihres Bruders widmen soll. Sie selbst aber wird sein Leben beschreiben, wird den Kampf gegen all die häßlichen Lügen aufnehmen, die man sich über Nietzsche erzählt, beispielsweise über die Ursache seines Wahnsinns. Zumindest in diesem einen Punkt ist sie sich mit ihrer Mutter, zu der sie trotz des Scheiterns ihres Ausbruchsversuchs kampfbereit wie nie zuvor zurückkehrt, einig: Ebenso wenig, wie ein Dr. Förster sich einfach umbringt, holt ein Professor Nietzsche sich (wie die behandelnden Ärzte annahmen) die Syphilis. Das war nicht Art des Hauses. Innerfamiliär hatte man sich zum Beispiel schon lange auf die frei erfundene Geschichte vom Treppensturz Pfarrer Nietzsches als Ursache seines peinlichen Kopfleidens verständigt: Todesursache Kurzsichtigkeit – ein erbliches Leiden, das Franziska und Elisabeth der Annahme hereditärer Geisteskrankheit vorzogen.

Auf Drängen Franziskas ist Friedrich Nietzsche ihrer häuslichen Pflege überantwortet worden; die Ärzte in der Jenaer Heilanstalt, wo Nietzsche bis Mai 1890 untergebracht war, haben ihn als unheilbar aufgegeben, und der beruhigende Einfluß der Mutter auf den gelegentlich zu Tobsuchtsanfällen neigenden Irren ist ihnen nicht entgangen. Damit bekommt Franziskas Leben im Alter noch einmal einen Sinn, nämlich – was sonst? – die *Aufopferung* für einen Mann: ihren kranken Sohn. Gemeinsam mit dem »treuen« Hausmädchen Alwine, aber ohne Elisabeth, hat sie ihn für den Rest ihres Lebens, bis 1897 also, rund um die Uhr betreut. Als Säugling hatte Fritz sich von seiner Mutter nicht stillen lassen; vielleicht ist eine subtile Rache am Werk, wenn sie ihn nun wie ein Baby pflegt und gleichzeitig die Veröffentlichung seines

Buches *Der Antichrist* zu verhindern sucht. Doch da ihr die Schriften ihres Sohnes stets fremd geblieben sind, hat sie keine Chance, sich gegen Elisabeths Alleinvertretungsanspruch durchzusetzen. Elisabeths Schwanken zwischen Naumburg und Basel, Mutter und Bruder kommt ihr jetzt zugute: Sie ist sozusagen natürliche und übernatürliche Schwester zugleich. Die erste Position berechtigt sie, die Schriften ihres Bruders einschließlich eines Berges nachgelassener Papiere an sich zu nehmen, die zweite, diese wieder ›herauszugeben‹. Heinrich Köselitz, dem die Betreuung der Nietzsche-Werke zunächst zugefallen war und der bereits eine Gesamtausgabe vorbereitet hat, erwartet von Elisabeth als Nietzsche-Herausgeberin (wie sich bald erweisen wird: zu Recht) das Schlimmste; konkret befürchtet er, daß Elisabeth allzu Wagnerkritische Passagen entfernen wird, um das Verhältnis des Hauses Nietzsche zu Cosima in Bayreuth nicht zu gefährden. Doch hat er Elisabeths doppelter Legitimation zu wenig entgegenzusetzen. Obwohl Köselitz als »Schriftsteller« des Autors Nietzsche auf dessen Bücher auch inhaltlich Einfluß ausgeübt hat,[1] obwohl er, was für die anstehenden philologischen Aufgaben von Belang ist, der beste Kenner der Handschrift Friedrich Nietzsches ist, wird er von Elisabeth – zunächst – ausgebootet: Seine Gesamtausgabe wird auf ihre Weisung hin eingestampft. Es rächt sich hier, daß Friedrich Nietzsche keinen Schüler von Format gefunden hat, mit dem er es länger ausgehalten hätte.

»Die Liebe hat dieses Buch geschrieben.« So beginnt Elisabeth 1895 ihre Erzählung vom Leben ihres Bruders. Gerade über die »innige«, distanzlose Nächstenliebe aber liest man bei Friedrich Nietzsche nur Unerfreuliches, ebenso wie über die Figur des Priesters. Auf beides beruft sich die kommende Hohepriesterin des Nietzsche-Kultes, der aus verschiedenen Gründen eigentlich ein Ding der Unmöglichkeit ist – Nietzsche hatte nichts so sehr gefürchtet wie die Aussicht, als Heiliger verehrt zu werden.[2]

Nur scheinbar harmlos ist also das Motto, unter dem Elisabeth Förster-Nietzsche in den Krieg der Biographien, in den Kampf um das richtige Nietzsche-Bild eingreift. *Das Leben Friedrich Nietzsche's*, ein auf drei Bände angelegter monumentaler Wälzer, wird der Fels sein, auf den sie ihre Nietzsche-Kirche gründen wird und an dem ihre Feinde zerschellen sollen. Unter den Feinden ist Lou Andreas-Salomé die klare Nummer eins, hat sie doch im Wettlauf um die erste Nietzsche-Gesamtdarstellung die Nase vorn gehabt und schon im Jahr zuvor, 1894, ihr Buch *Friedrich Nietzsche in seinen Werken* veröffentlicht. Nach Nietzsches Zusammenbruch hat Lou ihre Leipziger Charakteristik überarbeitet und seit 1890 einige Zeitschriftenaufsätze zum Thema veröffentlicht, aus denen sich schließlich die erste umfassende Arbeit über Nietzsche entwickelt hat. Nicht nur als Gesamtinterpretation des veröffentlichten Werkes ist *Friedrich Nietzsche in seinen Werken* ein kühner Schritt, sondern auch durch den Ansatz, Nietzsches Philosophie als »Selbstbekenntnis ihres Urhebers« zu lesen, wie er selbst es in *Jenseits von Gut und Böse* vorgeschlagen hatte.[3] Die Trennlinie zwischen Lebensgeschichte und Werkinterpretation verschwimmt in Lous Darstellung; wir erfahren, daß Friedrich Nietzsche eine positivistische Phase hatte und einen schönen Mund. (Wie kann sie das wissen, fragte sich das Publikum, war dieser Mund nicht zur Gänze vom berühmten Schnurrbart verborgen ...? Die Liebe mußte wohl auch dieses Buch geschrieben haben.) Es darf bezweifelt werden, ob Lou Andreas-Salomé, die bis dahin als Religionswissenschaftlerin, Romanautorin und Theaterkritikerin, nicht aber als Philosophin hervorgetreten war, mit ihrer Studie einen vergleichbar großen Erfolg gehabt hätte, wenn sie die Intimität ihrer Beziehung zu Nietzsche weniger stark herausgestellt, wenn sie sich nicht als seine enge Freundin ausgegeben hätte, indem sie dem Buch drei seiner Briefe an sie im Faksimile beigab und darüber hinaus Nietzsche-Briefe an Paul Rée auf eine Weise zitierte, die nahelegte, diese hätten ihr gegolten.

Gleich zu Beginn bringt sie einen Brief, in dem Friedrich Nietzsche von ihrem »Geschwistergehirn« spricht (man kann sich Elisabeths Gesicht beim Lesen dieser Passage lebhaft vorstellen) und sich ihren Gedanken der »Reduktion der philosophischen Systeme auf Personal-Acten ihrer Urheber« ausdrücklich zu eigen macht.[4] Mit diesem Brief anstelle eines Vorworts läßt Andreas-Salomé sich die folgende biographische Werkinterpretation quasi per Unterschrift autorisieren.

Dabei handelt es sich um mehr als nur ein elegantes Manöver. Die Frage nach dem Verhältnis zwischen Leben und Werk stellt sich im Falle Friedrich Nietzsches mit ganz anderer Dringlichkeit als etwa bei einem Philosophen wie Kant. Um es mit Nietzsche selbst auf eine knappe Formel zu bringen: »Zuletzt rede ich bloß von Erlebtem, nicht bloß von ›Gedachtem‹; der Gegensatz von Denken und Leben fehlt bei mir.«[5] Und der Begründer der kritischen Nietzsche-Forschung, der Schweizer Carl Albrecht Bernoulli, schrieb: »Nietzsche ist philosophiegeschichtlich abschließend gar nicht zu beurteilen, ehe der Kampf um seine Biographie zu Ende gekämpft ist.«[6]

Wer also war Friedrich Nietzsche? Er selbst mahnt in *Ecce homo*: »*Hört mich! denn ich bin der und der. Verwechselt mich vor Allem nicht!*«[7] Vor einer drohenden Verwechslung mit seinem Gegenteil hat Nietzsche nicht ohne Grund häufig gewarnt. Sah der Autor der *Geburt der Tragödie* (1872) und der *Unzeitgemäßen Betrachtungen* (1873–76) sich noch als »Sohn« Schopenhauers, so riecht der Nietzsche von 1888 in diesem Einfluß nur noch »Leichenbitter-parfum«[8]. Auch ist hinreichend bekannt, daß *Der Fall Wagner* (1888) ein Fall Nietzsche ist, daß sich hier über Jahrzehnte hinweg idealisierende Liebe und Todfeindschaft die Hand reichen wie selten sonst in der Geistesgeschichte. Nietzsche verstrickt seine LeserInnen in eine Art *double-bind*, das darin besteht, uns eine Entscheidung aufzuzwingen (z.B. für oder gegen Wagner), deren Möglichkeit er zugleich untergräbt – Wagner, das ist schlichtweg der Gipfel, im Guten wie im Bösen. »Wagner *resümiert* die Modernität«, heißt es in *Der Fall Wagner*[9], und: »*Andere* Musiker kommen gegen Wagner nicht in Betracht«[10]. Indes: »War Wagner überhaupt ein Musiker?«[11] Eine tiefe Zweideutigkeit bleibt noch in der heftigsten Polemik erhalten.

»Die Liebe hat dieses Buch geschrieben«: kein schlechtes Motto auch für die Werke des Philosophen und Polemikers Friedrich Nietzsche, in denen Liebe und Haß sich in Ambivalenz unentwirrbar verbinden. Lou Andreas-Salomés bleibendes Verdienst ist es, dieses Moment der Zerrissenheit in *Friedrich Nietzsche in seinen Werken* herausgearbeitet und die ungelösten inneren Konflikte Nietzsches als eigentliche Triebkraft des Menschen und seines Denkens verständlich gemacht zu haben. Auf dem Hintergrund ihrer Begegnung beschreibt Andreas-Salomé Friedrich Nietzsche als einen Menschen von »fast weiblicher« Beeinflußbarkeit; »anbeten«[12] mußte er, bis zur völligen Identifikation, um sich dann unter heftigen Geburtswehen immer wieder ganz neu erschaffen zu müssen.

Mindestens drei Friedrich Nietzsches sind Lou zufolge voneinander zu unterscheiden, drei Stufen, die nicht im Verlauf einer Entwicklung ineinander übergehen und zueinander hinführen, sondern durch abruptes Umschlagen des Denkansatzes in sein Gegenteil entstehen.

Der erste Nietzsche, Autor der *Geburt der Tragödie* (1872) und der vier *Unzeitgemäßen Betrachtungen* (1873–76), betreibt einen Kult um Schopenhauer, Wagner und ganz generell das »Genie«. Mit der Veröffentlichung von *Menschliches, Allzumenschliches. Ein Buch für freie Geister* steht 1878 scheinbar unvermittelt ein ganz neuer, der »positivistische«, nüchtern-wissenschaftliche Nietzsche da. An der Seite seines neuen Freundes Paul Rée stellt er sich nun in die Nachfolge Voltaires und übt ätzende Kritik an den herrschenden »moralischen Vorurteilen« – insbesondere denen des Christentums. Mit dem ersten Teil von *Also sprach Zarathustra* (1883) läßt die Autorin schließlich die letzte Inkarnation Nietzsches die Bühne betreten: den Religionsstifter, der immer schon verborgen in ihm gesteckt habe und sich – nach jahrelanger Bändigung durch die Tugenden der Wissenschaftlichkeit – schließlich gewaltsam Bahn gebrochen habe. Lou zitiert das Gedicht, das Nietzsche ihr in Leipzig zum Abschied geschenkt hat (»Freundin – sprach Columbus«), und gibt die Antwort, auf die er damals vergeblich gewartet hat: auf die implizite Frage, ob sie an Nietzsches Seite in seine ›neue Welt‹ aufbrechen wolle. »Aber er irrte sich in Bezug auf die völlige Neuheit und Jenseitigkeit des Landes, – es war der umgekehrte Irrthum des Columbus, der, das Alte suchend, das Neue fand. Denn Nietzsche war in der That, ohne es zu bemerken, nach einer Weltumseglung von der entgegengesetzten Seite an die Küste eben desjenigen Landes zurückgelangt, von welchem er ursprünglich ausgegangen, und welches er für immer im Rücken gelassen zu haben glaubte, als er sich von der Metaphysik abwandte. Wir werden es an allen Werken seiner letzten Geistesperiode erkennen, in wiefern sie wieder aus jenem alten Boden hervorgewachsen sind.«[13] Der Geniekult kehre als »Selbstvergötterung« zurück; die Lehre vom Übermenschen und der Ewigen Wiederkunft des Gleichen laufe auf ein mystisches, nun wieder antiwissenschaftliches Denken hinaus.

Lous »Drei-Perioden-Schema«, das durch *Friedrich Nietzsche in seinen Werken* bekannt wird, aber bereits früheren Aufsätzen wie »Zum Bilde Friedrich Nietzsches« (1891) zugrunde liegt, gibt dem im Laufe der 1890er Jahre ständig wachsenden, faszinierten, aber auch verwirrten Nietzsche-Publikum die Möglichkeit an die Hand, sich *mit* Nietzsche *gegen* Nietzsche zu entscheiden. Die Autorin selbst läßt keinen Zweifel daran, daß sie sich dem mittleren Nietzsche verbunden fühlt, mit der Spätphilosophie dagegen weniger anfangen kann – ja vor ihr wie vor einem Abgrund zurückschreckt: Der vierte Teil des *Zarathustra* markiert für sie bereits den Einbruch des Wahnsinns ins Werk.

Aber kann man hier von einem *Einbruch* sprechen? Die permanente Beschäftigung Nietzsches mit seiner Krankheit gibt in der Darstellung Andreas-Salomés eine Art gleichbleibende Hintergrundmusik für die oben beschriebenen Umschwünge ab. Obwohl sie *Ecce homo*, das Selbstbekenntnis des späten Nietzsche, nicht kennt (auf die Unterdrückung dieser wichtigsten autobiographischen Schrift Nietzsches durch seine Schwester wird noch einzugehen sein), kommt sie zu verblüffend ähnlichen Einschätzungen. So diagnostiziert sie bei Friedrich Nietzsche eine vom Vater ererbte Gehirnerkrankung, die nach schleichendem Verlauf schließlich in offenen Wahnsinn umgeschlagen sei; das korrespondiert wenn schon nicht mit dem medizinischen Befund, wie er sich heute darstellt, so doch mit Nietzsches eigenen Überlegungen: Was ihn vor anderen auszeichne, sei gerade jene »höhere« Gesundheit, die sich daran erweise, an ständiger Krankheit nicht zugrunde zu gehen. Gut möglich, daß er diese Auffassung schon 1882 mit der damals ebenfalls kranken Lou besprochen hat; in ihrem Buch klingt gelegentlich ähnliches an. Ein Tautenburger Zettel Nietzsches an Lou, von Krankenbett zu Krankenbett, läßt die Verzweiflung hinter dem *amor fati* erahnen: »Zu Bett. Heftigster Anfall. Ich verachte das Leben.«[14]

Nach Nietzsches Zusammenbruch kann für Lou kein Zweifel mehr daran bestehen, daß der scheinbare Triumph über die Krankheit (Schmerzfreiheit und Schaffensrausch im Turiner Herbst 1888), daß die endgültige Genesung in Wahrheit der Anfang vom Ende, der Beginn der Psychose war. Im nachhinein folgert Lou deshalb, daß Nietzsche zugrunde gehen *mußte*: »in dem gleichen Prozeß, der ihm stets von neuem Heilung und Erhebung sicherte, lag auch schon das pathologische Moment dieser Art von Geistesentwicklung verborgen«[15]. Nietzsches »höhere Gesundheit« brauchte die Krankheit und den Kampf als Stimulans[16] – sozusagen als Droge; dadurch aber ist eine solche »Gesundheit« mit ihrem Schaffensrausch-Hangover-Rhythmus von Krankheit nicht mehr sinnvoll zu unterscheiden. Und so endet die Reihe von Genesungen, als die Nietzsche seine Entwicklung darzustellen pflegte, folgerichtig im totalen Zusammenbruch. Lou Andreas-Salomé diagnostiziert eine »eigenthümliche Selbstspaltung«[17] und analysiert Nietzsches Persönlichkeit unter dem Aspekt der »Subject-Vielheit«. Damit wendet sie psychologische Einsichten Nietzsches auf diesen selbst an.[18] Lou spielt Nietzsche gegen Nietzsche aus; nichts aber liegt ihr ferner als die illusorische Annahme, sie könne die Wirkungsmacht eines Denkens durch den Nachweis seiner Widersprüchlichkeit ›widerlegen‹. Vielmehr stützt sie ihre Analyse auf das, was sie Nietzsches »Selbstanalyse« nennt, in der Hauptsache Gedanken aus den ›mittleren‹ Werken, *Menschliches, Allzumenschliches* etwa oder *Morgenröthe* (1878/1881). So raffiniert Lous Strategie (die viele Nachahmer finden wird) ist, sie macht es unmöglich, Nietzsche »loszuwerden«. Im selben Moment, da Lou sich von einem Nietzsche radikal distanziert, ist sie dem anderen, wenn man so will, »ganz nah«; um sich von Zarathustra freizukaufen, nimmt sie Kredit auf beim Verfasser der *Morgenröthe* und kritisiert Nietzsche im Namen Nietzsches.

Dessen überreiches, von Konflikten regiertes Innenleben tritt nach außen in Gestalt einer Philosophie in Fragmenten, deren funkelnde, scharfkantige Splitter Lou als »Widerspiegelung seines Selbstbildes«[19] betrachtet: »Er war durch seine Gesundheit *genöthigt, sich selbst* zum Stoff seiner Gedanken zu nehmen, sein eignes Ich seinem philosophischen Weltbilde unterzulegen und dieses aus dem eignen Innern herauszuspinnen.«[20]

Auf die Gefahr hin, vorzugreifen, sei schon hier erwähnt, daß Sigmund Freud Philosophie als »*in die Außenwelt projizierte Psychologie*« betrachtete. Die »endopsychische Wahrnehmung«, sagt Freud, »spiegelt sich [...] in der Konstruktion einer übersinnlichen Realität, welche von der Wissenschaft in *Psychologie des Unbewußten* zurückverwandelt werden soll. Man könnte sich getrauen, [...] die *Metaphysik* in *Metapsychologie* umzusetzen.«[21]

Und so ist *Friedrich Nietzsche in seinen Werken* im Hause Freud denn auch als Psychoanalyse *avant la lettre* bezeichnet worden – allerdings nicht von Sigmund F., sondern von seiner Tochter Anna. Doch dazu später mehr.

Wenn Nietzsche Lou Egoismus vorgeworfen hatte, weil sie sich seinen höheren Zielen nicht opfern mochte, so stellte sie nun sein gesamtes Denken als Selbstanalyse und Selbstprojektion dar. Der Übermensch als autobiographisches Projekt: Nietzsche glaubte, so Lou, die Zarathustra-Gestalt »in sich [zu] enthalten wie ein mystisches Wesen, aber unterschieden von seiner natürlichen und menschlichen Existenzform als Nietzsche [...], seiner zufälligen Zeiterscheinung« als *décadent*.[22] Und doch ist es die Krankheit, seine einzigartige Form der Dekadenz, die ihn auszeichnet: Nietzsche hielt sich »für das, notwendig krankhaft disponierte, Medium, durch welches die Ewigkeit [...] sich ihres Sinnes bewußt wird«[23]. Kurz gesagt: »er fühlte sich krank in den Geburtswehen, die einem übermenschlichen Wesen galten«[24]. Andreas-Salomé zitiert eine von vielen entsprechenden Stellen: »Dass der Schaffende selber das Kind sei, das neu geboren werde, dazu muss er auch die Gebärerin sein wollen und der Schmerz der Gebärerin.«[25]

Lou betont den Doppelcharakter des Zarathustra getauften Wesens: zugleich Nietzsches Sohn und Gott, »Geschöpf und Schöpfer«: »er ist der ›Ueber-Nietzsche‹«.[26] Der Autor habe sich selbst in seinen literarischen Sohn »hineingeheimnist«; »in wie vielen kleinen, rein persönlichen Zügen«[27] aber, das weiß nur, wer Nietzsche so nahe gekannt hat wie Lou. So berichtet sie über einen Traum Zarathustras, dieser gehe auf einen Traum Friedrich

Nietzsches aus dem Herbst 1882 zurück.[28] Die Dreieinigkeit mit ihr und Rée, die Nietzsche in jener Zeit zu leben versuchte und deren Scheitern unübersehbare Spuren im *Zarathustra* hinterlassen hat, erwähnt die Autorin allerdings mit keinem Wort. Diskret verzichtet sie darauf, Stellen anzuführen wie etwa die folgende: »[D]er Dritte ist der Kork, der verhindert, dass das Gespräch der Zweie in die Tiefe sinkt.«[29]

Denn ihr geht es um mehr als die Fahndung nach biographischen Spuren im Werk. Wenn Lou Andreas-Salomé den *Zarathustra* und andere Werke Nietzsches als autobiographisches Projekt liest, so liegt die Betonung auf dem experimentellen Charakter dieser Selbstentwürfe. Die Idee der Selbstgeburt findet Lou bereits in *Schopenhauer als Erzieher*, dem Frühwerk, das Nietzsche zufolge den *Zarathustra* vorweggenommen hatte;[30] er hatte es Lou zu Beginn ihrer Freundschaft als eine Art Selbstbekenntnis zu lesen gegeben. Genauso liest sie es nun auch, aber nicht als Sohn, der einem Vater lauscht, sondern als skeptische Schwester und distanzierte Betrachterin. »Es ist interessant, zu beobachten«, schreibt sie, wie Nietzsche sich einen »Idealmenschen« Schopenhauer konstruiere[31] – gleichsam eine erste Auflage des »Über-Nietzsche«, nicht weniger (auto-)fiktiv als Zarathustra. Stets geht es um selbstgeschaffene Schimären, Ähnlichkeiten mit existierenden Personen wie Richard Wagner sind eher zufällig, und immer tragen diese idealen Wesen Züge des realen Nietzsche. Hat sich also hinter dessen förmlicher Sucht nach Idolen von Anfang an eine Art abgelenkter Größenwahn verborgen, der zuletzt triumphierte? Lou Andreas-Salomés Darstellung ist in dieser Frage nicht eindeutig. Zwar heißt es klipp und klar, daß die Geisteskrankheit Schicksal war (die Autorin vermutet eine erbliche Belastung) und Nietzsche zugrunde gehen *mußte*;[32] so gesehen wäre sein Ende eine vorherbestimmte Rückkehr zum Ursprung, zu den Müttern (Franziska und Alwine), und der Weg dieses »Weltumseglers« würde sich auf tragische, erschütternde, aber doch auch erhabene Weise zum Kreis schließen. Andererseits aber deutet Lou an, daß Nietzsche, hätte er Wagner die Treue gehalten, möglicherweise gesund geblieben wäre.[33] Auch beglaubigt sie seine Selbstanalyse, macht sich die psychologischen Errungenschaften aus dem »Geschwistergehirn« zu eigen. Wäre nun aber Nietzsches Entwicklung zur Selbstvergottung und zum Größenwahn wirklich zwangsläufig, liefe Lou dann nicht Gefahr, auch seine Krankheit zu erben und wenn nicht dem Wahnsinn, so doch dem Mystizismus zu verfallen? In der Tat spricht einiges dafür, daß der Gottsucher und Mystiker, den sie beschreibt, nicht so sehr Nietzsche ähnelt als der Autorin selbst oder vielmehr einer Tendenz, die sie in sich fühlte und zu unterdrücken versuchte. Nietzsche bleibt für sie bis zuletzt der Name einer bedrohlichen Möglichkeit, Faszination und Gefahr.

Indem sie, die banale Syphilisdiagnose vollständig ignorierend, Nietzsches Geisteskrankheit als ein Erkranken an *Gedanken* darstellt, liefert Lou Andreas-Salomé dem Mythos vom »gefährlichen Denker« Nietzsche neue Nahrung. In die Welt gesetzt hat diesen kein anderer als der Lehrer der »Ewigen Wiederkunft« selbst: Nietzsches größtes Geschenk an die Menschheit[34] sollte dieselbe nach seinem Willen in ihre tiefste Krise stürzen, denn jener »schwerste« Gedanke konnte in den Selbstmord treiben (und so die Spreu vom Übermenschen-Weizen trennen). Der Diplomat und Mäzen Harry Graf Kessler, von dem später noch ausführlich die Rede sein wird, hat in seinen Jugenderinnerungen *Gesichter und Zeiten* die Faszination beschrieben, die gerade die vermutete Gefährlichkeit gewisser Gedanken, jene damals vieldiskutierte Nähe von »Genie und Irrsinn«, auf ihn und seine Freunde, die künstlerisch-intellektuelle Jugend der Jahrhundertwende, ausgeübt hat. Daß etwa die Schriften eines Dostojewski bei Menschen, die ihnen nicht gewachsen waren, einen »Raskolnikoller« mit tödlichen Folgen auslösen konnten, »bewies nichts, als daß Ideen wie Bazillen auf bestimmten Böden Krankheitserreger werden. [...] Aber war denn überhaupt die Gefährlichkeit einer neuen Idee ein Einwand gegen sie, nicht im Gegenteil manchmal ihr größter Vorzug? [...] Die Rolle der Gefahr als Erweckerin von Seelenkräften, die ohne sie schlummern würden: des starken und langen Willens, des Opfermuts, der Tapferkeit, die seelischen Abenteuern nicht aus dem Wege geht, lehrte uns Nietzsche. [...] Er spannte zwischen uns und den Abgrund der Wirklichkeit den Schleier des Heroismus.«[35]

An Lous Nietzsche-Porträt dürften Kessler und seinen Freunden daher die heroischen Züge gefehlt haben. Erst recht aber enttäuschte das Buch, indem es das Bedürfnis nach Anekdoten aus dem Leben und Lieben des großen Mannes unbefriedigt ließ. Eher stellt sich nach Lektüre des Buches die Frage, was an Nietzsche denn eigentlich groß gewesen ist. Lou schreibt ihm eine »fast weibliche« Empfänglichkeit zu für die Befruchtung durch Gedanken anderer, bestreitet also in gewissem Maß seine Originalität, läßt sich über die allgegenwärtige Schwangerschaftsmetaphorik aus und schließt: »In Nietzsches geistiger Natur lag – ins Große gesteigert – etwas Weibliches.«[36]

Wir schreiben das Jahr 1894. Konnte eine solche Charakterisierung anders denn als Verleumdung aufgefaßt werden? Die Hypothese einer angeborenen Doppelgeschlechtlichkeit aller Menschen, später unter der Bezeichnung ›Bisexualität‹ durch Otto Weininger und Sigmund Freud populär gemacht, war noch unbekannt, einem Mann weibliche Eigenschaften nachzusagen eine skandalöse Beleidigung. Wenn ein Nietzsche dagegen Schriftstellerinnen zu Mannweibern erklärte und angesichts der Frauenbewegung nach dem Arzt rief, gehörte das zum guten Ton. Auch ihm war – wie schon einigen Männern vor ihm und noch vielen danach – zu Lou am Ende nur eingefallen, daß ihr die Weiblichkeit abgehe. Vielleicht hatte Elisabeth recht, und *Friedrich Nietzsche in seinen Werken* ist die Rache einer Frau: Dankbarkeit ist laut *Morgenröthe* eine Form der Rache.[37] Wie dem auch sei: In der Nietzsche-Charakteristik der ›unweiblichen‹ Lou zeichnet sich der Gedanke einer ›Weiblichkeit‹ des männlichen Künstlers/Philosophen ab, die nicht unbedingt auf Kosten seiner Männlichkeit geht. In Theorie und Praxis wird sie sich in ihrer Beziehung zu Rainer Maria Rilke bald näher mit diesen Fragen befassen. *Friedrich Nietzsche in seinen Werken* aber kommt einfach zu früh: eine allzu »unzeitgemäße Betrachtung«.

Für Köselitz beispielsweise ist der kritische Blick Lous nicht nur unweiblich, sondern geradezu unmenschlich: »In der Nähe Nietzsches einige Zeit gelebt zu haben und, anstatt entflammt worden zu sein, nur eine Beobachterin und kalte Registriermaschine zu sein – das ist auch etwas.«[38] In Köselitzens widerspruchsvollen

Äußerungen (zuvor hatte er Lou als blondes »Genie« beschrieben, »sehr gut proportioniert im Bau«[39]) zeichnet sich das männliche Phantasma einer Frau ab, die schön, aber zu wahrer Hingabe unfähig, die kalt und *berechnend* ist wie eine Registrierkasse.

Es läuft also wieder auf die Liebe hinaus. Das Publikum interessiert die intime Nähe der Autorin zu ihrem Gegenstand, um nicht zu sagen der Klatsch; anspruchsvolle Analysen erwartet man von Frauen weniger, wenn man sie ihnen denn überhaupt zutraut. Auch gilt, und daran wird sich bis in die 1950er Jahre hinein wenig ändern, in den Kreisen der Nietzscheaner das Dogma, über Friedrich Nietzsche dürfe nur schreiben, wer ihn verehre.

Und es ist ja wahr: Nietzsche schreibt nicht wie jemand, der verstanden und kritisiert, sondern wie einer, der geliebt werden will – elegant, überraschend, pointiert, mit einem Wort: verführerisch. Noch die heftigste Polemik kommt mit der Selbstgefälligkeit des Bravourstücks daher, legt ihren Autor jedoch keineswegs auf eine eindeutige, unwiderrufliche Gegnerschaft fest. Nach der erst spät erfolgten persönlichen Begegnung mit Bernhard Förster zum Beispiel schlägt Friedrich Nietzsche sogar in bezug auf seinen »Antipoden« für kurze Zeit versöhnlichere Töne an.

Von Nietzsches Umschwüngen war schon die Rede; sie verlangen vom Leser eine Nachsicht, die am leichtesten aufbringt, wer, von Nietzsches Sprachartistik fasziniert, meint, die Inhalte ignorieren zu können. Einer verbreiteten rein »ästhetischen« Aneignung Nietzsches, seiner feierlichen Reduzierung zum bloßen Sprachkünstler, entspricht mit negativem Vorzeichen die weitgehende Ablehnung des Philosophen Nietzsche durch die akademischen Institutionen der Jahrhundertwende. Zwischen diesen Polen bewegt sich Lou Andreas-Salomé mit ihrem – selbst »nietzscheanischen« – Versuch, das Philosophieren und die Lebensführung Nietzsches als gleichermaßen existentielle Äußerungen ein und desselben Charakters zu verstehen.

»Besseres und tiefer Empfundenes und Aufgefaßtes ist nie über Nietzsche geschrieben worden«, urteilt Erwin Rohde, der lange Jahre Nietzsches Freund gewesen und selbst eine philologische Autorität ersten Ranges ist; allerdings fehlt ihm in Lous Haltung dann doch die Ehrfurcht.

Trotz einiger guter Kritiken hat Lou Andreas-Salomés Nietzsche-Bild auf die Dauer keine Chance gegen die Veröffentlichungen aus dem Umkreis Elisabeths. Das Archiv wird in den folgenden Jahren immer ungenierter die Bedürfnisse des Nietzsche-Kultes bedienen – das heißt eines zahlungskräftigen Massenpublikums, wie kein Philosoph zuvor es je besessen hat. Im Jahr nach der Veröffentlichung von *Friedrich Nietzsche in seinen Werken* schlägt Elisabeths Imperium auf breiter Front zurück.

»Nietzsche loswerden«

Zunächst schickt Elisabeth Förster-Nietzsche den von ihr eingesetzten Nietzsche-Herausgeber Fritz Koegel ins Rennen. In einem Zeitungsartikel wirft er Lou vor, ihre angebliche Würdigung Nietzsches sei in Wirklichkeit eine Herabwürdigung – ein Stück »neurotische Frauenpsychologie«, reine Phantasie etc. Treffender ist da schon Koegels Kritik an der zumindest mißverständlichen Weise, in der Lou Briefe an Rée zitiert hat, als sei sie selbst die Adressatin gewesen. Das Archiv wird bis zuletzt die Ansicht vertreten, Lou habe Friedrich Nietzsche nur ein paar Monate gekannt, dann habe er mit ihr gebrochen; sie sei durch nichts dazu berechtigt, sich als seine Freundin auszugeben, durch nichts dazu qualifiziert, sich zu seiner Philosophie zu äußern, und niemand habe ihr erlaubt, seine Briefe zu veröffentlichen. Die Echtheit der Briefe selbst (sie sind dem Buch teilweise im Faksimile beigegeben) ist nun allerdings schwer zu bezweifeln. Im Archiv eingehende Glückwunschschreiben, die Koegel dazu gratulieren, daß er die »Amazone« Lou aus dem Sattel geworfen hat, kommen daher zu früh.

Als nächster steigt Rudolf Steiner gegen Lou in den Ring. Der spätere Begründer der Anthroposophie ist zu dieser Zeit (1895) bei Elisabeth als Archivar in Diensten. Im Vorwort seines Buches *Friedrich Nietzsche – Ein Kämpfer gegen seine Zeit* entschärft er die für Salomés Darstellung so wichtigen Selbstwidersprüche des Denkers zu »voneinander mehr oder weniger abweichende[n]

Meinungen«, wobei »von einem Meinungswechsel bei Nietzsche nicht die Rede sein« könne.[40] Lou Andreas-Salomé entwerfe ein »Zerrbild«: »Man kann nichts dem Nietzscheschen Geiste so Zuwiderlaufendes in die Welt setzen.«[41] Die Ansichten, die sie in ihrem Buch über Nietzsche verbreite, seien »geradezu widerwärtig«; Lous Nietzsche ist für Steiner nichts als ein »hysterische[r] Schwächling«[42].

Und schließlich erscheint, in drei Bänden, Elisabeth Förster-Nietzsches *Das Leben Friedrich Nietzsche's* (1895, 1897, 1904). Elisabeths Nietzsche ist Punkt für Punkt als Widerlegung von Lous Darstellung konstruiert: »Niemand aber mache den ganz fruchtlosen Versuch, Irgendetwas in dieser Biographie mit dem Buche von Frau Lou Andreas ›Friedrich Nietzsche in seinen Werken‹ in Übereinstimmung zu bringen. Das genannte Buch ist eine Fälschung.«[43]

Aber wie konnten die im Faksimile abgedruckten, an Lou Salomé gerichteten Briefe Nietzsches gefälscht sein? Antwort: Diese Briefe an Lou galten in Wahrheit einer anderen, nämlich Friedrichs »Ideal« (und wurden von dem »schrecklichen Wesen« daher rechtswidrig geöffnet): »Was hat sie Alles in diesem Buch erfunden! Gespräche, die nie stattgefunden. Mittheilungen aus Briefen, die nie existirt haben, und Thatsachen, die nie geschehen sind! Frau Andreas besitzt kaum sechs Briefe meines Bruders, aus dem Sommer 1882, die in Wahrheit nicht an sie selbst, sondern durchaus *nur* an das von Malwida und Dr. Ree geschilderte Ideal gerichtet sind.«[44]

Nein, niemals sei Lou Nietzsches Seelenfreundin gewesen: das gehe hervor aus »einer Reihe von Briefen, die noch erhalten sind«[45]. »Noch«? Das Aufbewahren von Briefen ist im Hause Nietzsche keine Selbstverständlichkeit, die Hausherrin betont es selbst: »Das Verbrennen alter Briefe und werthvoller Manuskripte ist vielfach in unsrer Familie vorgekommen, es war der Exzeß der Nietzscheschen Ordnungsliebe und Diskretion.«[46] Wie man heute weiß, sind der Ordnungsliebe der Archivleiterin mit zwei Ausnahmen sämtliche Briefe Lou Salomés an Friedrich Nietzsche zum Opfer gefallen. Was hingegen die »kaum sechs Briefe meines Bruders« an Lou betrifft, so sind davon immerhin dreiundzwanzig erhalten! Erstaunlich ist die Kühnheit, mit der Elisabeth Förster-Nietzsche eine so leicht widerlegbare Tatsachenbehauptung aufstellt, raffiniert der gleichzeitige Angriff auf die Glaubwürdigkeit ihrer Gegnerin. Förster-Nietzsche fährt in ihrer Kritik fort: »Den einzigen wirklich wichtigen Brief aus dessen erster Niederschrift ich citire, erwähnt sie überhaupt nicht, weil er ihre ganze Darstellung Lügen strafen würde«[47]; sie zitiert dann einen an Lou gerichteten Briefentwurf ihres Bruders aus dem Winter 1882/83: »Es steht mit Ihnen ganz so wie mit Freund Rée – ich kann weder mit Ihnen noch mit ihm ein Wort von dem sprechen, was mir am meisten am Herzen liegt. Diese erzwungene Lautlosigkeit ist mir mitunter fast zum Ersticken.«[48]

Friedrich Nietzsche hatte jedoch nach »Ersticken« keinen Punkt gesetzt; der Briefentwurf, der seiner Schwester vorlag, fährt nach einem Komma fort: »... namentlich wenn man die M[enschen] lieb hat.«[49]

Mußte Elisabeth nicht befürchten, daß Lou mit dem wirklichen Inhalt des Briefes an die Öffentlichkeit treten würde? Ahnte sie, daß Lou bis zuletzt jeder Auseinandersetzung mit dem »Haus Nietzsche« aus dem Wege gehen würde? Schon das Wörtchen »lieb« hätte ausgereicht, um das Lügengebäude aus dem Hause Nietzsche zum Einsturz zu bringen, denn in Elisabeths Phantasieversion der »Affaire« hatte es keine Freundschaft, noch nicht einmal eine Annäherung zwischen Lou und Friedrich gegeben. Kein Wort mehr von Lou als der personifizierten Philosophie ihres Bruders, kein Wort mehr von einem bösen Fritz: Diese Gespenster aus der Vergangenheit haben ihre Heimat im Reich des Bösen gefunden, im Buch von Lou Andreas-Salomé.

Nun geht es darum, die Gespenster zu verscheuchen, »den von Frau Andreas verstandenen Nietzsche los [zu] werden«, wie Köselitz es mit ungewohnter Offenheit fordert. Lou, heißt das, hat Nietzsche durchaus verstanden, dieser Nietzsche aber stört die Andacht – er muß beseitigt werden, ersetzt durch einen anderen. Als Biographin sieht Elisabeth ihre Aufgabe oder vielmehr Mission darin, den berühmt gewordenen Herzensfritz »als die edelste Lichtgestalt den Leuten fest in die Herzen zu prägen«[50].

Das fängt mit dem bereits zitierten ersten Satz an: »Die Liebe hat dieses Buch geschrieben, treue, innige Geschwisterliebe.« Vom ersten Satz an ist klar, daß man hier weder philosophische noch menschlich-moralische Kritik an Friedrich, dem »Engelherz«, zu erwarten hat. Eingeweihte werden sich gewundert haben über so viel Harmonie, Clara Gelzer zum Beispiel, der Elisabeth 1882 geraten hatte: »Lies die Bücher meines Bruders nicht, sie sind für uns zu schrecklich«, oder Köselitz, dem sie 1884 vom »Zwang meines Bruders Ansichten vertreten zu müssen«[51] geklagt hatte. Von solchen Konflikten erfuhren Elisabeths Leser nichts. Bescheiden verschwieg sie auch ihre Voraussicht, dem Bruder bereits 1878, zur Zeit von *Menschliches, Allzumenschliches*, ein Ende im Irrenhaus prophezeit zu haben, denn der Zusammenbruch von Turin mußte, so wollte es die Heiligenlegende, den Überarbeiteten unvorhersehbar und plötzlich getroffen haben, ihn, den »Titanen, den ein Blitzstrahl niederstreckte«[52].

Elisabeth Förster-Nietzsches Heldenleben-Biographie ist für ein Publikum berechnet, das bewundern will. Der Wilhelminismus, arm an charismatischen Gestalten, die den Anspruch des jungen Deutschen Reiches auf »Weltgeltung« verkörpern könnten, wird sich Friedrich Nietzsches als Objekt eines Massenkultes bemächtigen, der, fast schon industriell betrieben, zu seiner Zeit nur von der organisierten Bismarck-Begeisterung überboten wird. Elisabeths Biographie legt den Grundstein dazu: Im Gegensatz zu Lous ›hysterischem Schwächling‹ ist mit ihrem Nietzsche Staat zu machen. Man muß nur – und seine Biographin tut es – darüber hinweglesen, daß Friedrich Nietzsche die ganze Hohenzollern-Sippe zum Teufel gewünscht und den modernen Staat als das kälteste aller Ungeheuer bezeichnet hat. Weshalb Elisabeths Darstellung keineswegs einhellige Zustimmung findet.

Lichtgestalt in Gerstenschleim

Zunächst aber, angesichts des die Jugendjahre behandelnden ersten Bandes, beeindruckt die Fülle der mitgeteilten Fakten, die Akribie, mit der auch banalste Details zusammengetragen worden sind. Niemand außer Elisabeth hätte eine solche Arbeit leisten können – vor allem nicht die flüchtige Erscheinung namens »Frau Andreas« (wie ihre Feinde sie nannten. Lou sprach, wenn sie ihre Gegenspielerin und deren Machenschaften denn einmal zur Kenntnis nahm, von »Frau Förster«). Bewahrte *Friedrich Nietzsche in seinen Werken* eine durch den hybriden Charakter des biophilosophischen Ansatzes bedingte Distanz zum Gegenstand, so rückt Förster-Nietzsche ihrem Herzensfritz in einer Weise auf den Leib, für die Franz Overbeck den Titel vorschlägt: »Nietzsche von einer Köchin beschrieben«[53]. Und Rosa Mayreder, österreichische Feministin und kritische Briefpartnerin Rudolf Steiners, ist regelrecht angeekelt: Wie kann Steiner sich bewundernd über Nietzsches Schwester äußern, »eine Frau, die ein so unerträgliches Buch schreibt wie dieses, ein Buch, das ebenso geschmacklos als taktlos ist, das einen großen, freien, königlichen Geist in Familien-Gerstenschleim« einkocht[54]?

Eine Familienangelegenheit ist Elisabeths Buch nun allerdings. Doch dieser Gerstenschleim enthält mehr als nur eine Prise Gift. Unter anderem geht es um einen Muttermord: Nachdem sie Franziska in zähem Ringen die Rechte am »Familienschatz«, an Friedrichs Schriften, entrungen hat, macht Elisabeth sich nun daran, jede Spur von mütterlichem Einfluß systematisch zu beseitigen. So schrumpft Franziska Nietzsches Rolle im Leben ihres Sohnes zu der einer gesichtslosen Statistin; sie »zeichnete sich immer durch Anmuth und große körperliche Rüstigkeit aus«, teilt ihre Tochter im Stil einer Todesanzeige lapidar mit. Als Frau von 50 Jahren setzt Elisabeth Nietzsche an die Stelle ihrer wirklichen Mutter immer noch, und jetzt quasi amtlich, eine stärkere, vornehmere, eine große Mutter: das »Großchen« Erdmuthe, die Mutter des Vaters. Eine geborene Nietzsche, wie Fritz und Lisbeth – während Franziska bloß eine Oehler ist. In einer vor ihre eigene Geburt zurückgehenden Phantasie bzw. »Anekdote« überläßt Elisabeth es ihrem Bruder, das Urteil zu fällen: nicht seiner Mutter galt das erste Wort des kleinen Fritz, sondern – »Omama!« Vielleicht ahnt man schon, wem, schenkte man seiner Schwester Glauben, Friedrich Nietzsches letztes Wort galt? »Ein furchtbares Gewitter erhob sich [...] in der Nacht gegen zwei Uhr früh am 25. August [...] rief er freudig: ›Elisabeth‹ […], mit einem letzten feierlich fragenden Blick schloß er die Augen für immer.«[55] Wer so schreibt, versucht auch sich selbst ein Denkmal zu setzen. Tatsächlich behauptete Elisabeth im Vorwort zum ersten Band von *Das Leben Friedrich Nietzsche's*, sie habe ursprünglich ihre eigene Biographie schreiben wollen, bis sie dann bemerkt habe, »wie mein ganzes Fühlen und Denken von frühester Kindheit an sich nur mit ihm beschäftigt hatte«[56].

Der Krieg der Biographien

In Kreisen der Oehlers regt sich angesichts der Darstellung Elisabeths Unmut: Man fragt sich, »wo denn die Mutter bliebe«. Franziska beginnt eine regelrechte Gegenbiographie, für die sie die Hilfe Franz Overbecks erbittet. Obwohl diese Gegendarstellung nicht zustande kommt, etabliert der Standort Basel sich als eine Art Gegenarchiv; etwa zehn Jahre später werden die ersten Arbeiten der sogenannten ›Basler Schule‹ biographischer Nietzsche-Forschung erscheinen und damit eine kritische Herangehensweise überhaupt erst ermöglichen.

In diesem Krieg der Biographien kämpft Elisabeth an mehreren Fronten: Nicht bloß Lous Nietzsche muß dementiert, Franziskas Nietzsche unterdrückt werden – die vielleicht gefährlichste Bedrohung sind die autobiographischen Schriften ihres Bruders selbst. *Aus meinem Leben. Teil I: Die Jugendjahre 1844–1858* heißt das früheste Dokument der fortwährenden autobiographischen Beschäftigung Friedrich Nietzsches mit sich selbst. Diesen kurz vor dem Eintritt ins Gymnasium verfaßten Text hat Elisabeth nach eigenen Angaben gerettet, als sein Verfasser ihn vernichten wollte; damit war der Grundstein zum Archiv gelegt. Ihre »treue, innige Geschwisterliebe« war es also, die diese Schriften vor dem Untergang bewahrt hat; mehr noch, in *Das Leben Friedrich Nietzsche's* macht Elisabeth sie in umfangreichen Zitaten der Öffentlichkeit zugänglich. Doch führt die übergroße Innigkeit der Liebe gleichzeitig dazu, daß Elisabeth mit dem besten Gewissen dort, wo sie fälschen kann, fälscht, um Fritz nach bewährtem Muster ›vor sich selbst zu schützen‹. Sie läßt es in ihrer Biographie sogar recht deutlich durchblicken: Nicht nur *sagte* Fritz, in der momentanen Erregung, mitunter Dinge, die ›nicht so gemeint waren‹ – eine Schwester weiß so etwas –, nein, Elisabeth nahm für sich in Anspruch, auch seine Texte besser zu verstehen als er selbst.

Leser wie Franz Overbeck bemerkten die Anmaßung, die sich hinter der »treuen Liebe« verbarg: »Manchmal sieht's in dem Buche aus als wolle die Försterin den Lesern beweisen, im Grunde sei *sie* ihrem Bruder an Weisheit *immer* voraus gewesen«, stellte er 1897 bei Erscheinen des zweiten Bandes von *Das Leben Friedrich Nietzsche's* fest.[57]

Elisabeth hatte gute strategische Gründe für dieses hermeneutische Manöver. Die Leiterin des Nietzsche-Archivs bemühte sich zwar mit großem Erfolg, Briefe ihres Bruders von den Adressaten zurückzuerhalten; manche aber weigerten sich selbst gegen Bezahlung, die Originale von Nietzsches Briefen an eine Person auszuliefern, die in seinem Leben eine so zwiespältige Rolle gespielt hatte. Insbesondere das Ehepaar Overbeck in Basel besaß Briefe, die, wären sie an die Öffentlichkeit gelangt, Elisabeths Selbstdarstellung und dem Bild von der »treuen, innigen Geschwisterliebe« einen herben Schlag versetzt hätten. (So hatte der Bruder sie, wie erinnerlich, zum Teufel gewünscht: *»sie muß fort nach Paraguay«.*) Das ganze Unternehmen Nietzsche-Archiv hätte auf diese Weise leicht in Verruf geraten können. Elisabeth ahnte, daß es solche Briefe gab, und entwickelte in ihrer Biographie vorsorglich die kühne Theorie, Fritz habe es gerade schriftlich oft ›nicht so gemeint‹. Mochte er über sein geliebtes Lama in Briefen an Dritte womöglich geschimpft haben: mündlich, unter vier Augen (d. h. biographietechnisch: ohne lästige Zeugen) machten die falschen Töne alsbald einer Art prästabilierten Geschwisterharmonie Platz.

Regelmäßig stößt biographische Neugier bei der Schilderung eines Gesprächs unter vier Augen oder eines Spaziergangs zu zweit an eine Grenze, die wie ein Köder zu wirken pflegt. Die Biographin als einzige Zeugin: Nie sind ihre Aussagen wertvoller, nie zweifelhafter. Sowohl Lou Andreas-Salomé als auch Elisabeth

Förster-Nietzsche haben sich dieses Darstellungsmittel mit einigem Geschick zunutze gemacht. So behauptete Elisabeth, nach dem Tod ihrer Mutter und ihres Bruders, im letzten Band ihrer Lebensdarstellung kühn: »Das darf ich wohl sagen, daß wir uns nie im Leben ein unfreundliches Wort *gesagt* haben!«[58]

Nur dem Zufall ist es zu verdanken, daß Friedrich Nietzsches letzte autobiographische Arbeit *Ecce homo* mehr als 30 Jahre nach Elisabeths Tod unverfälscht veröffentlicht werden konnte, gewisse Bemerkungen über seine Familie der Vernichtung durch die Schwester entgangen sind.

»Wenn ich den tiefsten Gegensatz zu mir suche, die unausrechenbare Gemeinheit der Instinkte, so finde ich immer meine Mutter und Schwester, – mit solcher canaille mich verwandt zu glauben wäre eine Lästerung auf meine Göttlichkeit. Die Behandlung, die ich von Seiten meiner Mutter und Schwester erfahre, bis auf den heutigen Tag, flösst mir ein unsägliches Grauen ein: hier arbeitet eine vollkommene Höllenmaschine, mit unfehlbarer Sicherheit über den Augenblick, wo man mich blutig verwunden kann – in meinen höchsten Augenblicken ... denn da fehlt die Kraft, sich gegen giftiges Gewürm zu wehren ...«[59] Nur als Indiz, von welchen »höchsten Augenblicken« hier die Rede sein könnte, sei ein Brief Friedrich Nietzsches aus dem Jahr 1882 erwähnt: Dort berichtet er, seine Schwester Elisabeth habe Partei gegen Lou Salomé und Paul Rée ergriffen und betrachte diese als »giftiges Gewürm«[60]. Friedrich Nietzsche erinnert in *Ecce homo* ausdrücklich daran, daß der Text seiner Komposition *Hymnus auf das Leben* von Lou von Salomé stammt, und spricht jener »jungen Russin, mit der ich damals befreundet war« eine »erstaunliche Inspiration« zu.[61] Wie wir wissen, hat er Lou das anvertraut, was er damals, 1882, für seinen »schwersten«, seinen »abgründlichsten« Gedanken hielt: die Idee einer ewigen Wiederkunft des Gleichen. 1888 schleicht sich (in einer von Elisabeth unterdrückten Passage) ein merkwürdiger, vielleicht selbst abgründiger Doppelsinn ein: Hier bekennt der Denker, »dass der tiefste Einwand gegen die ›ewige Wiederkunft‹, mein eigentlich *abgründlicher* Gedanke, immer Mutter und Schwester sind«[62].

Kein Wunder, daß Frau Förster-Nietzsche sich mit der Veröffentlichung des *Ecce homo* Zeit ließ – erst 1908 sollte eine zensierte, noch dazu fast unerschwinglich teure Luxusausgabe erscheinen. Da hatte Elisabeth den letzten Band ihrer Biographie veröffentlicht und des Bruders Autobiographie bereits weidlich ausgeschlachtet, um ihre Wissenslücken zu überspielen.

Die einstige Eli Förster, die zwischenzeitig zu den Antipoden Friedrich Nietzsches übergegangen war, mußte die Intimität ihrer Geschwisterbeziehung nicht nur wegen gewisser offensichtlicher Gegensätze, sondern auch deshalb herausstreichen, weil »das Leben Friedrich Nietzsches« für sie selbst nach 1878, seit Auflösung des gemeinsamen Basler Haushalts, erst recht aber nach ihrer Auswanderung ein Rätsel darstellte. In Sils-Maria hatte sie ihn ebenso wenig besucht wie in Nizza oder Turin, wo er die letzten euphorischen Monate vor Ausbruch der Geisteskrankheit erlebt hatte. Es stand also sogar die einfachste persönliche Vertrautheit in Frage – von einem Verständnis Elisabeths für die philosophische Entwicklung ihres Bruders in den 80er Jahren zu schweigen.

Was diesen Punkt betraf, so versuchte die selbsternannte Archivleiterin ihre philosophischen Bildungslücken aufzufüllen, indem sie sich von Rudolf Steiner, selbst Autodidakt, Nachhilfeunterricht geben ließ. Was die fehlenden Dokumente der Liebe Friedrichs zu ihr anging, so sollten ihr die »auf den Stoppelfeldern der Philologie« erworbenen handwerklichen Grundkenntnisse des Schneidens, Klebens und Ersetzens zugute kommen.

Kapitel V
»Ganz ich selbst«

Europäische Halluzinationen

Die eine kehrt heim, die andere bricht auf. Während Elisabeth (zunächst noch in Naumburg, von 1896 an in Weimar) an ihrem monumentalischen Nietzsche-Lebenswerk baut, bereist Lou in der zweiten Hälfte der 1890er Jahre von Berlin aus die großstädtischen Zentren des europäischen Fin de siècle: Paris, Petersburg, Wien, München. Die Liste der Berühmtheiten, die sie auf ihren Reisen kennenlernt, ist so lang, daß man sich beinahe wundert, wenn Lou eine literarische Berühmtheit zufällig einmal nicht gekannt hat. Hauptmann und Strindberg, Wedekind und Sacher-Masoch, Turgenjew und Tolstoi, Schnitzler, Hofmannsthal und Rilke ... und das sind nur die Schriftsteller! Jedoch ist angesichts der großen Namen, mit denen Lou Andreas-Salomés Lebensweg und auch ihr *Lebensrückblick* gepflastert sind, Mißtrauen angebracht. Zum »Erlebnis« – um Lous eigene Kategorie zu gebrauchen – sind ihr letztlich nur wenige geworden, und das waren nicht unbedingt die Berühmten.

Lou verkehrt, als Frau, als Autorin, auch als – professionelle – Kritikerin, die sich ihr Reisegeld durch Rezensionen verdient, in einer reinen »Literaturszene«, einer sich abzeichnenden europäischen Gemeinschaft von Schreibenden. Die Literaten, zumindest sofern sie Dichter sein wollen, beginnen zu dieser Zeit gerade die »neue Einsamkeit« zu entdecken.[1] Zum strategischen Rückzug aus der Massengesellschaft und ihren staatlichen Institutionen hatte Friedrich Nietzsche bereits 1875 in *Schopenhauer als Erzieher* aufgerufen, einem paradoxen Gründungsaufruf, gerichtet an eine zukünftige Kulturgemeinschaft der Einsamen. Nietzsches legendäres Einsiedlerleben im Engadin und anderswo erscheint um neunzehnhundert als exemplarisch: eine Möglichkeit, jene existentielle Einsamkeit des »Unzeitgemäßen« zu leben, mit welcher der moderne Dichter – selbst ein Massenphänomen, das die Caféhäuser bevölkert – lediglich kokettiert. »Ich beginge lieber Selbstmord, ehe ich um Geld schreiben würde.«[2] Welcher wahre Dichter würde diesen Ausspruch Nietzsches nicht gern unterschreiben? Ohne Nietzsches Professoren-Pension bleibt man jedoch auf schnöden Gelderwerb angewiesen: Als Berufsschriftsteller verkauft man Kritiken und Zeitschriftenaufsätze, führt professionelle Verhandlungen mit Verlegern; man frequentiert Künstlercafés, um Kollegen zu treffen und sich in Zeitschriften über die neuesten Trends zu informieren. Neben den sich abwechselnden ›Ismen‹ geht es dabei um angesagte Namen – Männernamen, versteht sich. Trotz des zunehmenden Erfolges der oft bekenntnishaften, anklagenden oder sonstwie ›skandalösen‹ Romane von Frauen nämlich bleibt das, was in Berlin, München und Wien literarische Moderne genannt wird, eine fast reine Männerangelegenheit, woraus Frauenliteratur ausgeschlossen bleibt – auch Lou Andreas-Salomés Romanerfolge.[3]

Wie macht man sich in diesen Kreisen einen Namen, als Frau? Lou Andreas-Salomé hat von 1890 bis 1900 mehr als fünfzig Beiträge in den tonangebenden Zeitschriften, etwa in der *Freien Bühne*, der *Zukunft* oder *Pan*, veröffentlichen können. Auf diese Weise war für ihre europäische Caféhauspräsenz gesorgt, noch bevor sie diese Orte in persona betreten hatte. Der Nimbus jedoch, der ihrem Namen bis heute anhaftet, ließ und läßt sich nicht mit Zeilenhonoraren verrechnen. Wie viele ihrer männlichen Kollegen löste sie das Problem, als Berufsschriftstellerin die Lohnschreiberei zu verachten, durch Selbststilisierung. Lou hat für sich immer in Anspruch genommen, eine Ausnahmeerscheinung zu sein – nicht zuletzt als Frau, die sich in Männerwelten bewegte. Trotz langjähriger Freundschaften zu Frauen (darunter einige bekannte Feministinnen) hat Lou offenbar nie die Neigung verspürt, sich – und sei es auch nur von Zeit zu Zeit – in eine Frauenwelt zurückzuziehen. Gerade als Frau unter Männern reüssiert sie auf ihren Reisen. Lou, das wird ein Name für das »Weib« an sich.

In einem Essay erinnert Lou Andreas-Salomé 1899 daran, die Zeiten seien noch nicht vorbei, in denen Frauen »(nicht nur als Schriftstellerinnen!) unter männlichem Pseudonym arbeiteten«. Darin mag man eine späte Selbstkritik »Henri Lous« erkennen.

Was aber wäre der weibliche Eigenname dieser Frau? Andreas: Name des Ehemannes. Salomé: Name des Vaters, zugleich eine um 1900 populäre Femme-fatale-Phantasie, ein Frauenphantom. Lou: Von Gillot, dem »revenant des lieben Gottes«, verliehenes Pseudonym. So mußte sie einen der gegebenen Namen *annehmen* und sich zu eigen machen.

Der Ruf, den sie sich erwirbt, ist natürlich noch vom »europäischen Klatsch« umwittert, den die Dreieinigkeit mit Rée und Nietzsche ausgelöst hat.

Hier gilt es zu bedenken, daß viele Männer, denen Lou begegnet, in Friedrich Nietzsche, selbst wenn sie sich selten voll und ganz mit ihm identifizieren, nicht nur den größten Stilisten der Epoche, sondern einen exemplarisch leidenden Helden sehen, zu dem jeder sein eigenes, persönliches Verhältnis pflegt. Die gemeinsame Nietzsche-Begeisterung wirft also jeden auf sich selbst zurück.

In einer Studie über die Wiener Moderne hat Jacques Le Rider behauptet: »Für die europäischen Intellektuellen war Lou Andreas-Salomé […] eine ›kollektive Halluzination‹.«[4] Man müßte wohl hinzufügen, daß dieses postulierte Kollektiv der europäischen Intellektuellen zur Zeit der Jahrhundertwende selbst eine Halluzination ist. Phantasien über eine Frau namens Lou, ein erotisches Medium, das die Namen der »Einsamen« miteinander verbindet, mögen darin ihre verschwiegene Rolle gespielt haben.

War Lulu Salomé?

Lous Aufbruch nach Paris – im Februar 1894, direkt nach Beendigung der Niederschrift des Romans *Ruth* und dem Abschied von Ledebour – trägt Anzeichen einer Flucht. Wie in der Gillot-Affäre bzw. beim Umzug nach Zürich im Jahre 1880 ist es unklar, ob die Abreise nach dem Ende der Krise kommt oder dieses Ende erst herbeiführt. Handelt es sich bei der Reise, die Lou nun antritt, um eine Flucht aus unerträglichen Verhältnissen, so ist es nicht verwunderlich, daß der Parisaufenthalt einer Übersiedlung gleichkommt. Für immerhin sieben Monate, von Februar bis Ende September 1894, bekommt ihr Ehemann sie nicht zu sehen. In dieser Zeit blüht Lou, die während der Ledebour-Geschichte stark abgemagert war, regelrecht auf. Sie besucht das *Theatre libre* (Vorbild der *Freien Bühne*), verkehrt in der russischen Gemeinde in Paris, mit Verlegern und Schriftstellern. Und sie schreibt: Im Sommer lernt sie den etwa gleichaltrigen Dramatiker Frank Wedekind, der nach dem Skandal um sein Stück *Frühlings Erwachen* (1891) vor den deutschen Behörden nach Paris geflohen ist, kennen und arbeitet gemeinsam mit ihm an einem Schauspiel. Dies allerdings erst, nachdem sich zwischen ihnen die übliche Verwechslungskomödie mit nächtlichen Spaziergängen zu zweit und erotischen Mißverständnissen abgespielt hat. Vermutlich war es so: Wedekind bietet Lou, die er erst vor wenigen Stunden auf einer Gesellschaft kennengelernt hat, nach einem gemeinsamen Zug durch das Pariser Nachtleben im Morgengrauen an, noch auf einen Kaffee mit zu ihm zu kommen. Sie nimmt seine Offerte an; damit aber signalisiert sie nach den geltenden Spielregeln – von denen die sexuelle ›Spätentwicklerin‹ Lou nichts weiß oder wissen will – ihre Bereitschaft, mit ihm ins Bett zu gehen. Die bedrohte Unschuld kann jedoch im letzten Moment gerettet werden; Lou klärt das Mißverständnis auf und gesteht treuherzig, sie sei halt »noch keinem unanständigen Mann begegnet«. Am nächsten Morgen kommt der Schurke des nächtlichen Melodrams mit Blumen zu Besuch; die Lage ist entschärft, eine langjährige Freundschaft besiegelt.

Wedekinds Äußeres – Lou erinnert sich an »wahre Schlachterhände« – paßt gut zu seiner Selbststilisierung als Bürgerschreck; junge Frauen ohne Ehering pflegt der Dichter mit der Frage »Sind Sie noch Jungfrau?« zu schockieren.[5] Doch Lous Gespür für Weiblichkeit im schöpferischen Mann findet nach Nietzsche nun auch bei Wedekind, dem Dichter, »zarte, ja überzarte Eigenschaften«[6].

Das erwähnte gemeinsame Drama ist von Lou, wie ihre Aufzeichnungen belegen, zwar fertiggestellt worden, jedoch verlorengegangen. Dies ist um so bedauerlicher, als Frank Wedekind im Sommer 1894 an jener dramatischen Dichtung, genauer an jener Frauengestalt arbeitet, die ähnlich wie Ibsens Nora die Grenzen des Textes und die Intentionen ihres »Schöpfers« weit hinter sich lassen wird. Sollte Lou – eine Frau, die so manchen Mann zum Stottern brachte – womöglich Modell gestanden haben für Lulu, den *Erdgeist* (1895)? Lous gern als »Sexograph« geschmähter Biograph H. F. Peters hat diese Vermutung geäußert. Wie im Falle Gerhart Hauptmanns will jedoch auch die Wedekind-Forschung von einem Einfluß Lous, geschweige denn einer literarischen Zusammenarbeit nichts wissen. Daß der Nietzscheaner Wedekind, gerade dabei, in der Gestalt der Lulu »das Problem weiblichen Übermenschentums [...] in Angriff« zu nehmen,[7] vom Bild der Peitsche in der Hand der jungen Lou fasziniert sein mußte, liegt nahe. Und aus den Memoiren jener Frau, die dem Autor Wedekind auf der Bühne als überzeugendste Verkörperung seiner Lulu erschienen ist – worauf er sie heiratete –, aus den Memoiren Tilly Wedekinds also geht hervor, daß Frank Wedekind einen Abzug des Luzerner Peitschenfotos besaß.[8]

Kein direkter Weg verbindet Lulu, diesen Versuch, das Prinzip des »Ewig-Weiblichen« als Dramenfigur auf die Bühne zu bringen, mit der historischen Person Lou Andreas-Salomé, wohl aber mit der »europäischen Halluzination« gleichen Namens. In Nike Wagners Fin-de-siècle-Studie *Geist und Geschlecht* ist nachzulesen, wie der Weiblichkeitsdiskurs Wedekinds und der Wiener Moderne – nicht zuletzt angesichts der ersten Frauenbewegung – »das Weib in der erotischen Literatur zur idealen Folie für alle möglichen Projektionen« macht und von einer »dionysischen Frau« träumt: das »wilde schöne Tier« Weib, bereit, den Mann durch die Macht ihrer Attraktivität zu zerstören.[9]

Das Weib, »diese gefährliche und schöne Katze«, galt auch dem späten Nietzsche als »*wesentlich* unfriedlich, gleich der Katze, so gut es sich auch auf den Anschein des Friedens eingeübt hat«[10]. Unschwer zu erkennen, welches »Raubthier, das sich als Hausthier stellt« hier zum allgemeinen Modell von Weiblichkeit geworden.

Viele männliche Intellektuelle neigten offenbar dazu, vor lauter »Weib« die Frau nicht mehr zu sehen, die ihnen gegenüberstand. Lou hat eine Begegnung wie die zwischen Wedekind und ihr in *Fenitschka* (1898) aus der Sicht des Mannes beschrieben. In Lous Erzählung ist Max Werners (Wedekinds) Mißverstehen des Verhaltens der jungen russischen Studentin Fenia, genannt Fenitschka, weder ein bloß zufälliges Mißgeschick noch schicksalhaftes Verkennen wie in der Geschlechtsmetaphysik der Lulu-Dramen. Die Anfangsszene von *Fenitschka* stellt Madonna und Hure einander gegenüber: die Zürcher Studentin (im bekannten schwarzen »Nonnenkleidchen«) begegnet in Paris einem leichten Mädchen, einer Grisette, und beide sehen sich mit einem »schwesterlichen« Blick an, den der beobachtende Mann bis zuletzt nicht zu entschlüsseln vermag. Daß dieser ratlos rätselnde Erzähler Psychologe ist, sei nur am Rande vermerkt; gerade die Nietzsche-inspirierte Entlarvung der Frau als Simulantin, als Schauspielerin erweist sich in der Erzählung als Falle, worin der Mann, wenn er der Frau die Maske vom Gesicht reißen will, sich selbst verfängt. »Steckte [...] hinter diesem offenen, durchgeistigten Gesicht nicht etwas Sinnenheißes, worüber sich nur ein Tölpel täuschen ließ?« So denkt Max Werner, und so läßt die Erzählung uns der Konstruktion eines Rätsels beiwohnen. Noch so große Offenheit kann in der Logik dieses Psychologen bei einer Frau doch immer nur ein Trick sein: »Das Weib ist so artistisch ...« (Friedrich Nietzsche). Dieses Frauenbild wird in *Fenitschka* gründlich bloßgestellt: Nachdem Max Werner Fenitschka erst für eine Art Nonne gehalten, dann als Hure ›durchschaut‹, dann wieder zur Nonne entsexualisiert hat – sie freunden sich dann an, und er besucht sie in Moskau –, fällt er zuletzt aus allen Wolken, als er erfahren muß, daß sie einen heimlichen Geliebten hat, von dem sie sich trennt, als der sie heiraten will. (»Heim, Familie, Hausfrau, Kinder, – es ist mir fremd, fremd, fremd!«[11])

Am Ende ist der Gegensatz zwischen Hure und Nonne in sich zusammengestürzt. Fenitschka, deren oberstes Ziel lautet, »frei und selbständig« zu leben,[12] beansprucht Männer als Freunde und Liebhaber, vielleicht sogar, später einmal, als Ehemann. Im Namen der Freundschaft muß Max Werner, der von seinen Weiblichkeitsbildern geblendete Tölpel, versuchen, sie in dieser »rein menschliche[n] Mannigfaltigkeit« zu sehen, statt sie auf eine »Geschlechtsnatur« zu reduzieren.[13]

Lou lebt sich in Paris gut ein, weniger unter den Parisern allerdings als in den deutschen, russischen und skandinavischen Künstlerkolonien. Ihre Freundin Frieda besucht sie für einige Wochen. Der Langeweile des Pariser Spätsommers entflieht Lou mit einer weiteren Herrenbekanntschaft, einem jungen russischen Arzt von »baumstarker Gesundheit« und abenteuerlicher Vergangenheit: Verdächtigt, an der Ermordung Alexanders II. beteiligt gewesen zu sein, ist er nach vier Jahren Zwangsarbeit emigriert. Lou reist mit ihm in die Schweiz, und in den Bergen bei Zürich verbringen sie einsame Wochen der Zweisamkeit in einer Almhütte, wo sie »von Milch, Käse, Brot und Beeren« leben[14] und natürlich barfuß durchs Gras laufen. Abgesehen davon, daß Lous Begleiter mit den bloßen Zähnen Nägel aus der Wand reißen konnte, erfährt man im *Lebensrückblick* über ihn sonst nur, daß er Ssawélij hieß.

Von Zürich geht die Reise nach Paris zurück, wo Lou bis zum Herbst bleibt. Die Spur Ssawélijs verliert sich im dunkeln. Daß Lou dann doch zu Fred zurückgekehrt ist, schreibt sie im Lebensrückblick paradoxerweise ihrem Wandertrieb zu: »dann kam die Stunde, da etwas oder jemand mir, in irgendeiner Nacht, zuzuwinken scheint – und ich fort muß«[15], »mir selbst und allen unerwartet, heimlich und ohne Lebewohl. Und so unangemeldet bin ich auch angekommen, ebenso tief in der Nacht.«[16]

Damit ist ein Schema etabliert, das in den folgenden Jahren Lous Leben strukturieren wird: Schöner als der Aufbruch ist nur die Heimkehr, ausgedehnte Reisen wechseln ab mit häuslichen Phasen, in denen das Erlebte schreibend verarbeitet wird. Abgesehen von Besuchen bei der Familie in Petersburg bereist Lou systematisch die ehemals von der Dreieinigkeit ins Auge gefaßten Städte – neben Paris also Wien und München.

Wien

Wien ist die Stadt gewesen, in der zum erstenmal Gestalt annahm, was Rée die »unsichtbare Kirche« der Nietzsche-Anhänger nannte. Dort hat schon in den siebziger Jahren der sogenannte »Pernerstorfer-Kreis« (eine elitäre Seilschaft deutschnationaler Studenten, von der später noch die Rede sein wird) ein regelrechtes Nietzsche-Gelöbnis abgelegt und sich mittels Vorträgen und Diskussionen für die Popularisierung des Denkers eingesetzt. Doch das war vor dem Bruch Nietzsches mit Wagner und Schopenhauer. Wirklich berühmt wird Nietzsche auch in Wien erst mit seinem geistigen Zusammenbruch, zu einer Zeit, da sich mit der ›Wiener Moderne‹ das vielleicht wichtigste Phänomen der Geistesgeschichte der Jahrhundertwende konstituiert.

Der agile Promoter dieser Bewegung ist der Essayist Hermann Bahr. Hatte er in seiner wagnerianischen Jugend noch gehofft, die österreichische möge in der »reichsdeutschen« Kultur aufgehen, so fördert er seit etwa 1890 eine eigenständige österreichische Kunst und Literatur, deren Originalität und Bedeutung jedoch gerade in der Öffnung des vergleichsweise provinziellen Wien gegenüber Einflüssen aus ganz Europa liegt. 1894 ruft Bahr das literarische »Junge Wien« aus, »Wiener Vorposten jenes großen Bundes, den Nietzsche die guten Europäer getauft hat«[17]. Materielle Spur und zugleich Versprechen dieses künftigen »geistigen« Europa sind die französischen, englischen und deutschen Zeitschriften, die in den Wiener Caféhäusern eifrig studiert werden. Während »draußen«, auf den Straßen und an den Stammtischen genauso wie im Parlament, der Antisemitismus seinen in den 1880er Jahren begonnenen Siegeszug fortsetzt, tritt das *Junge Wien*, eine Gruppe von Schriftstellern hauptsächlich jüdischer Abstammung, jene Reise ins Ich an, die man Ästhetizismus nennt. Hugo von Hofmannsthal, Arthur Schnitzler und Richard Beer-Hofmann verkörpern einen neuen, sich zu seiner Dekadenz bekennenden Dichtertyp, der seine Aufmerksamkeit ganz der Kultur, der Kunst, dem eigenen Innenleben zuwendet. Man kultiviert die Selbstbeobachtung, die Psychologie, das »Individuum im Sinne Nietzsches« (Hofmannsthal). Tatsächlich ähnelt der Dichtertyp, der sich hier selbst entwirft, in mancher Hinsicht jenem faszinierenden *décadent*, den Lou Andreas-Salomés *Friedrich Nietzsche in seinen Werken* porträtiert hatte: Durch Krankheit auf sich selbst zurückgeworfen, verfeinert sich die Selbstwahrnehmung auf Kosten des Weltbezuges. Unter den Jung-Wienern wird die Ichbezogenheit Programm und nennt sich (mit einem aus Paris importierten

Schlagwort) *culte du moi*; Narziß, der in sein Spiegelbild verliebte Halbgott aus den *Metamorphosen* des Ovid, fungiert als eine Art Leitfigur. Doch ist man sich durchaus bewußt, daß diese Selbstvergötterung Symptom einer Krise der männlichen Identität und der »Nerven« ist. Der Dichter thematisiert sich vornehmlich als Kranken.

Und so ist es denn auch das Thema Krankheit, das Lous Interesse an den Werken des noch wenig bekannten Jung-Wieners Arthur Schnitzler weckt. Von Paris aus schreibt sie dem ihr persönlich unbekannten Autor 1894 einen sechs Seiten langen Brief, in dem sie Schnitzlers Darstellung der Geschlechterverhältnisse eingehend untersucht. Ihre Diagnose: In seinem Werk nähmen sich »Mann und Frau [...] fast wie Krankheit und Gesundheit aus«[18].

Schnitzler fühlt sich »amikal durchschaut«[19]. Tatsächlich betreibt der Arzt und Hypochonder Dr. Schnitzler in seinen Männerfiguren oftmals pure Selbstdiagnose. Hocherfreut und wohl auch gespannt beantwortet er den Brief der Leserin mit einer Einladung nach Wien. An der Seite Frieda von Bülows, von einem Besuch bei der Familie in Petersburg kommend, trifft Lou Ende April 1895 in Wien ein, stellt sich bei Schnitzler vor und ist binnen kurzem in dessen Junggesellenrunde aufgenommen. Als Frieda Wien nach wenigen Tagen verläßt, befindet sich Lou wieder einmal in der Situation, einzige Frau unter Männern zu sein.

Das *Junge Wien* kultiviert, wie Jacques Le Rider zusammenfaßt, »eine ›Aristokratie des Geistes‹ im Sinn des Dandytums«.[20] Vorbild der übrigen ist Richard Beer-Hofmann, den drei Wesenszüge ausgezeichnet haben sollen: »seine überlegene Haltung, [...] das sorglose Leben, das ihm sein Reichtum ermöglichte, sowie das Auftreten und das Aussehen eines Fürsten«.[21] Felix Salten, Mitglied des *inner circle* von Jung-Wien, erinnert sich an Beer-Hofmanns »Kleidung von exzessiver Noblesse«; jeden Tag trägt er »eine andere stimmungsmäßig und raffiniert gewählte Knopfblume«. Zugleich ist Beer-Hofmann von hinreißender Beredsamkeit, ein Genie des Gesprächs, dem Salten den Titel »Mäzen des Verstehens« gibt.[22] Lou Andreas-Salomé hat Beer-Hofmanns Selbstinszenierung offenbar äußerst anziehend gefunden. In einem Brief teilt sie ihm mit, sie betrachte ihn – im Gegensatz zum »Dichter«

Schnitzler – mehr als »Künstler und Philosoph«[23]. Eine freundliche Umschreibung für: ein in sich selbst verliebter Lebenskünstler, der das Leben ›philosophisch‹ nimmt? In der Tat hat Beer-Hofmann ein recht schmales Œuvre geschaffen; »es schien«, so sah es auch Felix Salten, »als sei er sich dafür zu kostbar«[24]. Was Lou später als spezifisch weibliche Haltung zum Schreiben bezeichnen wird – Vorrang der Selbstkultivierung vor dem Werk –, das ist ihr wohl zuerst an einem Mann aufgegangen; allerdings hat sie sich aus naheliegenden Gründen nicht auf das Beispiel Beer-Hofmanns berufen, sondern auf das einer Frau: Marie von Ebner-Eschenbach. Mit dieser *grande dame* aus alten Zeiten, 30 Jahre älter als Lou und als Dichterin nicht mehr ganz auf dem laufenden, freundet Lou sich 1895 in Wien an und nimmt sie sich zum Vorbild, ja sie erklärt Ebner-Eschenbach zur exemplarischen Vertreterin weiblichen Schreibens, weil hier die Persönlichkeit das Werk, so bedeutend es auch sei, überrage.

Vom Zwiegespräch mit der mütterlichen Freundin auf die Herrenabende der Jung-Wiener zurückgekehrt, hinterläßt auch Lou einen überragenden Eindruck. Felix Salten zeigt sich in seinen Erinnerungen neben der »hohe[n] Erscheinung von sanft gebietender Schönheit« vor allem von ihrer »befehlenden« Stimme beeindruckt, mit der sie bei den Diskussionen im Café Griensteidl »inappellable« Urteile zu verkünden pflegte.[25] Aber von ihrer exponierten Position aus beobachtet Lou ihrerseits, was in der Junggesellenrunde abläuft. Auch wenn man jahrelang jeden Abend im Café zusammengekommen ist, pflegen diese modernen Dichter, sie sind es ihrer programmatischen »Einsamkeit« wohl schuldig, voneinander zu sagen: »Freunde sind wir eigentlich nicht; wir machen uns nur nicht nervös.«[26] Fester Bestandteil jener »Austragung« von Liebe und Ehrgeiz in »Männerbefreundung«, die Lou beobachtet,[27] ist der schwunghafte Austausch von Liebhaberinnen.[28] So basiert Lous Erfolg in dieser Runde wohl nicht zuletzt auf ihrem schlechten Ruf; das Luzerner Foto scheint um diese Zeit »in den Kreisen des geistigen Wien [...] die Runde« gemacht zu haben.[29] Doch bleibt das alles Phantasie, und als Lou sich ernsthaft für Richard Beer-Hofmann zu interessieren beginnt, gibt es Probleme. »Lou wird ein wenig Weib«, vertraut Arthur Schnitzler nach einem Prater-Ausflug mit ihr und Beer-Hofmann seinem Tagebuch an. Und im Anschluß an einen Abend zu dritt: »Sonderbar gereizte Stimmung Lous gegen Richard, aus dem Bedürfnis verlangt zu werden.«[30]

Unklar sind die Umstände, unter denen Lou Wien Ende Mai 1895 verlassen hat. Die Version, die der getreue Pfeiffer in den Anmerkungen zum *Lebensrückblick* erzählt – Lou habe vor dem liebestollen Beer-Hofmann die Flucht ergriffen –, erscheint im Lichte der folgenden Ereignisse wenig glaubwürdig. Immerhin gibt es zu denken, wenn im Lou-Mythos für die Möglichkeit, daß diese Frau sich ihrerseits unglücklich verliebt haben könnte, offensichtlich kein Platz ist.

Ende August, Anfang September 1895 verbringt Lou – nachdem sie zwischenzeitig in Berlin an Aufsätzen und Erzählungen gearbeitet hat – mit Schnitzler, Salten und Beer-Hofmann einige Zeit auf einer Urlaubsreise in Salzburg und Bayern; anschließend reist sie mit Beer-Hofmann ins Stubaital, und sie verbringen einige Tage zu zweit in einem Hotel. Dort gibt es Streit zwischen Lou und ihrem Begleiter, wie ihr Tagebuch vermerkt (ohne den Begleiter beim Namen zu nennen). Um was es dabei ging, ist nicht mit letzter Klarheit zu bestimmen. Beer-Hofmann scheint eine ursprünglich geplante längere Reise mit Lou abgesagt zu haben: »Lieber Arthur, ich bin nicht in Kopenhagen [...]. Ich hatte Sehnsucht, wirkliche Sehnsucht, allein zu sein«, schreibt er aus dem Stubaital an Schnitzler.[31] Jedoch: »So einfach ging es nicht«, fährt Beer-Hofmann fort. »Ich mußte, oder besser, ließ mich bereden, in ein Compromiß zu willigen, nach welchem ich nicht sofort, aber doch in 3–4 Tagen allein sein werde. Vorläufig ist Frau Lou mit mir gereist; sie reist aber Ende der Woche ab.« Beer-Hofmann erwähnt dann, er habe »für alle Fälle« an eine Frau namens Gusti telegraphiert (sie konnte von den Herausgebern des Briefwechsels »nicht ermittelt« werden[32]). Diese Frau will er anstelle Lous kommen lassen: »*So* will ich allein sein. Aber – übrigens läßt sich das besser besprechen, als beschreiben. [...] Frau Lou kommt soeben an den Tisch. Adieu.«[33]

So will er allein sein, der einsame Dichter. Zur Erholung von Lou bestellt Beer-Hofmann eine, die sich bestellen läßt – wohl eine der üblichen »Mizis«, zufällig heißt sie Gusti und wird keine weiteren Spuren in seinem Leben hinterlassen. Wie heißt es doch bei Schnitzler über die Frauen? »Zum Erholen sind sie da. Drum bin ich auch immer gegen die sogenannten interessanten Weiber. Die Weiber haben nicht interessant zu sein, sondern angenehm.«[34]

Lous Biograph Binion hat wohl recht: Sie hatte nie eine Chance, Richard Beer-Hofmanns Liebe zu gewinnen. Im Spätherbst ist Lou dennoch wieder in Wien und treibt sich an der Seite Friedas mit den Jung-Wienern herum. Erst als Beer-Hofmann im Dezember eine Affäre mit Paula Lissy beginnt (einem ›süßen Mädel‹, das die große Liebe seines Lebens wird), bricht Lou den Kontakt schließlich ab.[35] Sie geht Beer-Hofmann und seinen Männerfreunden von nun an aus dem Weg, weicht auch Schnitzler, mit dem sie weiterhin Briefe wechselt, aus – vielleicht, weil sie weiß, daß er weiß?

Dennoch läßt Wien sie nicht los. Neue gesellschaftliche Kreise haben sich ihr aufgetan, neue Freundschaften bahnen sich an. Die bekannte Wiener Malerin, Schriftstellerin und Feministin Rosa Mayreder, die Lous Nietzsche-Studie sehr schätzt,[36] stellt sich bei ihr vor und lädt sie ein, ihr offenes Haus in der Plößlgasse zu besuchen.

Und dann plötzlich: der Mann ohne Namen. Das heißt, einen Namen hat er schon, sogar zwei, denn als Bürger und Arzt heißt er Doktor Friedrich Pineles, als Bruder, Freund und Liebhaber dagegen Zemek, was polnisch ist und »Erdmann« bedeutet. Dieser Mann, von galizischen Juden abstammend und Beer-Hofmann äußerlich nicht ganz unähnlich, tritt um die Jahreswende 1895/96 so plötzlich in Lous Leben, daß vermutet wurde, Lou habe ihn sich quasi als Ersatzmann für Beer-Hofmann zum Liebhaber genommen. In den folgenden neun Jahren wird Pineles zu einem der wichtigsten Männer in Lous Leben, als ihr Arzt, Wandergenosse und Liebhaber – wann auch immer die Freundschaft sich in eine Liebesbeziehung verwandelt hat. Doch der Name Pineles kommt in Lous *Lebensrückblick* ebenso wenig vor wie ein »Zemek«. Vollkommen unberühmt, zählt Pineles wie der oben erwähnte russische Arzt zu jenem Typus »baumstarker«, »kraftstrotzender« Männer, die im Gegensatz zu den neurasthenischen Berühmtheiten, mit denen Lou gesellschaftlich zumeist zu tun hat, eine unerschütterliche Ruhe ausstrahlen und vielleicht so etwas wie ein Gegenbild zum Narziß-Kult verkörpern. (Hierin könnte auch der Grund liegen, warum gerade der Arzt Schnitzler, anders als Hofmannsthal oder Beer-Hofmann, für Lou zumindest ein Briefpartner geblieben ist.) Ganz so bodenständig, wie sein Kosename andeutet, ist der »Erdmann« Zemek dann aber doch nicht. Hilfsarzt am Allgemeinen Krankenhaus, läßt er Lou an seinen medizinischen Studien – etwa zur Rolle der gerade entdeckten Hormone – teilnehmen: eine wissenschaftliche Beschäftigung mit dem menschlichen Körper, die in Lous Schriften deutliche Spuren hinterlassen wird. Wieder einmal wechselt Lou also das Milieu, diesmal von der Literatur zurück zur Wissenschaft, und verbringt einen großen Teil des Jahres 1896 mit Zemek und seiner Familie. Sie zieht ihn in allen Lebenslagen als Ratgeber ins Vertrauen, und es ist davon auszugehen, daß sie im Laufe solcher Gespräche zuerst mit den Grundgedanken der Psychoanalyse vertraut gemacht wurde; Pineles ist 1896 nämlich einer von nur sieben Hörern in einem Seminar Sigmund Freuds zur Therapie der Neurosen. Mit einem männlichen Hysteriker reinsten Wassers aber wird Lou es bald zu tun bekommen.

München

1897, während eines längeren Aufenthaltes in München, arbeitet Lou weiter an ihrem Image. Gemeinsam mit Frieda von Bülow in einem feudalen Hotel, den »Fürstenhäusern«, residierend, läßt sie sich in Öl porträtieren, und im Fotoatelier *Elvira* macht die Starfotografin Sophia Goudstikker die definitiven Aufnahmen der zur Frau, Schriftstellerin und berühmten Europäerin herangereiften Lou. Die jungenhaft kurzhaarige Sophia Goudstikker, genannt »der Puck«, hat das Atelier *Elvira* 1887 gemeinsam mit ihrer Lebensgefährtin Anita Augspurg gegründet. Kristallisationspunkt einer rasch wachsenden lesbischen und schwulen Subkultur, mit der auch Lou hier in Berührung kommt, setzt das Atelier mit seinem riesigen grün-violetten Fassadenornament schon im Straßenbild

Lou Andreas-Salomé, 1897, München

der Stadt ein Ausrufezeichen. Das von jeder baulichen Funktion befreite Ornament, eine Arbeit des Jugendstil-Architekten August Endell, beschwört für einige Betrachter offensichtlich den Gedanken an eine »funktionslose«, nicht an den Fortpflanzungszweck gekoppelte und daher perverse Sexualität herauf. Werden hinter diesen Mauern wüste Phantasien ausgelebt? In einem zeitgenössischen Aufsatz, der vorgibt, Architekturkritik zu betreiben, heißt es, diese moderne Architektur habe »Nietzsche mit Gewinn studirt, der *Übermensch* spukt in den Gebilden«.[37] Wie so oft erscheint Nietzsche hier als böser Onkel, der die Jugend verdorben hat, die unter seinem Einfluß nun darangeht, alles ›auszuleben‹ – trauriges Resultat: Architektur (und Sexualität) als »etwas total Willkürliches, dem persönlichen Belieben Unterworfenes«[38].

Tatsächlich aber ist die *Elvira* ein Ort, an dem radikaler Individualismus und politisches Engagement sich kreuzen – nicht ohne sich gelegentlich in die Quere zu kommen, wenn die sexualanarchische Münchner Boheme, exemplarisch verkörpert in der »wilden Gräfin« Franziska zu Reventlow, auf den organisierten Feminismus einer Anita Augspurg trifft. Und machen nicht auch Bilder Politik? Eine Spezialität des Ateliers sind Fotografien von beispielhaften Frauen, berühmten Schriftstellerinnen, Philosophinnen und/oder Frauenrechtlerinnen. Zu diesen exemplarischen Frauen zählt auch Lou Andreas-Salomé. Sophia Goudstikker, deren Schriftstellerinnen-Porträts sonst eine gewisse mondäne Weiblichkeit hervorzuheben pflegen, zeigt eine entspannte, lebhafte, unstatuarische Lou, die jünger wirkt, als Frauen mit 36 Jahren damals aussahen.

Vielleicht hat sie Grund, sich jung zu fühlen. Seit einiger Zeit schon schickt ein unbekannter Verehrer ihr Liebesgedichte zu. Am 13. Mai 1897 gibt er sich ihr in einem Brief schließlich zu erkennen: Der Absender ist identisch mit einem jungen Mann, der ihr am Abend zuvor bei einem Freund vorgestellt worden war. Lou hat ihn nicht weiter beachtet und seinen Namen gleich wieder vergessen: René Maria Rilke. »Gnädigste Frau«, schreibt dieser dichtende Jüngling, gerade einundzwanzig Jahre zählt er, »es war nicht die erste Dämmerstunde gestern, die ich mit Ihnen verbringen durfte.«[39]

1875 in Prag geboren, aufgewachsen in kleinbürgerlichen,

schwierigen Familienverhältnissen, ist Rilke 1896 nach München übergesiedelt, wo er sich pro forma als Studierender der Philosophie immatrikuliert. Im Frühjahr 1897 erscheint bereits sein vierter Gedichtband, und die Uraufführung seines ersten Schauspiels steht bevor. Der frühe Erfolg verdankt sich allerdings nicht unbedingt der Qualität dieser Arbeiten, sondern dem Charisma der Dichterpersönlichkeit, als die Rilke von Anfang an auftritt – lange bevor seine Werke das Odium des ewig nur Vielversprechenden ablegen. Vielen Menschen ist Rilke als die Verkörperung des Dichters schlechthin erschienen; wenn man so will, war das die Rolle seines Lebens; aber er hat Jahre gebraucht, bis er ihr gewachsen war. Wesentlichen Anteil an diesem Wachstum sollte Lou Andreas-Salomé haben, als Rilkes Mentorin, Geliebte und Therapeutin.

Rilke hat eine Begegnung mit der berühmten, fünfzehn Jahre älteren Frau seit Monaten erhofft und in Gedichten antizipiert: »Und find ich sie, das wird das Fest bedeuten.«[40] Wie Nietzsche erstrebt er die Begegnung mit Lou in der Vorahnung, diese unbekannte Frau werde über sein Schicksal entscheiden; und gleich Paul Deussen verliebt er sich in den »Geist«, der ihm als Leser während intimer »Dämmerstunden« in Lous Schriften entgegentritt. Mit Begeisterung liest Rilke Lous Roman *Ruth*; in ihrem Aufsatz *Jesus der Jude* (1896) findet er Überlegungen, die ihn schon seit seiner Prager Schulzeit beschäftigten, mit einer »gigantischen Wucht [...] meisterhaft klar ausgesprochen«[41]. Das Christusbild des frühen Rilke, skizziert in den *Christus-Visionen*, an denen er zu dieser Zeit arbeitet, berührt sich in einigen Punkten mit der Jesusfigur, die Lou in ihrem religionswissenschaftlichen Essay entworfen hat. Wie bei Lou ist der Jesus der *Christus-Visionen* der »Jude, nicht der Erlöser«; beide Autoren heben hervor, daß Jesus tragisch gescheitert ist. Andreas-Salomé und Rilke teilen die Ablehnung des Glaubens an ein Jenseits (für Lou ein *heidnischer* Bestandteil der christlichen Lehre); der unzerstörbar naive Kern des Religiösen liegt Lou zufolge in der Erwartung: »Was Gott verspricht, das muß das Leben halten.«[42]

Beide sympathisieren mit einer Religion des Diesseits, ähnlich übrigens wie jene Schwabinger Bohemezirkel, in denen eifrig an der Wiedererrichtung eines erotischen Matriarchats gearbeitet wird (frei nach Bachofens historischen Spekulationen über *Das Mutterrecht*). Rilkes Liebe zur vergötterten Lou nimmt sich dann auch wie ein Kult mit durchaus »grobsinnlichen« Zügen aus. Einen Strauß Rosen in der Hand, läuft Rilke stundenlang ziellos durch die Stadt, »zitternd vor Willen, Ihnen irgendwo zu begegnen«[43]. Als würde man einen Brief nicht in den Briefkasten, sondern ins Meer werfen, in der Hoffnung, das Schicksal werde ihn an den richtigen Strand spülen, so will Rilke die Vorsehung befragen:[44] »Sei du mir Omen und Orakel«, wird er Lou wenig später bitten.[45] Doch wie schon Nietzsche, der fünfzehn Jahre zuvor auf der Suche nach Lou als sein eigener verlorener Groschen durch Berlin irrte, wartet auch Rilke vergebens auf sein persönliches Wunder. Der Dichter kehrt zum Postweg zurück und überschüttet Lou, die sich merklich zurückhält, anstelle von Rosen mit Briefen. Lou hat schon so manchen überschwenglichen Liebesbrief erhalten, nie aber hat jemand sie dermaßen angebetet. Der junge Dichter darf sie schließlich besuchen und liest ihr einige seiner *Christus-Visionen* vor. Sie kann mit seinem Stil, den sie als überspannt empfindet, wenig anfangen, persönlich beeindruckt sie jedoch der Glaube Rilkes an seine dichterische Berufung. Auch entgeht ihr nicht eine gewisse »männliche Anmut« Rilkes,[46] des jungen Mannes »mit sinnlichem Mund und prachtvoller Stirnpartie«[47].

Man kommt sich näher, geht zum Du über. Wann hat sie ihn erhört? War es Anfang Juni, zu Pfingsten? »Mein Festtag bist Du«, schreibt er ihr; »ich hätte beten mögen zu Dir« (8.6.1897[48]). Sie beschließen, den Sommer gemeinsam in Wolfratshausen zu verbringen, einem kleinen, schön gelegenen Ort an der Loisach, von München aus mit der Bahn leicht zu erreichen.

Es folgt eine Zeit ununterbrochener Nähe, des Zusammenlebens von Lou und Rilke in Wolfratshausen, wohin man gemeinsam mit Frieda von Bülow umgezogen ist. Der spätere Schöpfer des ›perversen‹ *Elvira*-Ornaments, August Endell, ist ebenfalls mit von der Landpartie, ebenso wie der russische Journalist Wolinskij, der gemeinsam mit Lou an Aufsätzen, Übersetzungen und einer Erzählung arbeitet.

In Wolfratshausen beginnt ein neues Leben für Rilke. »Ich bin im ersten Dämmer einer neuen Epoche«: Daran hatte es für

Rilke von Anfang an – spätestens – keinen Zweifel gegeben.[49] Einer seiner Biographen stellt fest: »Aus dem umtriebigen Großstadt-Literaten mit einem leichten Hang zum Bohemien wird unter Lous Einfluß ein Dichter, der versucht, im Sinne der Reformbewegungen der Jahrhundertwende zu leben, wozu vegetarische Kost, Barfußgehen, das bewußte Erleben der Natur und allgemein eine möglichst bescheidene, asketische Lebensführung gehören.«[50]

Lou gibt also an Rilke weiter, was sie von Fred Andreas gelernt hat. Sie setzt die Reihe erotisch unterfütterter Lehrer-Schüler-Verhältnisse, die sie in *Ruth* beschrieben hatte, fort; doch nimmt nun sie die Lehrerposition ein. Und was mit väterlichen Verehrern nie möglich war, in dieser neuen Konstellation gelingt es: Mit 36 Jahren beginnt für sie die erste Liebesbeziehung jenes Typs, in dem, wie der *Lebensrückblick* raunt, »Leib und Mensch ununterscheidbar eins« sind.[51] In einem an Lou Andreas-Salomé adressierten Gedicht Rilkes heißt es:

»Wie man ein Tuch vor angehäuften Atem
nein: wie man es an eine Wunde preßt,
aus der das Leben ganz, in einem Zug,
hinaus will, hielt ich dich an mich: ich sah,
du wurdest rot von mir. Wer spricht es aus,
was uns geschah?«[52]

Ursula Welsch und Michaela Wiesner: »Spekulationen über Lou Andreas-Salomés vorausgegangenes angebliches Liebesleben [...] werden nicht zuletzt durch Rilkes Aussagen entkräftet.« Und als Aussage wird dann der oben zitierte lyrische Erguß zu Protokoll genommen.[53]

Rilkes Gedichte aus der Wolfratshausener Zeit lassen sich ›eins zu eins‹ lesen, zu diesem Ergebnis kommt auch Rilke-Bibliograph und -Biograph Stefan Schank.[54] Die Begegnung mit Lou löst eine intensive autobiographische Beschäftigung aus, die deutliche Spuren in Gedichten wie *Und meine Mutter war sehr jung* hinterlassen hat. Daß Rilke sich im Wolfratshausener Sommer erstmals mit seiner Mutter Sophie beschäftigt, in der Folge auch in Novellen

Familienstrukturen analysiert, knüpft an ein altes Interesse an: Wie Friedrich Nietzsche hängt auch Rilke zeitlebens genealogischen Phantasien nach und träumt sich eine vornehme Abstammung herbei; so gibt er sich 1896 einem Autorenlexikon gegenüber als »René Maria *Cäsar* Rilke« aus, der »einem uralten Kärntner Adelsgeschlecht« entstamme.[55]

Doch erst nachdem er Lou, eine veritable Exzellenz, deren Familienstammbaum er bis nach Avignon zurückverfolgen wird, getroffen hat, Lou, jene »mütterlichste der Frauen«[56], fühlt Rilke sich stark genug, den Schrecken seiner wirklichen Kindheit ins Auge zu sehen. Diese Schrecken beginnen noch vor seiner Geburt, heißt er doch nicht umsonst *René*, der Wiedergeborene: von seiner Mutter Sophie als Ersatz für ein kurz zuvor gestorbenes Töchterchen betrachtet, wird er von ihr in Kleider gesteckt und als Mädchen erzogen, ohne ihren Hoffnungen je entsprechen zu können. Obwohl die Mutter den größten Anteil an der Erziehung des Einzelkindes René hat, schaltet sich gelegentlich auch der Vater ein, um seinen ›verweichlichten‹ Sohn wieder auf Vordermann zu bringen. Ähnlich wie die Mutter pflanzt auch Josef Rilke dem Sohn seine eigenen, gescheiterten Ambitionen ein, drängt René in eine Offizierslaufbahn, die ihm selbst verwehrt geblieben ist, und schickt ihn als Zögling auf eine Militärschule, wo René von Lehrern und Mitschülern gleichermaßen gequält wird. Der kleine René versucht, allen Ansprüchen zu genügen, wie widersprüchlich sie auch seien. Eine Fotografie aus Kindheitstagen zeigt ihn langhaarig, in einer weißen Kleidschürze, behangen mit den Insignien soldatischer Männlichkeit, Säbel und Orden. So gut es geht, unterwirft René sich allen Erwartungen – nach außen hin; um so wichtiger aber wird ihm jenes eingekapselte Wesen, das noch nicht geboren ist und das er selbst wäre.[57]

Doch braucht auch dieses neue Selbst Geburtshilfe. Lou Andreas-Salomé kann solche Hilfestellung vermutlich genau deshalb leisten, weil sie für René alle Figuren seines Familienromans in einer Person vereint – inklusive der toten Schwester. Unmittelbar nach Auflösung der Liebesbeziehung mit Lou Andreas-Salomé wird Rilke resümieren:

»Warst mir die mütterlichste der Frauen,
ein Freund warst du wie Männer sind,
ein Weib so warst du anzuschauen,
und öfter noch warst du ein Kind.«[58]

Der maßlose, um nicht zu sagen übermenschliche Anspruch, den Renés Liebe an Lou stellt, birgt Probleme: zum einen, daß er ihre Überlegenheit, sei sie nun real oder bloß eingebildet, eines Tages als Last oder sogar Bedrohung empfinden könnte; zum anderen, daß die Betreuung des nicht ganz unverkorksten Dichters ihre Nervenkräfte aufzehrt. Die Gebende in dieser Beziehung, Rilkes Schmeicheleien sprechen da eine klare Sprache, ist ein für allemal Lou: »Du gibst ohne Ende.«[59]

Eine Vertragsformel für die Beziehung zwischen Lou Andreas-Salomé und Rilke müßte lauten: Sie gibt sich ihm, und sie gibt ihm – *sich*, sein höheres Selbst. Bekräftigt das Versprechen, das er sich selbst gegeben, beglaubigt den Kredit, den er diesem Selbst eingeräumt hat: seine Berufung. »Werden Sie, die Sie *sind*, liebe Lou«, hatte Friedrich Nietzsche geschrieben. Lou gibt den Auftrag weiter: Nun soll René der werden, der er ist, der Dichter, der in ihm steckt und hinauswill.

Es geht bei dieser künstlerischen Geburtshilfe um mehr als nur Bemutterung (oder jene Form unbezahlter Frauenarbeit, die in Schwabing und anderswo ein Lumpenproletariat von »Künstlermusen« hervorgebracht hat). Indem sie an ihn als Dichter glaubt, seine Berufung beglaubigt, bestärkt Lou kulturelle Ambitionen, die letztlich auf Renés Mutter zurückgehen; als kritische Leserin und Lektorin seiner Werke aber, mit »schwärzesten Tintenstrichen« nicht sparend,[60] tritt sie in gewisser Hinsicht das Erbe seines Vaters an. Wenn der junge René es seinem Vater recht machen wollte, pflegte er seinen blumigen, ›femininen‹ Stil zur militärisch knappen Parataxe zu straffen, so wenn er einmal brieflich meldet: »Esse wie ein Wolf, schlafe wie ein Sack«.[61]

In der Schule bei Lou steht für Rilke eine Entschlackung seines Stils auf dem Programm: weg von Sentimentalitäten, die für Lou nur »technische [...] Notstände« kaschieren,[62] hin zu einer Sachlichkeit der Dichtung, die sich den Sachen öffnet, der Welt, dem *Ding* (wie Rilke es später nennen wird). »Die Welt verlor das Wolkige für mich [...]; Dinge wurden, Thiere, die man unterschied, Blumen, die waren«; mit einem Wort: Lou lehrt ihn »Einfachheit«.[63]

Nicht nur Lebensstil und Ausdrucksweise des jungen Dichters vereinfachen sich, selbst seine Handschrift vollzieht den Abschied vom Verschnörkelten; manche meinen, er habe Lous Handschrift angenommen. Immer noch aber bleibt eines zu tun. Denn wie könnte Rilke nun, da er auf dem Weg zu sich selbst ist, weiter jenen Namen tragen, der ihn zum »Wiedergeborenen«, zur Zweitausgabe einer toten Schwester reduziert? Seine Mutter wird ihn nie anders als René nennen. Berühmt aber wird er unter dem Namen, den Lou ihm gibt, »schlicht, schön und deutsch«[64]: Rainer.

»Jahrelang«, so erinnert sich Lou im *Lebensrückblick*[65], war sie Rainers »Frau«. Verheiratet allerdings bleibt sie mit Fred Andreas. Dieser scheint von der Liebesbeziehung, die sich vor seinen Augen abspielt, nie etwas geahnt zu haben, weder im Wolfratshausener Sommeridyll von 1897, als er auf ein paar Wochen zu Besuch kommt, noch in den folgenden Jahren, als Rilke, nach Berlin übergesiedelt, zum ständigen Gast im Hause des Ehepaares Andreas wird. Entsprechend der im *Lebensrückblick* in Anekdotenform dargestellten Grundhaltung, von den Abenteuern seiner Frau nichts wissen zu wollen,[66] hat Andreas sich vielleicht auch schlicht geweigert, das Offenkundige zur Kenntnis zu nehmen. Jedenfalls hat er im knapp 30 Jahre jüngeren Hausfreund, der Holz hackt und beim Abspülen hilft, keinen ernstzunehmenden Konkurrenten gesehen. Und zumindest in einer Hinsicht hatte er sogar recht: Lou hat nie erwogen, sich von ihm zu trennen, um Rilkes Ring zu tragen. Man darf wohl annehmen, daß Rainers grenzenlose Ansprüche dieses Arrangement ständig zu sprengen drohten. Lou verschafft sich im Frühjahr 1898 Luft, indem sie Rainer in ihrer Funktion als Mentorin auf die klassische italienische Bildungsreise schickt. Zur Trennung genötigt, fühlt Rilke sich in Florenz »in den Frühling verbannt«: Mit dieser Klage beginnt ein Reisetagebuch, das er von April bis Juli für Lou führt.[67]

In Aphorismenform bemüht sich Rilke, die ihm von Lou auferlegte Verbannung umzudeuten in die existentielle, wesentliche und notwendige Einsamkeit des Künstlers – eines Künstlers, der »nir-

Lou Andreas-Salomé, Rainer Maria Rilke, August Endell, F. C. Andreas (von r. nach l.), 1897, Wolfratshausen

gends eine Heimat außer bei sich« hat[68] und der in dieser seiner Einsamkeit so hoch über dem »Pöbel« steht wie nur irgendein Genie oder Übermensch. »Das war immer so. Die Kunst geht von Einsamen zu Einsamen in hohem Bogen über das Volk hinweg.«[69] Geselligkeit ist nur etwas für Philister; der Künstler schafft eine »höhere Gattung«[70], gehört der »einzigen kronenechten Aristokratie« an: »jener, die ihre Ahnen noch vor sich hat«[71]. Als habe er den Baedeker mit dem *Zarathustra* vertauscht, bedient sich Rilke des Tonfalls eines Propheten; dabei wechselt er vom intimen *Du* gelegentlich zum *ihr*, zu regelrechten Predigten an ein imaginäres Publikum: »Nur glauben müßt ihr lernen; ihr müßt fromm werden in einem neuen Sinn. Eure Sehnsucht müßt ihr über euch haben, wo ihr auch seid.«[72] Ob Rilke damals tatsächlich Nietzsche gelesen hat, und wenn ja, welche Werke, und wie intensiv – es ist unbekannt. Sicherlich wird seine Lehrerin Lou ihm ihr Nietzsche-Bild, in dem sich persönliche und philosophische Züge vermischten, nahegebracht haben; da sie mit dem *Zarathustra*-Stil wenig anfangen konnte, lassen Passagen wie die oben zitierte jedoch eine eigene Nietzsche-Lektüre Rilkes vermuten.[73]

Was versucht Rainer seiner Lou, mit Nietzsches Stimme sprechend, zu sagen? Rilke beschwört nicht nur im Sinne des »Werde, der du bist« seine einstige Selbstgeburt als Dichter herauf (er spricht von jenem fernen »Tag, da ich mich empfangen werde«[74]); neben der metaphorischen kommt er auch auf die leibliche Schwangerschaft zu sprechen, und mit ähnlichen Ergebnissen wie Zarathustra. Für diesen ist die Schwangerschaft bekanntlich die Lösung des »Rätsels Weib«: Alles andere sei für die Frau nur ein Mittel zu diesem Zweck. »Eure Hoffnung heiße: ›Möge ich den Übermenschen gebären!‹«[75] Mit Zarathustra-Nietzsches rhetorischer Unterstützung wagt Rilke es gegen Ende seines Italienaufenthaltes, auf den letzten Seiten seines Tagebuchs, den Frauen – und damit auch der Lehrmeisterin, an die seine Notizen adressiert sind – Vorschriften zu machen: »Das Weib erfüllt sich im Kinde. [...] Eine Frau, welche Künstlerin ist, muß nicht mehr schaffen, wenn sie Mutter wurde. [...] Des Weibes Weg geht immer zum Kinde.«[76] In der Doppeldeutigkeit dieses *muß nicht* (braucht nicht/darf nicht) zeigt sich die Ambivalenz der Frauenvergötterung Rilkes.

Das Bild einer schreibenden Frau, die sich vom Mann ein Kind machen läßt, dankbar, die Feder endlich aus der Hand legen zu dürfen, hatte mit der Beziehungswirklichkeit Lous und Rainers wenig zu tun. Rilke hat in Italien ein Wiedersehen phantasiert, bei dem er Lou von gleich zu gleich, ja sogar als Überlegener entgegentreten wollte: »Ich wollte diesmal der Reiche, der Schenkende sein, der Ladende, der Herr.«[77] Das Bild der »umschlingenden« Lou, von der man nie loskommt (»ich haßte dich wie etwas zu Großes«), wird versuchsweise durch ein Kitschgemälde, ein Madonnenbild ersetzt: »Und jeder wird die Lieder, die er der Geliebten schenkt, erwachen hören im Munde der Mutter, die ihm den Sohn groß wiegt.«[78]

Doch diese Verkehrung ihres Verhältnisses bleibt ein Wunschtraum Rainers. Als Geliebte sind er und Lou füreinander, wie diese im *Lebensrückblick* resümiert, »Geschwister [...] wie aus Vorzeiten, bevor Inzest zum Sakrileg geworden«, nicht aber Mann und Frau nach dem Muster einer Ehe.[79] Dennoch kann man natürlich darüber spekulieren, ob Texten aus jener Zeit, die von Rilkes Beschäftigung mit Mutterschaft und Fortpflanzung Zeugnis ablegen (etwa dem Gedicht *Wenn wir blonde Kinder haben*), ein realer Anlaß – womöglich eine Schwangerschaft Lous – zugrunde gelegen hat.

Wie dem nun aber auch sei, fest steht, daß Lou keine Ehe mit und kein Kind von Rainer gewollt hat. An die Stelle des Kindes tritt, wie es in Liebesbeziehungen öfter vorkommt, ein gemeinsames Projekt: »zusammen knien« nennt Lou Andreas-Salomé diese notwendige Ergänzung, jenes Dritte, ohne welches zweie nicht eins werden. Der Name des gemeinsamen Projektes, dem Lou und Rainer sich in den folgenden Jahren, beim Literaturstudium zu Hause und auf zwei langen Reisen, ganz verschreiben, lautet *Rußland*. Rainer will seiner Geliebten auch auf diese Weise näherkommen; zudem gilt Rußland ihm als ein anderer Name für die Einfachheit, ja Armut, die sein ästhetisches Ideal geworden ist. Lou dagegen sucht eine Kindheit nachzuholen, die sie nie erlebt hat. Es geht um ein »Nachhausekommen«[80] dorthin, wo man nie gewesen ist. Nicht nur für Rainer nämlich ist Rußland ein Buch mit sieben Siegeln, abgefaßt in einer Fremdsprache. Aufgewachsen im kosmopolitischen St. Petersburg, jener »Vereinigung von Paris und Stockholm«[81], hat auch Lou sich das Russische – die Sprache der Bediensteten – nie recht zu eigen gemacht und das russische Volk in ihrer Kindheit lediglich schemenhaft wahrgenommen, als den undeutlichen Hintergrund, vor dem sich der Glanz jener ›verwestlichten‹ Aristokratie entfaltete, in der sie, mochte sie sich dabei auch einsam fühlen, zu Hause war. Mütterchen Rußland als Heimat, das ist von vornherein eine Fiktion – eine Fiktion aber, die für Lou als Frau von Mitte 30 anscheinend notwendig geworden ist. Seit 1897 entwirft sie in spekulativen Aufsätzen und fiktionalen Texten wie *Fenitschka* (1898) ein durch und durch nostalgisches Bild Rußlands, erfindet sich eine Heimat, die von Beginn an verloren war. Was Lou »Rußland« nennt und »russische Seele«, ist die glückliche Kindheit, die ihr nicht vergönnt war: ein goldenes Zeitalter zufriedener Armut und ungebrochener Religiosität, Ausdruck der Sehnsucht einer Intellektuellen nach einer Welt ohne Zweifel, Konflikt, Geschichte.

»Für mich ist es gradezu köstlich, so unterzutauchen in Weihrauchduft und Gesang und Kindheitserinnerungen«, erklärt die Studentin Fenitschka in Moskau, wohin sie ihrer Autorin Lou Andreas-Salomé vorausgeeilt ist. »Ich bin ja so viele Jahre fortgewesen – – Und jetzt erst fühle ich mich wieder zu Hause, wo all dies Altvertraute wieder um mich ist. – – Rußland hat auch darin den großen Vorzug vor andern Ländern, daß man ganz sicher ist, alles auf dem alten Fleck wieder vorzufinden. Da ist kein Hasten von Fortschritt zu Fortschritt, – es ist alles jahraus, jahrein dasselbe.«[82]

So viel weiß die Autorin von *Fenitschka* also schon vor ihren Reisen ins Landesinnere. Die Vorstellung, das »junge« russische Volk ruhe in einem vom westlichen Rationalismus noch nicht angekränkelten Glauben, von dem man lernen könne, ist unter europäischen Intellektuellen zur Zeit der Jahrhundertwende weit verbreitet; auch Teile der russischen *Intelligentsia* selbst suchen den Weg ins Volk. Die sozialpolitischen Interessen jener »Narodniki« genannten Bewegung sind Lou und Rainer jedoch fremd; ihnen dient das »heilige Land« (Rilke) als Projektionsfläche und Inspirationsquelle. Neben einem extensiven Studium landeskundlicher und kunsthistorischer Literatur bereisen sie Rußland im Frühjahr 1899 für knapp zwei, im Frühjahr und Sommer 1900 dann noch einmal für dreieinhalb Monate. Auf der ersten Reise, die vor allem den großen Städten St. Petersburg und Moskau gilt, werden sie von Fred Andreas begleitet, der dem Besuch den Charakter einer Forschungsexpediton aufprägt; als Lou und Rainer ein Jahr darauf zu zweit zurückkehren, suchen sie gezielt nach der Erfahrung des weiten Landes, des einfachen Bauernlebens im Einklang mit der Natur. Russische Freunde bemühen sich vergebens, die beiden Touristen für die sozialen Probleme des Landes zu interessieren, das zu diesem Zeitpunkt am Vorabend einer Reihe von politischen Erschütterungen steht. Immerhin hatte schon Nietzsche seinen Begriff des »Nihilismus« aus Rußland importiert; Zar Alexander II. ist 1881 einem Terroranschlag zum Opfer gefallen, und bald schon wird mit dem Sturm auf das Winterpalais im Jahre 1905 die erste russische Revolution beginnen. Doch Industrialisierung und Demokratie sind für Lou und Rainer Import von Westware, wo es eigentlich am russischen Volk wäre, dem übrigen Europa ein Beispiel zu geben.

So versichert Rainer einer russischen Bekannten, der Einfluß westlicher Ideen könne nur eine »Verarmung« bewirken, und versucht ihr die Nietzsche-Lektüre mit der Begründung auszureden, jeder Russe sei an sich schon Philosoph, ja Dichter genug.[83] Rilke zufolge gibt der russische Bauer der übrigen Menschheit ein Beispiel, indem er vorlebt, daß eine »überwältigende Knechtung und Heimsuchung nicht notwendig den Untergang der Seele bewirken muß«; für die russische Seele – es ist wohl auch die des kleinen René gemeint – gebe es einen Grad der Unterwerfung, so vollkommen, »daß er ihr [der Seele] etwas wie einen heimlichen Spielraum schafft, eine vierte Dimension [...], in der [...] eine neue, endlose und wahrhaft unabhängige Freiheit für sie beginnt.«[84]

Was Lou betrifft, so braucht sie ihr Rußland-Konstrukt zur eigenen Rückversicherung. Daß nämlich jeder Mensch einen unverlierbaren Ursprung hat, an den er zuletzt zurückkehren wird, einen Ort, wo alles ganz sicher und für alle Zeit auf dem alten Fleck ist, diese Annahme hat für Lou den Rang eines quasi religiösen Axioms. Charakteristisch für Lou Andreas-Salomé ist nun, wie sie ihren Hang zur Mystifikation Rußlands, der russischen Seele etc. mit der betont nüchternen Herangehensweise einer Ethnologin auszubalancieren sucht. Ihr russisches Reisetagebuch von 1900, vor kurzem unter dem Titel *Rußland mit Rainer* aus dem Nachlaß veröffentlicht, kann ebenso als Studie über Ikonenmalerei gelesen werden wie als Dokument einer persönlichen Krise.

In Lous Reisetagebuch kündigt die kommende Trennung von Rainer sich dadurch an, daß dieser im ganzen Buch nur ein einziges Mal erwähnt wird. *Rußland mit Rainer* spricht von einem Rußland *ohne* Rainer, letztlich sogar ohne Menschen. Lous stärkster Rußland-Eindruck ist die Landschaft entlang der Wolga, die Rainer und sie auf einer neuntägigen Dampferfahrt kennenlernen. Als die Autorin einmal innehält, um zu formulieren, »was die Reise im Grunde gewesen« ist, spricht sie von der mystischen Erfahrung einer Natur, die den von ihr abhängigen Menschen nicht braucht. Vor dieser Natur steht Lou *allein*, Rilke ist aus dem Bild getilgt; einsam lauscht sie auf die Stimme »dessen, was überhaupt unabhängig von meinem Vorhandensein, laut und mächtig wie eine Welt heiliger Erfüllungen zu mir sprach. Die Wolga-Landschaft schien zu sagen: ›[...] ich bin an mir selber eine Erfüllung für dich [...,] werde [...] für dich immer der ungeheure Trost einer Erfüllung sein, die tiefe Ruhe des vollendet Geschauten haben.‹«[85]

Der Eindruck einer solchen gewissermaßen kosmischen Weite des Landes hebt das Bedürfnis, an einem bestimmten Ort zu Hause zu sein, in ein Gefühl der Geborgenheit auf, das Lou »Alleinheit« nennt. Die Landschaft oder vielmehr der *Raum*, um den es hier geht, ist unermeßlich weit, so groß, daß selbst der bodenständigste Bauer paradoxerweise zum *Nomaden* wird, zum »Allbewohner«, wie es in Lous Rußland-Roman *Ródinka* (d.h. »kleine Heimat«) heißen wird. Der Mitreisende jedoch verschwimmt in dieser auf unendlich eingestellten Optik; die All-einheit setzt Allein-heit voraus. Und wirklich wird Lou Rainer bald gestehen müssen, seine früher so liebe Gestalt habe sich für sie gleichsam »in einer weiten Wolgalandschaft« verloren.

So begreift jeder der beiden Reisenden das Erlebnis Rußland auf seine Weise als persönliche Anrufung, und so führt die Verwirklichung jenes Projektes, das die Liebesbeziehung retten sollte, in letzter Konsequenz die Trennung herbei. Lou fühlt sich auf sich selbst zurückgeworfen; sie beginnt eine grundlegende Reflexion über Kindheit, Mutterschaft und Weiblichkeit, die Autobiographisches mit philosophischen Spekulationen verbindet. Rainer reagiert auf Lous wachsende Distanz mit Angstanfällen. So packt ihn einmal angesichts eines menschenähnlichen Baumes die Panik, er kann nicht daran vorbei, wirft sich zu Boden. Derlei Zustände – sie haben sich in abgemilderter Form wohl schon früher gezeigt – empfinden beide als erschreckend, als trete etwas Unheimliches zwischen sie, ein Schatten, den sie von nun an den *Anderen* nennen. In ihrem 1899 veröffentlichten Aufsatz *Vom Kunstaffekt* hat Lou den Künstler (bei dem sie vermutlich Rilke vor Augen hatte) dem Hysteriker gegenübergestellt; nun jedoch bekommt sie es mit Zuständen zu tun, die Zweifel daran wecken, ob Rilke wirklich jene Kräfte der Selbstheilung besitzt, die Lou dem Künstler – in der Theorie – zugesprochen hat. Ist der Dichter wirklich, wie sie behauptet hatte, jener »große Gesunde«, der an seinen Krisen und Krankheiten emporwächst, zwischen Schaffensrausch und Hangover? Gedanke und Formulierung erinnern an Friedrich Nietzsches »große Genesung«, und es dürfte kaum ein Zufall sein, wenn Lou, deren Reisetagebuch zu Rainers dramatischen Angstzuständen schweigt, nach der Wolgafahrt ohne erkennbaren Anlaß in eine heftige Polemik gegen Nietzsche ausbricht. Furcht vor der nahenden Geisteskrankheit sei die Grundlage von Nietzsches Philosophie: »Der kranke Nietzsche erschuf sich die Vision vom Ueber-Nietzsche nur, um es zu ertragen, daß es keinen gesunden, keinen Normal-Nietzsche gab.«[86] Nun sieht Lou sich mit der Tatsache konfrontiert, daß Rainers Version des Übermenschen – das, was er den Dichter nennt – ebenfalls aus *Angst* geboren ist. Mit dieser Angst aber kann Lou ebenso wenig anfangen wie mit der »Unfähigkeit, mit dem Alltag zu Stande zu kommen«, die sie den Anhängern des »größenwahnsinnigen Uebermenschen« vorwirft.[87] Mit anderen Worten: sie lehnt es ab, Rainers Krankenschwester zu spielen. Ein halbes Jahr später trennt sie sich von ihm.

Du allein weißt, wer ich bin

Der eigentliche *Briefwechsel* zwischen Lou Andreas-Salomé und Rainer Maria Rilke beginnt in der Buchausgabe auf Seite 54 – mit Lous Abschiedsbrief. Während keiner ihrer Briefe aus der Zeit der Liebesbeziehung erhalten blieb, ist ausgerechnet dieser Text – sie selbst hat ihn mit »Letzter Zuruf« überschrieben – der erste dokumentierte Beitrag Lous zu einer etwa drei Jahrzehnte umspannenden Korrespondenz, die erst mit Rilkes Tod abbrechen und am Ende mehr als 180 Briefe umfassen wird.

Lou steht, als es zur förmlichen Trennung kommt, ihrem Freund bereits seit längerem in erster Linie »sorgend« gegenüber, »außerhalb dessen, was Mann und Weib ineinanderschließt«[88]. Gleichzeitig muß sie Rilke immer wieder auf Distanz halten, läßt sich sogar verleugnen, weil sie arbeiten, weil sie *schreiben* will: Der großangelegte Roman *Ródinka*, die Frucht der russischen Reisen, wächst in ihr und »weh dem, der es jetzt mir töten würde! Draußen Regenwetter. Damit R. fortginge, *ganz* fort, wär ich einer Brutalität fähig. (*Er muß fort!*)«[89] Rilke hat sich direkt nach der Rückkehr aus Rußland in die Künstlerkolonie Worpswede begeben, eine Distanzierung nach monatelanger Zweisamkeit, die beiden gutgetan zu haben scheint; mit seiner Rückkehr nach Berlin-Schmargendorf aber fällt er wieder in das alte Anlehnungsmuster zurück. Es wirkt fast wie eine Flucht, daß er sich Mitte Februar in Berlin einigermaßen überstürzt mit der jungen Worpsweder Bildhauerin Clara Westhoff verlobt und von heute auf morgen seine Zelte in Schmargendorf abbricht. Bei einem letzten Gespräch mit Lou wird auf ihr Betreiben der vollständige Abbruch aller Kontakte beschlossen; Lou hinterläßt jedoch einen Zettel, auf dem sie ihm für den Notfall ihre Hilfe anbietet, »ein Heim für die schlechteste Stunde«. Ist es ein Zufall, daß sie dieses Versprechen auf die Rückseite einer *Milch*rechnung schreibt?

»Warst mir die mütterlichste der Frauen«, resümiert ein gebrochener Rilke nach dem Abschied; noch einmal verfaßt er ein Gedicht an Lou, es heißt dort: »Du warst das Hohe, das mich gesegnet – / und wurdest der Abgrund, der mich verschlang.«

»Als eine Mutter« meldet Lou sich anderthalb Wochen nach dem letzten Wort mit einem allerletzten zurück. Dieser dramatisch mit *Letzter Zuruf* überschriebene Brief markiert zugleich einen Neubeginn, indem er die alte Beziehungskonstruktion neu interpretiert. Nachträglich deutet Lou das erotisch grundierte Lehrerin-Schüler-Verhältnis in eine Art therapeutisches Bündnis um und erklärt Rainers »Zustände« endgültig zum *Krankheitsbild*[90], angesichts dessen die Therapeutin sich überfordert fühlt: »Allmählich wurde ich selber verzerrt, zerquält, überangestrengt, […], gab die eigene Nervenkraft aus!«[91] Hinzu komme eine »fast tragische Schuld« auf ihrer Seite: »nämlich der Umstand, daß ich, trotz unseres Altersunterschiedes, seit Wolfratshausen immer noch wachsen mußte, – weiter und weiter wachsen, bis in das hinein, was ich Dir beim Abschied so froh erzählte, – ja, so seltsam es klingt: *bis in meine Jugend hinein*! denn erst jetzt bin ich jung [schreibt Lou zwei Wochen nach ihrem vierzigsten Geburtstag], erst jetzt darf ich sein, was Andere mit 18 Jahren werden: ganz ich selbst«[92].

Obwohl sie hier Schuld, Schwäche, ja sogar Selbstsucht einräumt, hat Lou erkannt, daß sie Teil eines von Rilke zwanghaft wiederholten Szenarios zu werden droht: »ich weiß ja, er muß Anlehnung und Ausschließlichkeit haben um jeden Preis, wenn nicht bei mir, dann sonstwo [...]. Er wird sie deshalb auch bald wieder haben.«[93] Doch ebensogut weiß Lou, daß dieses Beziehungsschema Rilkes Probleme eher verschärft als behebt; gestützt auf die Einschätzung ihres Freundes Zemek, rät sie Rainer deshalb von einer neuen Bindung ab. Als einzigen Weg zur Gesundung betrachtet sie den von ihr selbst beschrittenen: Rilke soll untertauchen »in die Fülle seiner Vergangenheit«, um »sich selbst von Grund an aufzubauen«[94]. Wie sie es gerade mit ihrer russischen Kindheit tut, so soll auch Rainer ein lange angekündigtes autobiographisches Projekt endlich angehen und seine schrecklichen Erlebnisse auf der Militärschule zu einem Roman verarbeiten. *Aus diesem Kothe Gold zu machen*: Darin sieht Lou die einzige Rettung für den Menschen wie für den Dichter Rilke. Das bedeutet, sie hält am Glauben an seine Berufung fest, mutet ihm diese Berufung aber auch zu, denn Dichter kann für Lou nur sein, wer sich selbst mit seiner Kunst zu heilen weiß. Den Weg der Selbstanalyse, der Beschäftigung mit der eigenen Kindheit, kann Rainer jedoch nur allein gehen – oder jedenfalls nicht innerhalb der Beziehungsform, in die er sich immer wieder flüchtet wie ein Süchtiger. In dieser Situation gibt Lou den Auftrag Zarathustras – der seinen Jüngern befahl, ihn zu verlieren, auf daß sie sich fänden – an den weiter, den sie Rainer getauft hat: »gehe denselben Weg Deinem dunklen Gott entgegen!«[95]

Wenn Lou also zum Schluß erneut die Notwendigkeit der Distanz betont, dann aus der Sicht der Therapeutin: »Über weite, weite Fernen schicke ich diesen Zuruf zu Dir, nichts vermag ich mehr als das, um Dich zu behüten.« Diese Worte erhält Rainer per Brief, vermittels eines Mediums also, das Distanz voraussetzt und zugleich aufhebt. Und damit ist die Form gefunden, in der sich die literarisch-therapeutische Freundschaft über ein Vierteljahrhundert hin fortsetzen wird – unterbrochen nur durch Rainers kurzen, gescheiterten Versuch als Familienvater (der seiner Tochter bezeichnenderweise den Namen *Ruth* gibt). Bald wird Rainer die Instanz Lou wieder anrufen: »Du allein weißt, wer ich bin«; von Paris aus wird er ihr Briefe voller Klagen über die Einsamkeit in der fremden Stadt schreiben; aus dieser Einsamkeit aber und aus diesen Briefen wird schließlich Rilkes bedeutendstes Prosawerk erwachsen, die *Aufzeichnungen des Malte Laurids Brigge.*

Das vornehme Geschlecht

Wenn Lou Rainer gegenüber davon spricht, »ganz ich selbst« sein und dem eigenen »dunklen Gott« entgegengehen zu müssen, so artikuliert sie im Privaten Forderungen, über die sie seit 1899 öffentlich nachgedacht hat, insbesondere in einer Reihe von Aufsätzen, die sich mit Rußland, der Weiblichkeit und dem »Liebesproblem« befassen. Was diese Texte – teils krude anmutende Mixturen aus Geschlechts-Metaphysik, persönlichem Bekenntnis und antifeministischer Polemik – trotz allem lesbar macht, ist der keineswegs triviale Umstand, daß sie überhaupt *geschrieben*, daß sie niedergeschrieben und veröffentlicht worden sind – von einer Frau. Womit sich bereits ein spezifischer *performativer Widerspruch* auftut, zwischen dem also, was Lou Andreas-Salomé in Essays wie *Der Mensch als Weib* sagt, und dem, was sie *tut*, indem sie es sagt. Als Weib nämlich, schreibt Frau Lou, schreibt der Mensch nicht. Jedenfalls nichts Wesentliches. Aufsätze über das Wesen der Weiblichkeit zu veröffentlichen, wie sie es tat, hieß somit, den Selbstwiderspruch auf die Spitze treiben. Diese Widersprüchlichkeit blieb nicht unbemerkt, ebenso wenig wie Lous öffentliche Polemik gegen Frauenrechtlerinnen, mit denen sie privat befreundet, ja denen sie persönlich vielleicht gar ein Vorbild war. »Ich fand bei Lou Sätze zum Haarsträuben für eine Emanzipierte und wieder andere Sätze, die als stärkste Argumente für die Frauenemanzipation gelten könnten«, bemerkte Hedwig Dohm, eine der ›Mütter‹ der ersten deutschen Frauenbewegung, und räumte Lou in ihrem Katalog der *Antifeministen* einen ehrenvollen Sonderstatus ein. Diesen verdankte Lou nicht zuletzt ihrer frivolen Weise, mit Paradoxien zu spielen, die den meisten emanzipierten Frauen aus eigener Lebenspraxis nur zu gut bekannt, im Rahmen ernsthafter feministischer Politik jedoch nicht artikulierbar waren.

Der übliche Ausweg aus diesem Dilemma war die *Frauenliteratur*. Auf verschiedene Figuren verteilt, ließen sich die antagonistischen Wünsche der *Neuen Frau* sowie Widersprüche zwischen Anspruch und Wirklichkeit wenn nicht auflösen, so doch ansprechen. Zudem bot die Romanform die gern genutzte Möglichkeit, Geschlechterkonflikte, die ebenso unerträglich wie unlösbar waren und deshalb im Alltag, so gut es ging, verdrängt wurden, als Melodramen mit tödlichem Ausgang zu inszenieren. »Henri Lou« beispielsweise hatte von dieser Technik ausgiebigen Gebrauch gemacht. Nach 1900 hat Lou Andreas-Salomé in breit angelegten Familiengeschichten wie *Ma* (1901), *Ródinka* (beendet 1904) oder *Das Haus* (veröffentlicht 1919) unterschiedlichen weiblichen Lebensentwürfen Raum gegeben. Man hat in der Vielzahl ihrer Frauengestalten ein gewissermaßen zersplittertes Selbstproträt Lou Andreas-Salomés gesehen; auch lassen sich Freundinnen wie Frieda von Bülow oder Helene Klingenberg, Freunde wie Rilke oder Zemek wiedererkennen. Doch war Lou sich nicht nur über die Rolle im klaren, die das Phantasieren in ihren zwischenmenschlichen Beziehungen spielte (»Sobald jemand meiner menschlichen Liebe nahekommt, regt er mich künstlerisch an, in Gedanken dichte ich ihn«[96]), ihr lag auch der experimentelle Charakter der Versuchsanordnungen, in denen sie ihr biographisches Material verarbeitete, sehr am Herzen, so daß man ihre Prosa kaum jener Bekenntnisliteratur zuordnen kann, die zu ihrer Zeit boomte.

Die Form der Beichte verlieh populären Frauenromanen wie Helene Böhlaus *Halbtier!* (1899) oder Gabriele Reuters *Aus guter Familie. Leidensgeschichte eines Mädchens* (1895) das Echtheitssiegel: Hier wurden Erfahrungen beschrieben, die von der Literatur – sie erschien nun als bloße *Männer*literatur – bislang verschwiegen worden waren. Erstmals war hier, quasi aus erster Hand, zu lesen, *Wie Frauen werden* (so der Titel einer Novelle Hedwig Dohms von 1894). Mit dem Kampf um gleichen Lohn für alle hatte das denkbar wenig zu tun; es ging im Prinzip um einen weiblichen Bildungsroman, politisch gesehen um einen bürgerlich-individualistischen Feminismus.

Hedwig Dohm war nicht die einzige Frauenrechtlerin, die eine Art Haßliebe mit Friedrich Nietzsche verband. In ihrer bekanntesten Novelle – sie trägt den bezeichnenden Titel *Werde, die Du bist* (1894) – schickt Dohm ihre Heldin, die Witwe Agnes Schmidt, auf eine philosophische Selbstsuche, wie sie sonst den Männern vorbehalten ist. À la Nietzsche endet diese Suche in der Nervenheilanstalt, wo ein Pfleger beobachtet: »Sie sprach tiefsinnige und erhabene Gedanken aus, in einer Form, die an Nietzsches Zarathustra erinnerte.«[97]

Tatsächlich erinnert die Frage von Dohms Heldin: »Hatte ich wirklich nur Pflichten gegen Andere, keine gegen mich?«[98] an eine Passage aus *Die fröhliche Wissenschaft:* »Was sagt dein Gewissen? – Du sollst der werden, der du bist.« Diese Idee half gegen den Standardvorwurf des Egoismus, den Frauen, die ihr Leben als ihr eigenes, nicht das ihres zukünftigen Mannes oder ihrer noch ungeborenen Kinder betrachteten, unweigerlich zu hören bekamen. Indem er aus der Vorrangigkeit der Selbstverwirklichung fast schon eine Pflicht machte, ermöglichte der Emanzipationsfeind Nietzsche es Frauen, Forderungen zu stellen, die selbst vielen Feministinnen zu weit gingen.

»Werden Sie, die Sie sind«: Das hatte Friedrich Nietzsche selbst geschrieben, bemerkenswerterweise in einem Brief an Lou. Wußte er, was er tat? Was geschieht, wenn man den Schlachtruf des Individualismus, den ursprünglich vom Mann her gedachten Entwurf einer Autonomie des Subjekts ins Weibliche überträgt? Wird bloß eine Formulierung abgewandelt, wird bloß etwas explizit gemacht, das ursprünglich (aber wie?) ›mitgedacht‹ war? Oder ist das autonome Subjekt, das sich hier finden soll, von vornherein als ein männliches gedacht, und die Umformulierung tut nicht nur dem Text Gewalt an, sondern womöglich auch den Frauen – wenn sie sich nämlich auf eine Form der Selbstverwirklichung einlassen, für die bereits das Problem der Schwangerschaft eine begrifflich wie praktisch unüberwindbare Grenze darstellt? Einerseits Grenzbegriff, taucht der Gedanke der Schwangerschaft, wie wir sahen, sowohl bei Friedrich Nietzsche wie bei Lou Andreas-Salomé an zentraler Stelle wieder auf: als Metapher der *Selbstgeburt*. Während Nietzsche es sich zumindest im *Zarathustra* leichtmacht, indem er verkünden läßt, die Lösung des Rätsels namens Weib heiße Schwangerschaft (ohne sich, wie an anderer Stelle, über »dieses Räthsel von einer Lösung« zu wundern[99]), während Nietzsche also die Frau aus dem Projekt Selbstgeburt ausschließt, hält Lou sich das Problem der Schwangerschaft, das für sie auch eine gesellschaftliche Verpflichtung darstellt, durch Metaphorisierung vom Leibe, indem sie ihr Leben als eine immer weiter verlängerte Schwangerschaft mit sich selbst definiert. Solange eine Frau sich noch nicht gefunden hat, sagt Lou im Ibsen-Buch, so lange kann und darf sie sich an einen anderen – ein Kind etwa – nicht weggeben. Noch nicht.

Dieses Zwischenland des *noch nicht* bewahrt seinen Sonderstatus auch in *Der Mensch als Weib. Ein Bild im Umriß* (1899), einer fast schon berüchtigten Abhandlung Lous, die ihr heftige Kritik auch von Rosa Mayreder einbrachte. Weiblichkeit wird hier als *Heimat* definiert, in ähnlicher Weise wie zuvor Rußland, und analog zum Anblick der Wolgalandschaft ist es auch hier ein *Bild*, das von der Autorin zum Sprechen gebracht wird. Auftritt der Eizelle: In sich ruhend, groß, rund und ganz, bringt sie Weiblichkeit in Perfektion zum Ausdruck – und Weiblichkeit *ist* Perfektion. Das männliche Geschlecht dagegen, verkörpert von ziellos herumirrenden zellularen Kleindarstellern, ist zu kurz gekommen und gerade darum zum Fortschritt verdammt; deshalb hat der Mann die Kultur erfunden, die dem »Weib« quasi von Hause aus fremd bleibt, und deshalb schließlich schreibt das Weib nicht. Schreibt Lou Andreas-Salomé.

Zu Recht ist dieser Weiblichkeitsentwurf von feministischer Seite als »gloriose Parodie des maskulinen Frauenbilds«[100], als bloße »Umwertung der von alters her als spezifisch weiblich geltenden Bestimmungen«[101] kritisiert worden. Andererseits sind Parodie und Umwertung vielleicht nicht die schlechtesten Waffen, wenn es stimmt, daß Frauen wohl oder übel mit den vorhandenen Weiblichkeitsbildern arbeiten müssen. So gesehen kann *Der Mensch als Weib* mit einigem Recht als Umwertung aller Werte in der Geschlechterfrage bezeichnet werden. Denn Lou läßt keinen Zweifel daran: Die Frauen sind das vornehme Geschlecht. Wie das Spermium zeigt, ist Hingebung Sache des Mannes, Aufopferung für andere daher »unweiblich«; einen Ausspruch Schillers über »edle Naturen« paraphrasierend, sagt Lou von ihrer weiblichen Idealgestalt, daß sie »dem Leben [...] mit dem zahlt, was sie ist, nicht mit dem was sie tut«[102]. Das Weibliche verhalte sich zum Männlichen »wie ein Stück uralter, im ältesten Sinn vornehmster Aristokratie« zum »Emporkömmling«[103]. Nietzsche quasi das Wort im Munde umdrehend – eine Fähigkeit, die Elisabeth schon in Tautenburg aufgefallen war –, identifiziert Lou das, was für ihn vornehm geheißen hatte, im wesentlichen mit dem Weiblichen, während der Mann zum Parvenü degradiert wird. Uralt und zukunftsträchtig zugleich, »ist sie in ihrer Schönheit und Ganzheit ›noch‹, was er ›schon‹ nicht mehr ist, ein Symbol gleichsam«[104], und ist es zugleich *noch nicht*, ein uneingelöstes Versprechen: »Das Weib ist noch immer nicht genügend bei sich selbst und eben insofern noch nicht genügend Weib geworden, – wenigstens nicht so, wie es in der Sehnsucht der besten Männer ihrer Zeit und in ihrer eigenen Sehnsucht lebt.«[105]

Wie Nietzsches Übermensch ist dieses Wesen als Objekt einer *Sehnsucht* definiert. Es geht, mit anderen Worten, um ein »Weibwerdenwollen«, das, wie Lou es andernorts formuliert hat, immer ein »Gesundwerdenwollen« ist.[106] Wenn sie in *Der Mensch als Weib* wieder und wieder das Bild der Eizelle heraufbeschwört, die perfekte Rundung, den geschlossenen Kreis, so heißt das nicht, daß Lous »Weib« seine Erfüllung im häuslichen Kreis und in der Produktion von Nachwuchs findet. Zwar beschwört Lou den erwähnten ›Ring der Ringe‹ herauf: zwischen Jungfrau und Mutter schließt sich der Kreis der Generationen. Lou übernimmt diese traditionellen Zuschreibungen – doch typischerweise nur, um eine *Übergangsperiode* einzuführen: »Die Übergangsperiode zwischen beiden, auch wenn sie zufällig nicht in der leiblichen Mütterlichkeit mündet [...]«[107]

Zufällig nicht, *noch* nicht: Während Lou den weiblichen Lebenslauf rhetorisch in das überkommene Bild des Kreises einsperrt, ist hier zugleich etwas am Werk, das verhindert, daß der Kreis sich je schließt. Wie er sich auch persönlich-biographisch für sie nicht geschlossen hat. Das *Bild im Umriß* bleibt wie Lous Autobiographie, der *Umriß einiger Lebenserinnerungen*, die letzte Abrundung schuldig; das Motto dieses Lebens könnte lauten: »Dann will ich ewig im Übergang stecken bleiben.«

Was die Autorin als »leibliche Mütterlichkeit« bezeichnet, ist also ein bloßer biographischer Zufall und muß – hier wie in anderen Texten Lou Andreas-Salomés – von einer wesentlichen Mütterlichkeit unterschieden werden, für die die Biologie nur ein *Bild* bereitstellt. Wesentlich ist für Lou gerade, was gemeinhin als Metapher gilt: Selbstgeburt und »geistige Schwangerschaft«. Obwohl der Zusammenhang zwischen den Prinzipien Weiblichkeit und Mütterlichkeit nicht grundsätzlich in Frage gestellt wird, ist eine *zufällig* kinderlos gebliebene Frau wie Lou nicht automatisch weniger »Weib« als eine Mutter. Das Entscheidende, die eigentlich weibliche Haltung dagegen ist eine Art höherer Egoismus, eine »Selbstherrlichkeit«, die doch zugleich auch Gehorsam ist: »Gehorsam gegen sich selbst«, gegen jene Instanz also, die in der modernen Welt anstelle Gottes den Wert einer »höchsten Bestimmung« angenommen habe.[108] »Gehorsam gegen das Höchste«: So hatte bekanntlich Nietzsches Definition jener »heiligen Selbstsucht« gelautet, die er Lous angeblichem »Katzen-Egoismus« gegenüberstellte.[109] Ohne daß Nietzsches Name fällt, beantwortet Lou hier also seinen Vorwurf, indem sie für sich das Ideal eines »Über-Weibs« (Linde Salber) konstruiert.

Doch ist ein solcher heiliger Egoismus, wie die Autorin selbst bemerkt, »für den Draußenstehenden fast ununterscheidbar mit irgendwelchen ehrgeizigen oder mannweiblichen Trieben«[110]. In der Tat haben »Draußenstehende« wie die Generalscha von Salomé, Friedrich Nietzsche und nicht zuletzt dessen Schwester Elisabeth in Lous Streben nach Unabhängigkeit nichts Höheres erkennen können als blanke Selbstsucht. Andere hielten Lou damals wie heute für das Musterbeispiel einer Frau, die die Kreidestriche der Konvention ignoriert, die ausbricht und ihr Leben – insbesondere ihr Liebesleben – selbst bestimmt: *The lady is a tramp*. Solche schwer zu verleugnenden »vagabundistischen« Tendenzen mußte Lou, wollte sie sich nicht selbst die Weiblichkeit absprechen, mit dem Bild des in sich ruhenden Weibes zur Deckung bringen. An diesem Punkt taucht eine aus dem Briefwechsel mit Rée vertraute Gestalt wieder auf, und jenes Tier, das sein »Häuslein auf dem Rücken trägt«[111], steigt zum Paradigma weiblicher Selbstverwirklichung auf: Gleich der Schnecke nämlich »trägt das Weib auch, oft sich selber noch gar nicht klar bewußt, das Heimischsein und Häuslichwerden mit sich, zu einer Zeit, wo sie das Verlangen treibt, sich vieles noch anzueignen«[112]. Beispielsweise konnten weder die junge Lou selbst noch die »Draußenstehenden« wissen, um welche Art von Bewegung es sich handelte, als sie nach Westen aufbrach – Irrfahrt ins »Mannweibtum« oder unbeirrtes Wachstum zur Weiblichkeit. Erst dem autobiographischen Blick erschließt sich, nachträglich, der Umriß. Hier und jetzt hängt daher alles vom Vertrauen in das Versprechen ab, vom Glauben an sich als »Weib«, den dunklen Gott.

Ein Jahr nach *Der Mensch als Weib* stellt Lou Sex als eine Art Gebet zu diesem Gott dar. Rosa Mayreder hat den Standpunkt von *Der Mensch als Weib* den »egoistisch-frigiden« genannt,[113] und in der Tat steht das ausschließlich mit sich selbst beschäftigte Saloméscbe »Weib« vor dem Problem, wie eine Beziehung zum anderen überhaupt möglich ist. In Lous Aufsatz *Gedanken über das Liebesproblem* (1900) wird nun ein übergeschlechtliches *wir* angesprochen: die Gemeinschaft der Liebenden. Lou zufolge ist die Beziehung zum anderen, die körperliche Begegnung, also die *Liebe* der Weg zur wahren Selbstfindung – aber nur dadurch, daß sie den, der liebt, vereinzelt. Die Gemeinschaft der Liebenden ist eine Gemeinschaft von Einsamen, denn die Liebe, weit entfernt davon, uns mit einem anderen zu verschmelzen (das wäre der »Amöben-Standpunkt«[114]), sperrt uns tatsächlich in eine »vertausendfachte Einsamkeit« ein[115]. Der andere ist nicht mehr als ein Anlaß zu dieser rauschhaften Feier des Selbst; die zwei, die hier eins werden, sind Körper und Seele, die mit einemmal nicht mehr als getrennt empfunden werden. Indem der Liebesrausch die sonst getrennten Triebe vereinheitlicht, gibt er uns (in der völligen Hingabe) uns selbst, ist er das, was »uns erst zu uns selbst macht«[116]: ein »Geburtsvorgang«[117].

Dieses Selbst – von Lou wie stets als eine *Heimat* gedacht – konkretisiert oder gebiert sich also nur in einem Exzeß, im Rausch, und wenn wir unser Selbst so finden, heißt das noch lange nicht, daß wir es *haben*, es behalten können, weil wir in derselben Bewegung, im selben Moment, da wir »uns selber am intensivsten leben fühlen«, »in der physischen Hingebung unser Selbst verlieren«[118].

Das ersehnte Selbst, sagt Lou Andreas-Salomé, ist nie *gegeben*; indem es da ist, verschwindet es, in einer Bewegung, die im »empirischen« Leben an kein Ende kommt, bis zuletzt, bis zum Tod. Ob die biographischen Zufälle sich zur Figur des Kreises abrunden, wird nur von einem Standpunkt aus sichtbar, der mindestens zur Hälfte schon jenseits des Lebens steht. Der Liebesrausch nimmt diese Position vorweg (man spricht ja auch vom »kleinen Tod«), er geht im Exzeß bis an die Grenze zwischen Leben und Tod. Wie könnte man in diesem Selbst, das uns nur gelegentlich winkt, *ruhen*? Wie darauf etwas *bauen*, ein Heim, eine Heimat oder auch nur eine dauerhafte Liebesbeziehung?

Zwischen *Der Mensch als Weib* und *Gedanken über das Liebesproblem* ist eine Verlagerung der Gewichte zu bemerken, die man auf den Verlauf der Liebesbeziehung zwischen Lou und Rainer zurückführen könnte. Das tragische Geschlecht ist das männliche, heißt es 1899; ein Jahr später, als das Ende absehbar ist, hat sich das Liebesgeschehen insgesamt verdüstert: Tragik, resümiert die Autorin, »haftet schließlich typisch einem jeden erotischen Lieben an«[119].

Zu der Zeit, als diese Überlegungen veröffentlicht werden, und auch noch in den folgenden Jahren geht es in Lous Liebesleben drunter und drüber. Nach der Trennung von Rainer beginnt sie mit Zemek – nach außen hin ihr Arzt, der sich um ihr »nervöses Herzleiden« kümmert – eine mehrjährige Liebesbeziehung, die zeitweilig einer Ehe ähnelt; auf dem Gut von Zemeks Schwester findet sogar eine Art Doppelhochzeit statt. Was *Fenitschka* »das gute, gesegnete Brot« nennt, entspannten Sex ohne Schuldgefühle, das hat unsere Heldin wohl hier erlebt, in den Armen des ›Erdmanns‹. Doch für einen *Lebensbund* mit Pineles ist ihr das nicht genug; die Hälfte jedes Jahres verbringt sie bei Fred, mit dem sie sich 1903 schließlich in Göttingen niederläßt. Anscheinend hat sie sich ihrer Beziehung zu Zemek nachträglich sogar geschämt und alle Spuren einer Liebe ausgelöscht, die ihr brachte, was Sigmund Freud sehr viel später als »das ergreifendste Stück ihrer weiblichen Schicksale« bezeichnen sollte – ohne Namen zu nennen.

Kapitel VI
»Es gab nie einen lebendigeren Todten«

Hüterin der Schwelle

Eine Fotografie zeigt Elisabeth Förster-Nietzsche in Weimar, vor dem Portal des von ihr geleiteten Nietzsche-Archivs: eine hoch aufgerichtete, schwarze Gestalt – sie trug die Farbe Schwarz so ausdauernd, wie es ihr dem Status einer zweifachen Witwe angemessen schien –, eine Türhüterin, von der man nicht recht weiß, ob sie hineinbittet ins Allerheiligste oder uns den Weg verstellt. Das Allerheiligste, wir wissen es, war ihr der Bruder – oder jene Götzengestalt, die sie in ihrem Herzen schon vor langer Zeit an seine Stelle gesetzt hatte, als Priesterin eines privaten Nietzsche-Kults, als erste ›Nietzscheanerin‹. Und damit als erste Verräterin Friedrich Nietzsches – zieht man ihn selbst ab.

Mag sein, daß diese schwarze Gestalt heutzutage selbst schon eine Art Mythos geworden ist, die dunkle, böse, abgründige Seite dessen verkörpernd, was man mit dem Namen Nietzsche verbindet. In diesem Namen, es war auch ihr eigener, hat sie gehandelt, hat den Nachlaß ihres Bruders im von ihr gegründeten und bis zu ihrem Tod quasi autokratisch geführten Nietzsche-Archiv gesammelt, archiviert und herausgegeben – nicht zuletzt aber auch: gefälscht. Elisabeths »Geschenk an die Menschheit«, wenn man es so nennen will, ist eine ebenso ambivalente Gabe wie der *Zarathustra* ihres Bruders: ein Nachlaß nämlich, der gleichzeitig zu den vollständigsten wie zu den lückenhaftesten in deutscher Sprache zählt.[1] Elisabeth hat dafür gesorgt, daß man das Leben ihres Bruders praktisch Tag für Tag nacherzählen kann, in allen Einzelheiten – außer den entscheidenden. Alle Nietzsche-Forschung steht in Förster-Nietzsches Schuld, alle Forschenden haben aber auch zu bezahlen für ihre philologischen Sünden (wenn dieses Wort Praktiken wie das Verbrennen unliebsamer Briefe korrekt benennt). Gerade die Nähe, gerade jene von Förster-Nietzsche betonte »innige Geschwisterliebe«, die den Aufbau des Archivs er-

Elisabeth Förster-Nietzsche vor dem Portal des Nietzsche-Archivs, ca. 1903, Weimar möglicht hat, hat es als wissenschaftliche Institution zum Scheitern verurteilt. Zumindest, solange Elisabeth lebte. Und das war sehr lange.

Es wäre zu fragen, ob nicht jedes private Archiv dieses Janusgesicht trägt: einerseits Bewahrung, andererseits wenn nicht Vernichtung, so doch Unterdrückung unliebsamen Materials. Wird nicht in jedem derartigen Haus ›gemauert‹, um irgendeine Art von Denkmal herum?

Wann etwas veröffentlicht wird, ist auch eine Frage der Politik. Ist das Archiv, jedes Archiv, somit immer schon in Politik verstrickt, so repräsentiert die Gestalt Elisabeth Förster-Nietzsches einen Exzeß von politischer Einflußnahme. Schon 1883 hatte sie, wie wir sahen, mit ihren Enthüllungen über die Rolle Paul Rées den richtigen Zeitpunkt abgewartet, so ein Talent demonstrierend, das dem Nietzsche-Archiv später auf zweifelhafte Weise zugute kommen sollte. »Elisabeth Förster-Nietzsches Wille zur Macht« heißt das bei ihren Kritikern; das Präfix »Elisabeth Förster-« soll »Nietzsches Wille[n] zur Macht« ins Gegenteil verkehren. Wie aber konnte die Fälschung gelingen? Sollten ausgerechnet hier, um eine Lieblingsformulierung Elisabeths zu gebrauchen, die »schwachen Kräfte einer Frau« ausgereicht haben?

Wohl kaum. Friedrich Nietzsches Denken selbst liefert den über das bloße Philosophieren hinausgehenden Schwung, den seine Nachlaßverwalterin nur aufzunehmen brauchte.

Jede Beschäftigung mit der Wirkungsgeschichte Nietzsches muß der Tatsache Rechnung tragen, daß er bestimmten Gedanken eine Gewalt zugeschrieben hat, die letztlich tödlich sein konnte; daß er sich Phantasien darüber hingab, mit dem Gedanken der *Ewigen Wiederkunft* Leser in den Selbstmord zu treiben; daß er dessenungeachtet fast um jeden Preis *wirken* wollte. Zu wachen Zeiten hat er, wenn es um seine ausbleibende Wirkung ging, statt dessen auf Nachwirkung spekuliert und des öfteren von sich als einem »posthumen Menschen« gesprochen, einem »Gespenst«.

Und hat er nicht recht behalten? Für das Europa des Fin de siècle jedenfalls gilt, daß das Gespenst, das hier umgeht, der Geist des Friedrich Nietzsche ist. Überall und nirgends ist er zu finden, führt man seine »Stich- und Schlagwörter« im Mund, übt er jene

Wirkung ohne faßbare Ursache aus, die man Einfluß nennt. Nietzsche selbst hat diesen Einfluß geahnt und zugleich in Anführungszeichen gesetzt: »Ich habe nachgerade einen ›Einfluß‹, sehr unterirdisch, wie sich von selbst versteht«, bemerkt er 1887 verwundert. »Bei allen radikalen Parteien (Socialisten, Nihilisten, Antisemiten, christl. Orthodoxen, Wagnerianern) genieße ich eines wunderlichen und fast mysteriösen Ansehens.«[2]

Mit Nietzsches Zusammenbruch tritt dieser Einfluß offen zutage, und es beginnt, lange vor der Gründung des Nietzsche-Archivs, der Nietzsche-Kult: eine intellektuelle Influenz-Epidemie, die weit über die Grenzen des von ihm so wenig geschätzten Deutschen Reichs hinaus insbesondere junge Menschen erfaßt. Während Elisabeth noch als *little queen* ihre neugermanischen Besitzungen abschreitet, begegnet man auf Berliner Boulevards bereits den von Zarathustra inspirierten »neugebackenen ›Aristokraten‹, die mit schmutzigen Hemdkragen und unrasierten Gesichtern über die Leipziger Straße watscheln und die Allüren eines Uebermenschen zur Schau tragen«[3]; und schon im Frühjahr 1893 sieht die Zeitschrift *Freie Bühne* sich mit dem Vorwurf konfrontiert, wahre »Orgien des Nietzsche-Kultus« zu feiern.[4] Schwer zu sagen, was eher da war, der Nietzsche-Kult oder die Kritik an ebendiesem: Beides gehört notwendig zusammen, denn nichts liebt der Nietzsche-Leser mehr als »ein souveraines Gefühl von Distinktion«[5] auf Kosten anderer Nietzsche-Leser. Aber *lesen* sie denn überhaupt? Die einen, die Nietzsche nicht mehr lesen, kritisieren die anderen, die schlecht lesen oder womöglich gar nicht (weil ihr Nietzsche-Kult dem Feuilleton entstammt). Nietzsche muß man nicht unbedingt lesen, sagt sinngemäß auch Kurt Eisner als sozialistischer Kritiker des Nietzsche-Kults, aber gelesen *haben* muß man ihn.[6]

Sogar die ersten Generationsprobleme zeichnen sich übrigens bereits 1893 ab. Im ersten Satz seiner Polemik gegen die *Nietzsche-Narren* stellt Ferdinand Tönnies klar, *er* habe Nietzsche bereits vor zwanzig Jahren kennengelernt.[7] Vier Jahre später gesteht derselbe Autor, er habe für Nietzsche »geschwärmt, zu einer Zeit, als [...] fast niemand ihn kannte. Damals [...] war ich 16–20 Jahre alt.«[8] Und bereits 1894 kann ein Kritiker der massenhaften Nietzsche-Rezeption »das herbe Wort: ›Pubertätsphilosoph‹ nicht wohl zurückhalten«.[9]

Der Philosoph der Jugend – um es freundlicher zu sagen – ist Friedrich Nietzsche auch deshalb, weil er ihr 1874 philosophisches Bürgerrecht verschafft hat, nämlich in *Vom Nutzen und Nachtheil der Historie für das Leben* (eine Schrift übrigens, auf die Pop-Theoretiker wie Kodwo Eshun sich noch heute berufen[10]). Doch die Jugend – die um die Jahrhundertwende erst zum *Stil*, ab 1897 dann zur *Bewegung* avanciert und von der seit damals behauptet wird, sie habe »immer recht« –, diese Jugend bleibt wesentlich *Übergang*. Ein bekannter Ausspruch G. B. Shaws über den Sozialismus ließe sich zumindest für die Zeit des Wilhelminismus problemlos übertragen: Wer mit zwanzig kein Nietzscheaner ist, hat kein Herz; wer es mit dreißig noch immer ist, keinen Verstand. Dies ist später dann auch der Tenor vieler Memoiren, in denen die Jahre vor 1900 und das »Erlebnis Nietzsche« verarbeitet werden. So haben aus Ferdinand Tönnies' Generation Gerhart Hauptmann, Johannes Schlaf und viele andere ihre jugendliche Nietzsche-Begeisterung als Übergangserscheinung, die berauschende Wirkung der Lektüre als Fieberattacke beschrieben – eine Krankheit, die gottlob nicht chronisch geworden sei. Man hatte sich mit dem Wahnsinn quasi geimpft;[11] nach überstandener Krise konnte man Nietzsche beiseite legen und gestärkt zu konstruktivem Schaffen übergehen.[12]

Manchem Anhänger schien es, als habe Nietzsche (der sich ja zuletzt in der Rolle des »Gekreuzigten« sah) gleich einem Märtyrer die Krankheit und den Wahnsinn der Epoche auf sich genommen. Wahnsinn – das »Verhängnis Hölderlins« – als eine Art Erbkrankheit im Geschlecht der Genies, das war eine populäre Idee jener Jahre. Lou Andreas-Salomé spricht in bezug auf Nietzsche 1891 vom »Erkranken an Gedanken«; ihn selbst nennt sie einen »heimlichen und auch unheimlichen Geist«. Das Unheimlichste und Faszinierendste ist nun aber während der 1890er Jahre zweifellos der Umstand, daß dieser Mann, während sein Geist sich gewissermaßen auf europäische Wanderschaft begeben hat, irgendwo in Thüringen noch *lebt*, daß er die Irrenanstalt verlassen hat, um auf dem Wohnzimmersofa seine Tage zu verdämmern – und daß einige wenige ihn besucht, ja mit ihm gesprochen haben.

Wer in den *inner circle* dieser Auserwählten gelangte, darüber entschied Elisabeth, die Hüterin der Schwelle. Die Schriftstellerin Gabriele Reuter erinnert sich in ihren Memoiren an das kleine Häuschen in Naumburg, dessen Erdgeschoß Anfang 1894 zum Nietzsche-Archiv erklärt worden war, ohne daß man zunächst wohl genau wußte, was das bedeuten sollte. Wenig später liest dort an einem Nachmittag der erste festangestellte Archivar Fritz Koegel »mit seiner warmen bewegten jungen Männerstimme den Antichrist aus dem Manuskript« vor. Eine Weihestunde für Auserwählte, denn der *Antichrist* war, obwohl von Nietzsche kurz vor dem Zusammenbruch noch fertiggestellt, nicht mehr veröffentlicht worden; aus Gründen der politischen Opportunität vom Archiv zensiert, ist das wüste Beschimpfungen des Christentums enthaltende Werk tatsächlich erst 1955 in ungekürzter Form herausgegeben worden. Um so auratischer die Dämmerstunde, da der Archivar, dem Priester eines antireligiösen Ordens gleich, aus dieser unheiligen Schrift liest. Melodisch klingt die Männerstimme; der junge Dr. Koegel, eine schillernde Gestalt wie viele seiner Nachfolger am Archiv, ist neben seiner Arbeit als Germanist und Manager bei Mannesmann auch mit Liedern und Gedichtbänden hervorgetreten und steht dem Kreis um Stefan George nahe. Gabriele Reuter fährt fort: »Und wenn er eine Pause eintreten ließ, hörten wir – eine unheimliche Begleitung […] – aus dem Nebenraum ein dumpfes Murren und Brummen wie die Laute eines gefangenen Tieres … Das war der kranke Nietzsche, der dort drinnen saß und nichts mehr wußte von seinem Werk, vor dem wir uns schauernd beugten.«[13]

An einen Schauerroman erinnert auch die Anekdote von einem exklusiven Abendessen im Archiv: An einem langen Tisch, dessen Kopfende hinter einem Vorhang verborgen ist, sitzen Elisabeths Gäste und speisen; nach dem Essen öffnet sich der Vorhang, um die Hauptattraktion des Abends zu präsentieren – den in einem Sessel sitzenden irrsinnigen Philosophen.[14] Der erwartete Nachruhm hat Friedrich Nietzsche noch zu Lebzeiten erreicht, ganz anders, als er es sich erhofft hatte, und doch auf eine unheimlich anmutende Weise passend.

Hinter der etwas staubig klingenden Bezeichnung »Nietzsche-

Archiv« steht für Eingeweihte die Vorstellung eines geweihten und zugleich unheimlichen Ortes; Elisabeth Förster-Nietzsche herrscht nicht allein über tote Buchstaben, sie fungiert auch als Zeremonienmeisterin. Obwohl ihr inoffizielles Vorbild das Bayreuther Regime der Wagner-Witwe Cosima bleibt, muß sie jedoch dem Umstand Rechnung tragen, daß das Erbe ihres Bruders nicht aus Gesamtkunstwerken besteht und man die von seinen Texten ausgehenden Erweckungserlebnisse daher kaum in Gestalt periodischer ›Weihefestspiele‹ konkretisieren und monopolisieren könnte. Die einzige seriöse Legitimation für die Gründung einer Nietzsche-Institution bieten die philologischen Aufgaben der Nachlaßbetreuung. Zugleich gibt eine solche Institution der Stimme der Person, die sie leitet, im Chor der Nietzsche-Erben mehr Gewicht; Elisabeth, die sich nun Förster-Nietzsche nennt, spricht nicht mehr einfach als Familienmitglied, als Begünstigte eines Testaments, sondern gleichsam als dessen Vollstreckerin. 40 Jahre lang wird sie nie einen Zweifel daran aufkommen lassen: Sie *ist* das Archiv. Von dieser Position aus gelingt es ihr, alle übrigen Beteiligten (ihre Mutter, einen zum Vormund berufenen Vetter, Friedrichs beste Freunde Köselitz und Overbeck) im Namen Nietzsches gegeneinander auszuspielen. Schritt für Schritt verdrängt sie alle Konkurrenten und tritt zuletzt als Alleinerbin auf. Projekte wie die Edition einer Gesamtausgabe – aufgrund wachsender Nachfrage vom Nietzsche-Verleger C. G. Naumann bereits in Gang gebracht, ohne auf eine Klärung der Erbschaftsangelegenheiten zu warten – monopolisiert von nun an das Archiv. Mangelndes Verständnis für philologische oder philosophische Fragen hätte Elisabeths Autorität beeinträchtigen können, daher weicht sie zunächst, taktisch klug, auf ›weibliche‹ Betätigungsfelder aus, befaßt sich mit Briefen und Biographie: »sein Leben, das mein lieber Herr Koeselitz, schreibe ich. Niemand kennt das so gut wie ich.« Anfangs plant sie noch eine Arbeitsteilung mit Köselitz, der die mehr theoretischen Einleitungen verfassen soll: »Sie sind der Priester am Nietzsche-Altar, der allein wahre Verkünder seiner Lehre, der Hüter der heiligen Flamme.«[15] Doch schon kurze Zeit darauf erhält Köselitz, der sich gerade erst damit abgefunden hat, zum Angestellten Elisabeths degradiert worden zu sein, von seinem designierten Nachfolger Koegel das Kündigungsschreiben.[16] Die Leiterin des Archivs versteht es meisterlich, die Männer, mit denen sie zu tun hat und mit denen sie sich umgibt, gegeneinander auszuspielen. Daß sie keine philologischen Kapazitäten ans Archiv holt, sondern eher musisch begabte Seiteneinsteiger, trägt dazu bei, Opposition innerhalb des Archivs zu unterbinden.

Doch mußte man kein Experte sein, um vorauszusehen, was unter Elisabeths Ägide auf den Nietzsche-Nachlaß zukam. Es ist erstaunlich: Sowohl Köselitz als auch Koegel erkennen im Einfluß der Schwester ein editorisches Verhängnis; der eine befürchtet aufgrund von Elisabeths Freundschaft mit Cosima eine Zensur allzu Wagner-feindlicher Passagen, der andere kopiert heimlich die entscheidenden Briefe und Briefentwürfe aus der Zeit der ›Lou-Affaire‹, in der zutreffenden Annahme, daß diese Dokumente ihre Entdeckung durch Elisabeth nicht überleben werden. Sie wissen also genau, mit wem sie es zu tun haben, und spielen trotzdem mit. Denn an Elisabeth führt kein Weg vorbei. Ihre Verhandlungskunst gibt den Archivangestellten Lohn und Brot; ihre Biographie, der erste Band erscheint 1895, wird zum vielgelesenen Standardwerk; ihre Beiträge in führenden Zeitschriften etablieren das Nietzsche-Archiv als feste Größe des kulturellen Europa.

Im Oktober 1895 klopft Europa an die Tür der thüringischen Provinzstadt Naumburg: Als Beauftragter der Berliner Kunstzeitschrift *Pan*, deren erste Nummer soeben mit einem Nietzsche-Titelbild erschienen ist, stellt sich ein Graf bei Elisabeth Förster-Nietzsche vor und erbittet Kompositionen ihres Bruders zum Abdruck. Damit beginnt eine 40jährige Freundschaft zwischen zwei Menschen, die unterschiedlicher kaum sein könnten. Harry Graf Kessler – Sohn eines deutschen Bankiers und einer irischen Mutter, geboren 1868 in Paris, erzogen in englischen Internaten – war einer der bedeutendsten Kunstmäzene seiner Zeit und zugleich Diplomat, ein Vordenker des Völkerbundes – die Inkarnation des guten Europäers: »Bald mutete er deutsch, bald englisch, bald französisch an, so europäisch war seine Prägung. In Wahrheit sind die schönen Künste sein Zuhause gewesen.«[17]

Die schönen Künste und das Werk Friedrich Nietzsches, dem

Kessler lebenslang Denkanstöße entnahm und in das er sich immer wieder vertiefte, wenn es galt, neuartige Erfahrungen zu überdenken. Wie die meisten Mitglieder seiner Generation hatte Kessler reichlich Gelegenheit, über das Neue nachzudenken – im Leben und in der Kunst, in der Liebe und im Krieg; nur wenige aber waren so reich und unter den Reichen nur wenige so aufgeschlossen, um nicht zu sagen umtriebig wie er. Doch so viele Projekte er auch anstieß, sie tragen samt und sonders die Handschrift eines Dandys und Dilettanten, und anstelle eines Werkes ist seine bedeutendste Hinterlassenschaft ein Tagebuch, das als kulturgeschichtliches Dokument seinesgleichen sucht.

Bereits Anfang 1895 hält der 26jährige dort fest: »Es gibt wohl heute in Deutschland keinen leidlich gescheiten studierten oder gebildeten Mann von zwanzig bis dreißig Jahren, der nicht Nietzsche einen Teil seiner Weltanschauung verdankte.«[18] Insbesondere gilt das für Kessler selbst und seine Studienfreunde Eberhard von Bodenhausen und Raoul Richter; letzterer ist der Sohn Cornelia Richters, in deren Berliner Salon zu jener Zeit entscheidende Kontakte zwischen Kunst, Literatur und Philosophie geknüpft werden, die bald auch Elisabeth Förster-Nietzsche zugute kommen. Mit einem Empfehlungsschreiben Raoul Richters reist der junge Graf Kessler also in das verschlafene Naumburg und lernt eine kleine, elegante und äußerst tatkräftige Frau kennen; man spricht über lauter vielversprechende Projekte, wobei sie, wie Kessler bemerkt, im Eifer des Gefechtes gern ins Sächseln verfällt. Gekommen als Bittsteller (der *Pan* möchte Unveröffentlichtes aus dem Nachlaß abdrucken), reist Kessler als Mäzen des Hauses Nietzsche nach Berlin zurück. Vier Monate später bürgt er zusammen mit drei weiteren Unterstützern für ein Darlehen, das es Elisabeth ermöglicht, ihre Mutter auszuzahlen; sämtliche Verwertungsrechte am Nietzsche-Nachlaß liegen danach auch formal bei ihr und ihrem Archiv.

Dafür greift Elisabeth unter anderem auf die Hilfe des jüdischen Bankiers Mendelssohn zurück, der mit seinem privaten Darlehen von 30 000 Mark die eigentliche Grundlegung des Nietzsche-Archivs ermöglicht. Es wird nicht das letzte Mal sein, daß die Witwe Bernhard Försters sich von jüdischen Gönnern unterstützen läßt. Beim Geld hört die Feindschaft auf – eine Feindschaft, die über weite Strecken von Elisabeths Leben auf die antijüdischen Ressentiments beschränkt blieb, die in ihren Kreisen wohl leider üblich waren. Der Antisemitismus ihres Mitarbeiters Fritz Koegel trägt demgegenüber deutlich paranoide Züge: »Würde die Sache mit Hilfe dieser Herren gemacht, so würde Juda die ganze Sache sich aufs *Verdienstkreuz* schreiben. Man wird an der Börse und im Salon sich rühmen: ›Nietzsche finanziert zu haben‹ und das würde bald in die Zeitungen und die Literatur durchsikkern mit dem stolzen Refrain: ›Unsere Leute sind die einzigen Förderer aller geistigen Freiheit.‹«[19]

Obwohl diese unterschiedlichen Ausdrucksweisen des Antisemitismus zweifellos zusammengedacht werden müssen, sei hier immerhin so viel festgestellt: Entgegen anderslautenden Gerüchten hat Elisabeth Förster-Nietzsche den »Anti-Antisemitismus« ihres Bruders keineswegs verschwiegen; mehr noch, in *Das Leben Friedrich Nietzsche's* distanziert sie sich – vorsichtig, aber unmißverständlich – vom Antisemitismus ihres Mannes. Daß sie dabei ihrerseits auf antisemitische Klischees zurückgreift, steht auf einem anderen Blatt: Eine Kleinstadt wie Naumburg kannte demzufolge keinen Judenhaß, weil man hier keine Juden kannte! Für Frau Förster-Nietzsche sitzen die Juden offenbar sämtlich in Berlin, sind steinreich und kontrollieren die Presse. Was für die Leiterin des Nietzsche-Archivs keineswegs ausschließt, ihr Lebenswerk auf ›jüdisches Geld‹ zu bauen, und sie nicht daran hindert, die Berliner Zeitschrift *Die Zukunft* (geleitet vom Juden Maximilian Harden) zu ihrem ›Hausorgan‹ zu machen.

Neben dem Geld aus Berlin – außer Kessler und Mendelssohn beteiligt sich auch Kesslers Freund Raoul Richter an der Finanzierung des Nietzsche-Archivs – kann Elisabeth auf die Unterstützung ihrer reichen Schweizer Freundin Meta von Salis zählen. Diese, eine weitere ›Tochter‹ Malwida von Meysenbugs, Zürcher Studentin, dann erster weiblicher Doktor des Kantons Graubünden, ist nach dem Tod ihres Vaters 1886 Alleinerbin geworden und steht Elisabeth in der Anfangszeit des Nietzsche-Archivs, bevor man sich über die Frage des angemessenen Repräsentationsaufwandes verkracht, finanziell zur Seite.

Elisabeth Förster-Nietzsches Stellung konsolidiert sich also. Potentielle Gegenspieler wie das Ehepaar Overbeck, der geschaßte Köselitz oder Lou Andreas-Salomé meiden öffentlichen Streit mit Elisabeth aus unterschiedlichen Gründen, teilweise wohl deshalb, weil sie sich, anders als Elisabeth, nicht anmaßen wollen, im Namen Nietzsches zu sprechen. Es wäre allerdings in jedem Fall schwer gewesen, Elisabeths Erfolgen etwas entgegenzusetzen. Höchstens Philologen wird bei alledem gestört haben, daß die Arbeitssituation im Archiv selbst mehr und mehr chaotische Formen annimmt. Nach nur anderthalb Jahren nämlich fällt auch Koegel, mitsamt der von ihm begonnenen Nietzsche-Gesamtausgabe, in Ungnade. Als neuen Herausgeber will Elisabeth Rudolf Steiner einsetzen, einen Mitarbeiter des Goethe-Schiller-Archivs, der für sie aushilfsweise Friedrich Nietzsches Bibliothek katalogisiert hat. Der spätere Begründer der Anthroposophie, Verfasser von *Friedrich Nietzsche – Ein Kämpfer gegen seine Zeit* (1895), hat der Archivleiterin seine Interpretation von Friedrich Nietzsches Spätphilosophie vorgetragen. Trotz des guten Verhältnisses zu Elisabeth (»Ich stand damals im Banne ihrer einnehmenden Persönlichkeit«, gibt er später an) lehnt Steiner es jedoch ab, sich aus Karrieregründen gegen Koegel, dessen Arbeit er respektiert, ausspielen zu lassen. Wer seinen Dienst unter Elisabeth antrat, von dem wurde neben einer Ergebenheitsbekundung an die Adresse der Schwester Friedrich Nietzsches erwartet, daß er die Arbeit seines jeweiligen Vorgängers für null und nichtig erklärte. Soviel Charakter wie Steiner haben in dieser Situation nur wenige gezeigt. In einer denkwürdigen Aussprache zu dritt muß Elisabeth unter Tränen eingestehen, Koegel und ihn systematisch belogen und manipuliert zu haben. Das mündliche Eingeständnis hält sie zwar nicht davon ab, gleich darauf per Brief zu widerrufen; trotzdem gerät ihr Unternehmen in seine erste Krise, denn Koegel und Steiner kehren ihr den Rücken, und zwischen Sommer 1896 und Herbst 1897 steht Elisabeth schließlich ganz ohne Archivar da.

Doch dank guter Freunde und munter fließender Einkünfte aus Buchverkäufen kann sich das Archiv in dieser ungewissen Lage sogar eine Expansion erlauben. Seit seiner Gründung hat man sich im Nietzsche-Archiv das Weimarer Goethe-Schiller-Archiv zum

Vorbild genommen, immer wieder auch Personal von dort rekrutiert. Der Umzug des Nietzsche-Archivs nach Weimar im Jahr 1896 ist deshalb eine naheliegende Entscheidung, zumal nur etwa 40 Kilometer die Residenzstadt von Naumburg trennen. Zugleich manifestiert sich in der Wahl des Ortes Elisabeths Anspruch, dem Namen Nietzsche stehe ein Platz in der Ahnenreihe deutschen Geistes und deutscher Dichtung zu.

Im Sommer 1897 schließlich, als nach dem Tod von Franziska Nietzsche die Pflege ihres Sohnes und seines Erbes wieder zusammengelegt werden, bezieht das Archiv seinen endgültigen Standort. Meta von Salis erwirbt für ihre Freundin ein repräsentatives Haus, auf einem Hügel am Südrand Weimars gelegen: ein zweistöckiges Wohnhaus, bekannt als ›Villa Silberblick‹.

Die Herrin von Haus Silberblick

»Papa weißt du? Droben ist ein wahnsinniger Philosoph eingezogen!«[20]

In einer Sommernacht des Jahres 1897 trifft in einem eigens gemieteten Salonwagen Friedrich Nietzsche in Weimar ein, um seine letzte Adresse zu beziehen: Luisenstraße 30 (heute Humboldtstraße 36). Acht Jahre nach dem Zusammenbruch ist er inzwischen kaum noch ansprechbar, wirkt auch körperlich invalide. Von den Qualen seiner Mutter, die im April an Krebs gestorben ist, hat er nichts bemerkt. Angesichts seines neuen Heimes aber soll er, glaubt man der Darstellung seiner Schwester, geradezu in Begeisterung verfallen sein und immerzu »Palazzo, Palazzo« gerufen haben. (Es versteht sich von selbst, daß Elisabeth nach dem Umzug ein Gespräch unter vier Augen ›wieder einfällt‹, in dem Fritz ihr einst von seiner Sehnsucht nach Weimar gesprochen haben soll.) Wie vor ihm Goethe, Schiller, Herder, Liszt, so wird auch Friedrich Nietzsche in Weimar sterben, ohne jedoch in dieser Nachbarschaft seine letzte Ruhe zu finden.

Geheimnisvoller nächtlicher Einzug in die Stadt der Klassik, in ein stilles, einsames Haus am Stadtrand, aus dem des Nachts mitunter wilde Schreie dringen: Es wirkt wie die melodramatische Inszenierung des Topos von ›Genie und Irrsinn‹. Das alles erweist sich denn auch als im höchsten Maße publikumswirksam; das geheimnisvolle Haus auf dem Hügel wird von Gaffern förmlich belagert, kleine Jungen hören vom Einzug des wahnsinnigen Philosophen und erzählen es dem Vater weiter, wie der eingangs zitierte Sohn Karl Schefflers (eines Bekannten von Friedrich und Elisabeth Nietzsche aus der Basler Zeit). Scheffler stattet dem Haus Silberblick daraufhin einen Besuch ab: »Die Schwester Nietzsches führt mich in eine Art Salon. Er war schon damals pietätvoll fast ganz dem Andenken des großen Bruders gewidmet. Seine Bilder an den Wänden, Bücher, Manuskriptsammlungen von ihm überall in Ordnung aufgereiht, aber doch mannigfaltig zerstreut!« Man tritt ans Fenster, das auf eine alte, zerbrochene Windmühle blickt. »Frau Förster weist mit wehmütiger Miene auf sie hin: ›Ein Gleichnis unseres Daseins! Ohne Flügel!‹«[21]

Kessler besucht das Archiv in den ersten Monaten nach dem Umzug mehrfach und vermerkt im Tagebuch den repräsentativen, hier und dort ans Neureiche grenzenden Stil des neuen Hauses Nietzsche (unter anderem »Diener am Bahnhof; in Livrée; auf den Knöpfen fünfzackige Krone«); der Graf vermißt das Streben nach einem ästhetischen Gesamteindruck sowie eine Gästebadewanne. Abends, im eher kargen Gästezimmer unter dem Dach, notiert Kessler über das Gespräch mit der Hausherrin: »Über Nietzsches jetziges Leben spricht sie seit der Übersiedlung hoffnungsvoller. [...] Er wiederhole immer, daß alle Menschen hier so gut seien [...]; wenn er schlecht geschlafen habe, habe er manchmal kurze schlechte Launen, die damit endigten, dass er die Augen aufschlüge und sage ›Meine Schwester ist sehr gut‹. Das klingt Alles, wenn die Förster es erzählt, als ob sie von einem ganz kleinen Kinde berichte, das eben anfienge, sprechen zu lernen; sie scheint sich so daran gewöhnt zu haben, ihren Bruder als lallendes Kind zu betrachten, dass sie gar nicht mehr die entsetzliche Tragik, die in allem dem liegt, zu empfinden scheint.« (7. August 1897)[22]

Anderntags erfolgt Kesslers erste Begegnung mit dem, was vom Idol seiner Generation übriggeblieben ist: »Vor dem Frühstück führte mich die Förster in Nietzsches Zimmer. Er lag schlafend auf einem Sopha [...]. Die Hände sind wie Wachs grünlich violett geädert, und etwas geschwollen, wie bei einer Leiche. [...] Er war [...], trotzdem die Schwester ihn mehrmals streichelte und ›Liebling, Liebling‹ rief, nicht zu erwecken. So glich er nicht einem Kranken oder einem Wahnsinnigen, sondern eher einem Toten.« (8. August 1897)[23]

Und beim nächsten Besuch: »Um 10 zu Bett. Ich hatte noch keine Viertelstunde das Licht ausgemacht, als ich plötzlich durch das laute Brüllen des Unglücklichen unten aufgeschreckt wurde. Ich stand halb auf und hörte noch zwei drei Mal die langen, rauhen, wie stöhnenden Laute, die er mit ganzer Kraft in die Nacht hinausschrie; dann war wieder alles still.« (2. Oktober 1897)[24]

Audienz bei Nietzsche, das bedeutet für die meisten: Überwindung anfänglicher Angst, scheues Betrachten des zumeist nicht recht ›anwesenden‹ Kranken, der nur an Tagen vorgeführt wird, wenn er nicht schreit; es ist also nicht schlimm, was man sieht, vielleicht sogar erhebend (man gehört ja jetzt zu den Eingeweihten), denn mag der erste Eindruck auch der eines wandelnden Leichnams sein, die *Augen* sprechen eine andere Sprache. Im Blick konzentriert sich Friedrich Nietzsches Aura vor allem für jene Besucher, die in ihm einen Märtyrer der Erkenntnis sehen.

Gabriele Reuter: »Ich stand zitternd unter der Gewalt seines Blickes der wie aus unergründlichen Tiefen des Schmerzes auftauchend, schon nach einer Sekunde wieder versank.«[25] Irritierend ist so ein Blick, der stets überraschend kommt, denn die Augen des Kranken rutschen immer wieder weg; es ist für die Besucher schwer zu sagen, ob diese fast blinden Augen eines Umnachteten überhaupt blicken oder man sich das nur einbildet. Immerhin, man weiß, wen man vor sich hat, und versucht die Spur der genialen Aura aufzunehmen. Eine frühere Bekannte des Kranken meint im Jahr 1900 einer durch die Krankheit »unendlich vertieften Schönheit seelischen Ausdrucks« gegenüberzustehen: »Die Schönheit des Auges zumal, von keiner Brille mehr verhüllt, war geradezu überwältigend.« (Heute vergißt man oft, daß Friedrich Nietzsche, der auf keiner der berühmten Photographien eine Brille trägt, sie angesichts seiner extremen Kurzsichtigkeit ständig getragen haben muß. Nach dem Umzug nach Weimar hat keiner der Zeugen ihn mehr mit Brille beschrieben.) »Von diesen tieftraurigen Augensternen, die in die Ferne schweiften und doch nach innen zu schauen schienen, ging eine mächtige Wirkung aus, ein magnetisches geistiges Fluidum, dem sich keine sensitive Natur entziehen konnte.«[26]

Elisabeth Förster-Nietzsche stilisiert ihren zunehmend paralysierten Bruder nun systematisch zu einer Art Guru, kleidet ihn in »ein langes Gewand von dickem weißen Stoff, in der Art des Priesterkleides katholischer Orden«[27], und Zeugen beschwören die erhebende Wirkung dieses Anblicks herauf: »Wer Nietzsche in dieser Zeit gesehen hat, im weißen, faltigen Gewand halb liegend zurückgelehnt, mit dem Blick des Bramahnen [...], mit dem Adel seines rätselhaft fragenden Gesichtsausdrucks und der löwenhaft majestätischen Haltung seines Denkerhauptes, – der hatte das Gefühl, als ob dieser Mann nie sterben könne und sein Auge auf der Menschheit [...] in alle Ewigkeit [...] ruhen werde.«[28]

Bleiben der irritierende Blick und der fragende Gesichtsausdruck hier bei aller Schönfärberei noch beunruhigend, so bahnt sich in der letzten Phase von Nietzsches Krankheit eine Verschiebung in der Deutung der Gestalt in der Toga an. Das »marmorne Antlitz«, die »gemeißelten« Züge lassen den gelähmten Nietzsche nun als sein eigenes Denkmal erscheinen. Typisch hierfür ist die folgende Darstellung Ernst Horneffers (Archivmitarbeiter seit 1899, später Philosophieprofessor und Sektengründer[29]); dem irritierenden Blick ausweichend, wird hier kein lebendiger Mensch, sondern die Statue eines *Propheten* beschrieben: »Ich hatte mir Nietzsche ganz anders gedacht. Ich fand nicht den Grübler, den Markanten, Pikanten, den scharfen, schneidenden Aphorismen-Nietzsche. Das war ein anderer Nietzsche, den ich da sah, ein Prophet von göttlicher Schlichtheit, nichts Raffinirtes in seinem Wesen, mit einem Wort: der Zarathustra-Nietzsche. [...] Ich stand still, von Ehrfurcht gebannt. Das Erste, was ich sah, war die Stirn, die mächtige Stirn. [...] Als Gesunder war Nietzsche's Auftreten so bescheiden und schüchtern, daß der Gedanke an etwas ganz Außergewöhnliches und Hohes nicht aufkam. Mit der Krankheit schwand [...] die Verleugnung der eigenen Größe. Dem Eindruck

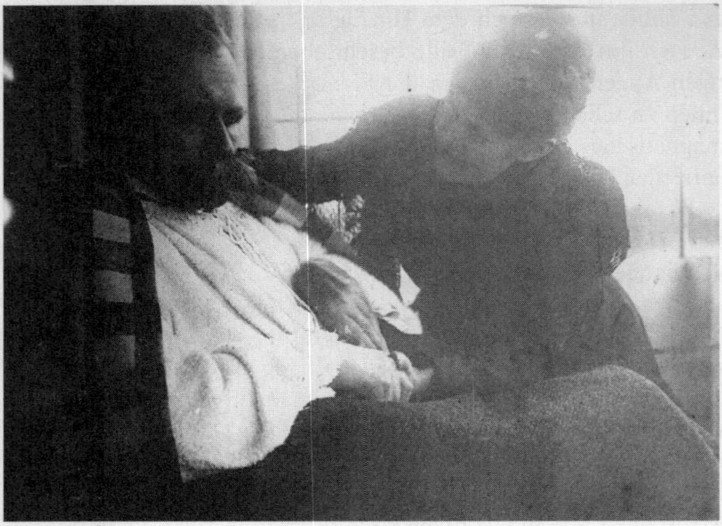

Elisabeth Förster-Nietzsche und Friedrich Nietzsche, 1899, Weimar

der Größe, den der Kranke machte, konnte sich kein Besucher entziehen. […] Das volle Haar war ganz schwarz […].«

Wenn die weiß umhüllte, seltsam alterslose Gestalt allerdings die Augen aufschlägt, stört plötzlich »ein grauenhaftes Bild des *Kranken*« die Andacht. Davon will Horneffer nichts wissen: Nur bei geschlossenen Augen ging von dem ruhig daliegenden Nietzsche »eine Souveränetät [sic!] aus, die eine Welt auf die Knie zu zwingen schien«. Doch trotz ihrer »unschönen« Begleiterscheinungen enthüllt die Krankheit – so Horneffer – in ihrem Verlauf mehr und mehr den wahren Nietzsche; erst dann wird dieser Prophet sich selbst – seinem höheren Selbst – ganz ähnlich sein, wenn die Krankheit ihr gleichsam bildhauerisches Werk vollendet hat: als Leiche. »Diese seltene Vornehmheit kam besonders auf dem Todtenbette zur Geltung. […] Am gewaltigsten aber, am schönsten war er auf dem Todtenbette. Da erschien er in Wahrheit wie ein todter Gott.«[30]

Grabreden

Eines Nachts im August 1900 ist es schließlich soweit: Blitze zukken über dem einsamen Haus auf dem Hügel, wo der Denker seinen letzten Kampf führt und – nachdem er noch einmal »Elisabeth« gerufen hat – verstirbt. (So jedenfalls der Bericht der einzigen Zeugin.)

Nietzsches letztes Wort, das wird in den folgenden Jahren der Dreh- und Angelpunkt in der Arbeit und Politik des Archivs. Mit Nietzsches Tod ist vor allem eines sichergestellt: Er wird nie mehr aufwachen und widersprechen können. Wie sehr man sich in Archivkreisen vor dieser wenn auch unwahrscheinlichen Möglichkeit fürchtete, zeigt der »große Schrecken«, der die Mitarbeiter ergriff, als sich der Zustand des Kranken um 1897/98 kurzzeitig zu bessern schien: »Er wird doch nicht wieder gesund werden?«[31]

Nun aber liegt Friedrich Nietzsche feierlich aufgebahrt im Archiv und wird nicht wieder aufstehen. Oder doch? Während der Trauerfeier – die Gäste stehen sich um den offenen Sarg herum gegenseitig auf den Füßen und müssen eine überlange, akademisch anmutende »Zergliederung« Nietzsches und seines Werkes durch den Berliner Philosophie-Professor Breysig anhören – phantasiert einer Nietzsches Auferstehung: »Wäre er jetzt aufgestanden, er hätte den Redner längst zum Fenster hinausgeworfen und uns aus dem Tempel gejagt.«[32] Der Tagträumer ist der Architekt Fritz Schumacher, und von Nietzsche-Tempeln versteht er durchaus etwas, hat er doch gerade selbst einen entworfen.

Friedrich Nietzsche soll nicht zergliedert werden, denkt auch Elisabeth; eine Obduktion, die ja Unangenehmes hätte zutage fördern können, hat sie verhindert. Man will jetzt endlich nur noch in Ruhe verehren. Allen gefällt daher die zweite Rede besser: Ernst Horneffer spricht »kurze und monumentale Worte« (Schumacher). Von Jugend und von Zukunft spricht er, und daß am Grabe Friedrich Nietzsches Trauer nicht erlaubt sei, denn: »Je mehr er hinschwand, desto lebendiger ward er. […] Dieser Mann, der hier im Sarge liegt, der ist nicht todt; wir, die wir ihn umstehen, wir sind Schatten, leichenfahle Schemen gegen das üppige Leben, das hier im Sarge blüht! Es gab nie einen lebendigeren Todten! […]

Ich glaube zu sehen, wie der Todte sich aufrichtet, wie er hoch aufsteht – und zu seinen Füßen stürzt sich eine Welt.«[33]

Anderntags wird Friedrich Nietzsche beigesetzt. Nicht, wie er es wünschte, in seiner Seelenheimat Sils-Maria, und auch nicht, wie seine Schwester vergeblich durchzusetzen versuchte, im Garten des Weimarer Archivs, sondern im Erbbegräbnis der Familie in seinem Geburtsort Röcken. Entsprechend provinziell fällt die Veranstaltung aus. Kessler vermißt bedeutende Namen unter den Trauergästen, seine charakterliche Beurteilung der Anwesenden fällt eher ungünstig aus: »ganz mittelmässige Menschen«[34]. Köselitz, inzwischen ans Archiv zurückgekehrt, darf in seinem stark sächselnden Tonfall die Grabrede halten. Er gehört zu der Handvoll Eingeweihter, die das Manuskript von *Ecce homo* gelesen haben, und weiß, daß Friedrich Nietzsche dort – in dem Moment, als er auf sein Leben zurückblickte und seinen kommenden Ruhm voraussah – geschrieben hat, er habe Angst davor, eines Tages heiliggesprochen zu werden. Es mutet wie eine geheime Rache des Schülers an, daß Köselitzens Grabrede, ein einziger Treueid auf seinen Lehrer, in dem Ausruf gipfelt: »Heilig sei dein Name allen kommenden Geschlechtern!«

Köselitz ist vielleicht die traurigste Figur in der »Schmeichelkomödie« auf dem von Elisabeth Förster-Nietzsche regierten »Lügenhügel«. Noch 1898 hat er sich gerühmt, vier Jahre zuvor »kurzen Prozeß« mit Frau Förster gemacht zu haben.[35] Tatsächlich hatte sie *ihn* gefeuert. Ein gewissermaßen dichterischer Umgang mit den Tatsachen des Lebens gehört wohl zum Charakter dieses Mannes, der als brotloser Künstler mit wallendem Haar nun jedoch allmählich in jenes kritische Alter gekommen ist, da auch der Aristokrat des Geistes sich nach einem bürgerlichen Wohnzimmer umzusehen beginnt. Jahrelang verlobt, ist er jedoch zu arm, um einen Hausstand zu gründen, da seine Komponistenlaufbahn rundum gescheitert ist. Heinrich Köselitz aus dem thüringischen Annaberg, wohnhaft ebendort, muß einsehen, daß das einzige, was seine Existenz aus der Durchschnittlichkeit zu erheben, seinen Namen vielleicht sogar unsterblich zu machen verspricht, seine Verbindung zum Hause Nietzsche ist. Als Elisabeth ihm die Sicherheit einer festen Stelle anbietet, geschieht dies aus zwei Gründen: Einmal braucht sie ihn für den letzten Teil ihrer Biographie als Informanten, um ihre Wissenslücken zu schließen; dann ist er immer noch der einzige, der die Handschriften aus der Spätphase zu entziffern vermag. Und so kehrt Köselitz als Herausgeber einer neuen, der dritten Gesamtausgabe aus der Verbannung ins Archiv zurück. Er verzichtet endgültig darauf, sich als Komponist einen Namen zu machen, und benutzt fortan nur noch seinen von Friedrich Nietzsche verliehenen *nom de guerre* Peter Gast. Doch gilt der Treueschwur am Röckener Grab in Wirklichkeit seiner Arbeitgeberin. Hat Gast, wie spekuliert worden ist, in Elisabeth so etwas wie eine ›Madonna‹ verehrt? Mag sein; eine solche Betrachtungsweise war für Gast sicherlich nicht ohne Reiz, machte sie ihn, den Friedrich Nietzsche vielleicht nicht zufällig *Peter* genannt hatte, doch zum heiligen Petrus einer nun langsam sichtbar werdenden Nietzsche-Kirche. Von der Basler Fakultät für protestantische Theologie aus, in den Augen Overbecks und seiner Freunde, sah der professionell betriebene Nietzsche-Kult dann auch nach einer Art von neuem Katholizismus aus, in dem Weimar sich die Rolle Roms anmaßte.[36]

Gasts Auftritt als »Oberpriester« am Röckener Grab markiert den Beginn eines neuen Abschnitts in der Geschichte der organisierten Nietzsche-Verehrung. Das Herausgeber-Karussell kommt endlich zum Stillstand, und eine Phase philologischer Geschäftigkeit beginnt – im Rückblick kann man sagen: die Phase, in der sich das Nietzsche-Archiv endgültig in eine florierende Fälscherwerkstatt verwandelt.

Ein augenfälliges Indiz dafür ist die Fälschung der Totenmaske. In der Eile ist diese nicht vom Fachmann abgenommen worden; die daraus resultierenden kleinen technischen Mängel nimmt Förster-Nietzsche zum Anlaß für eine prinzipielle Kritik: Sie besteht auf einer geschönten Version, die ihren Bruder so zeigen soll, wie er ›wirklich war‹. Nach seinem Tode beginnt so mit der Heiligsprechung zugleich die unaufhaltsame *Gesundung* Friedrich Nietzsches. Dieser dürfe von Künstlern »nur im Geiste seiner Lehre *kraftvoll* und *übermenschlich* dargestellt werden«, heißt es nun in Archivkreisen.[37] Da kein irrer Blick und keine Schreie die Idealisierung mehr stören können, beginnt das Nietzsche-Archiv damit, seinen Heros vom Märtyrer zum Propheten umzufrisieren, vom exemplarisch Leidenden zum großen Gesunden. Was Friedrich Nietzsche zum Volksaufklärer fehlt, ist lediglich eine Lehre.

Horneffers Totenrede hat auch hier den Weg gewiesen. Nebenbei erwähnt er dort *Schätze*, die in den nachgelassenen Papieren Friedrich Nietzsches steckten: Die veröffentlichten Werke seien nur Bruchstücke eines »Gesammtbaus«. Horneffer deutet damit an, es sei in den Zettelbergen so etwas wie ein geistiges Vermächtnis zu finden, ein ›letztes Wort‹, das alle die losen Enden in Nietzsches Schaffen zusammenführen werde. Zum eigentlichen Testament des Denkers, zu seinem letzten Willen und letzten Wort in der Philosophie, wird vom Archiv nun das erklärt, was im Nachlaß als Entwurf zu einem abschließenden »Hauptprosawerk« schlummert. Die Veröffentlichung dieses nie geschriebenen Nietzsche-Buchs gehörte von Anfang an zur inoffiziellen Präambel von Elisabeth Förster-Nietzsches Projekt; nach dem 25. August 1900 ist der Weg frei zum von langer Hand geplanten nächsten Schritt in der Monumentalisierung Friedrich Nietzsches. Im folgenden Jahr erfährt eine weltweite Lesergemeinde von der Veröffentlichung eines neuen Buches des jüngst verstorbenen Friedrich Nietzsche, Titel: *Der Wille zur Macht*. Es wird Geschichte machen als das einflußreichste Buch, das nie geschrieben wurde.

Nietzsche-Legenden

Hüterin der Schwelle: Als Frau im Namen Nietzsches hat Elisabeth Förster-Nietzsche darauf geachtet, ihre Textbeiträge auf dem Gebiet des sogenannten Paratextes, des *Beiwerks* zum ›eigentlichen‹ Werk anzusiedeln. Als Herausgeberin tritt sie zuerst 1893 in Erscheinung, mit der Erstveröffentlichung von Universitätsvorträgen ihres Bruders in der Zeitschrift *Das Magazin für Litteratur*. Frau Förster-Nietzsche, wie sie sich dort vorstellt, meldet ihre Ansprüche auf das geistige Erbe ihres Bruders nicht zufällig in einem *Vorwort* an. Immer geht es hier um *Nietzsche-Legenden*: Die Schwester nimmt für sich bereits 1893 und bis zu ihrem Ende in

Anspruch, mit einem gefälschten Nietzsche-Bild aufzuräumen, einer angeblichen Legendenbildung entgegenzutreten (wie etwa der, ihr Bruder sei in Lou Salomé verliebt gewesen). Es geht selbstverständlich darum, die Fälschungen und Legenden des Nietzsche-Archivs vorab zu rechtfertigen. Doch zugleich geht es in all diesen Zeitschriftenbeiträgen, Vor- und Nachworten, in ihrer Biographie, aber schließlich auch bei der Herausgabe eines Buches, das aufgrund *ihrer* Entscheidung den philologisch unhaltbaren, aber zugkräftigen Titel *Der Wille zur Macht* erhielt – in all diesen scheinbar bescheidenen Beiträgen geht es immer darum, *wie Nietzsche zu lesen sei*: die ›Legende‹ zum Werk. Als unermüdliche Popularisatorin begräbt sie den Text und seine Bewegung unter einem Berg banalster Anekdoten; berüchtigt beispielsweise ihre Erläuterung des Terminus »Wille zur Macht«: Dieser Gedanke soll ihrem Bruder angesichts eines preußischen Regiments im Krieg von 1870/71 gekommen sein, behauptet sie in ihrer Biographie. Diese Geschichte, mit einiger Sicherheit ist sie frei erfunden, dient einzig als *Illustration* von Förster-Nietzsches Auffassung dessen, was sie als ›Lehre‹ ihres Bruders betrachtete. Daß es eine solche Lehre, ein System, ein zusammenhängendes Gedankengebäude Friedrich Nietzsches gab, diese bis heute umstrittene Annahme besaß für die Schwester den Rang eines Axioms. In Anbetracht der Tatsache, daß jenes Gedankengebäude, daß die »Architektur nach *unserer* Seelen-Art« das *Labyrinth* zum Vorbild hatte, wie ihr Bruder bekundet hatte,[38] gewann die Frage nach dem Ausgang entscheidende Bedeutung. Friedrich Nietzsche mochte sich des öfteren in seinem eigenen Labyrinth verirrt haben; glaubte man dem Buch Lou Andreas-Salomés, so bewies sein Wahnsinn, daß er zuletzt nicht mehr herausgefunden hatte. Elisabeth Förster dagegen hatte schon auf ihrer Überfahrt nach Europa, in völliger Unbefangenheit den philologischen Tatsachen gegenüber, beschlossen, daß ihr Bruder ein »philosophisches Hauptprosawerk« hinterlassen haben mußte, ein »letztes Wort«, in dem sich der erfolgreiche Abschluß seiner Experimentalphilosophie manifestierte. Beim Lesen Friedrich Nietzsches ist es oft schwer zu entscheiden, ob das Labyrinth der Selbstanalyse sich als ›Goldschacht‹ erwiesen hat, aus dem der Autor mit geistigen Schätzen zurückgekehrt ist, die er uns überlegen präsentiert, oder ob er uns nicht eher bei Versuchsbohrungen mit offenem Ausgang zusehen läßt. Das von Elisabeth erhoffte geistige Testament aber sollte es rückwirkend erlauben, die verschlungenen Pfade seines Denkens sinnvoll anzuordnen, im scheinbaren Bruch die innere Kontinuität, im Zufall die Notwendigkeit zu erkennen. Unbestreitbar ist, daß Friedrich Nietzsche selbst davon geträumt hat, ein solches Werk zu verfassen; mehrfach finden sich sogar entsprechende Ankündigungen in seinen veröffentlichten Büchern, weshalb die Lesergemeinde der Einlösung des Versprechens durch die Schwester erwartungsvoll entgegensah. Unbestreitbar ist aber auch, daß er das über Jahre erwogene, immer wieder aufgeschobene Projekt einer systematischen Darlegung seiner Philosophie schließlich aufgegeben hat.

»Ich bin nicht bornirt genug zu einem System – und nicht einmal zu *meinem* System ...«,[39] notiert er im Herbst 1887; und fast noch bezeichnender heißt es in einem der zahlreichen Vorreden-Entwürfe: »vielleicht entdeckt man noch hinter diesem Buche das System, dem ich *ausgewichen* bin«[40]. Eine solche Formulierung schließt die Existenz eines ›Systems Nietzsche‹ nicht unbedingt aus; nur wird er selbst der erste sein, der ihm widerspricht. Gerade diese – den Autor Nietzsche charakterisierende – doppelte Geste geht in der Bearbeitung, die Elisabeth Förster-Nietzsche und ihre Herausgeber dem Nachlaß angedeihen lassen, verloren. Gefragt sind knackige Slogans, Werbesprüche, die sich auf Postkarten gut machen, Material für die Geschäfte der »Nietzsche GmbH«. Viele von Friedrich Nietzsche geprägte griffige Aussprüche sind um 1900 im Kulturgeschäft gängige Münze geworden; da liegt, wenn Ernst Horneffer auf die ungehobenen *Schätze* im Zettellabyrinth des Nachlasses hinweist, der Gedanke an die kommerzielle Ausbeutung einer derartigen Goldader nicht ganz fern. Dementsprechend heißt es dann auch in Elisabeth Förster-Nietzsches Vorwort zu *Der Wille zur Macht. Versuch einer Umwerthung aller Werthe* (1901), bei der Sichtung des Nachlasses seien »wir uns wie Schatzgräber vor[gekommen], die eine Kostbarkeit nach der anderen aus der Tiefe holen, mit ehrfürchtiger Scheu [...]«[41].

Ehrfurcht und Scheu gelten keineswegs dem vorliegenden Nachlaß, sondern einem Nietzsche-Werk, das nie existiert hat. Die Vorrednerin räumt ein, daß man nur ein Fragment jenes Hauptwerkes präsentieren könne; man habe anhand nachgelassener Skizzen die Intentionen des Autors jedoch vollständig rekonstruieren können. Und so findet doch noch alles ein gutes Ende: Nietzsches letztes Wort wäre »positiver Natur« gewesen, versichert seine Schwester und Biographin.[42] Von diesem angeblichen Wissen um die Absichten des Autors umrahmt, verweisen die in die Kompilation eingegangenen, teilweise stark ›geschönten‹ Nachlaßfragmente widerstandslos, quasi bruchlos auf das große Ganze, dem sie dienen; die Nietzscheschen Widersprüche sollen hier ihre schlußendliche Auflösung finden, verspricht das Vorwort zum *Willen zur Macht* doch »die Lösung jener Räthsel, die einem zuvörderst unbegreiflich und unvereinbar mit anderen Behauptungen erscheinen«[43].

In einem Dankesbrief an Elisabeth Förster-Nietzsche wird es später heißen: »Erst die Nachlaß-Eröffnung durch das Archiv, Hand in Hand mit Ihren Memoiren, hat uns den ganzen Nietzsche enthüllt.«[44]

Hier scheint es eher um die Enthüllung eines Nietzsche-*Denkmals* zu gehen, das den zerrissenen Denker heil und ›ganz‹ zeigt, gesundet von jener *décadence*, deren Merkmal laut Friedrich Nietzsche unter anderem die Vorherrschaft des Details gegenüber dem Ganzen ist. Am Detail mußte daher auch arbeiten, wer der Lesergemeinde ein »Hauptprosawerk« verkaufen wollte: Die Kanten der Gedankensplitter mußten entschärft, Widerhaken abgeschliffen werden. So entstehen »Aphorismen« zum Nachbeten. Die Kompilatoren verschärfen einerseits den Tonfall, indem sie aus jenen Nachlaßfragmenten, die in den *Willen zur Macht* übernommen wurden, bedächtigere Passagen entfernen; so fällt etwa Nietzsches Auseinandersetzung mit seinen philosophischen Vorgängern und sein wissenschaftlicher Anspruch der Zensur Elisabeths und Gasts zum Opfer.[45] Andererseits entschärfen die Kompilatoren Nietzsches beißende Polemik gegen das Christentum. Wie Dieter Fuchs in einer genauen Analyse der Fälscherarbeit des Archivs hervorhebt, wurde aber nicht etwa nur zensiert, gestrichen, entfernt; im Gegenteil, oft haben Förster-Nietzsche und ihre Helfershelfer ergänzt, gestreckt, den Gang der Argumentation künstlich verlangsamt, indem sie gleichartiges »Gedankenmaterial«, wie die Schwester sich ausdrückte, zusammenstückelten und an den dramaturgisch wichtigen Eckpunkten (Anfang und Ende von Kapiteln) möglichst eingängige Sentenzen plazierten.

»Ausführlichkeit erleichtert das Verständnis«[46]: auf dieses nicht sonderlich nietzscheanische Prinzip beruft sich Elisabeths Vorwort von 1901, und entsprechend umfangreich fiel dann die zweite, auf zwei Bände angewachsene Ausgabe von *Der Wille zur Macht* aus, herausgegeben von Gast und Förster-Nietzsche 1906. Nach dem Weggang Ernst und August Horneffers waren die letzten Bedenken verflogen; Gast hielt sich, wie Colli/Montinari in ihrer Analyse der Fälschungen schreiben, »manchmal für einen besseren Philosophen und Schriftsteller« als Friedrich Nietzsche.[47] So komponierte man unter freier Verwendung von Material, das Friedrich Nietzsche *verworfen* hatte, einen weiteren Verkaufsschlager. Bereits einem zeitgenössischen Kritiker fiel dabei die Rolle des Paratextes auf: »Der dem Bande gegebene Titel [...] führt irre und zeigt den Inhalt des Buches so wenig an, wie die Überschriften der einzelnen Abschnitte viel bedeuten. Dies will etwas besagen; denn durch diese Überschriften wird die Bedeutung des Buches geschaffen.«[48]

Nicht zufällig ist diese später ›kanonisch‹ gewordene zweibändige Version von *Der Wille zur Macht* zuerst als Taschenbuch veröffentlicht worden, in einer ›Volksausgabe‹; denn wie die meisten, die politisch den ›Völkischen‹ nahestanden, hat Elisabeth Förster-Nietzsche vom vorhandenen Volk nie viel gehalten und unter der Popularisierung Friedrich Nietzsches immer dessen Banalisierung verstanden. Mit der Produktion und dem Verkauf von allerlei Nietzscheana präsentiert das Archiv den Verkünder des »Pathos der Distanz« als Nietzsche zum Anfassen. Die philologische Arbeit wird kommerziellen Interessen unterworfen; im Weihnachtsgeschäft 1902 verbindet man die Präsentation einer neuen, verkaufsträchtigen Nietzsche-Herme – sie besitzt dem Künstler zufolge »die richtige Größe für den Schreibtisch« – werbewirksam mit der Veröffentlichung unbekannten Nachlaßmaterials.[49]

Im Jahrzehnt nach dem Tod Friedrich Nietzsches erscheint auch der Großteil seiner Korrespondenz, herausgegeben von seiner Schwester. Sie allein hütet diesen gefährlichen Schatz (für dessen

Erwerb das Archiv an die Briefempfänger teils erkleckliche Summen zahlen muß), wertet die Briefe für ihre Biographie aus – und fälscht sie mit der größten Unverfrorenheit. Ein Freund des Archivs beschreibt, »mit welchem Fleiß und mit welcher Ausdauer sie oft bis spät in die Nacht hinein im Interesse der großen Sache ihres Bruders schafft und arbeitet. Wenn alles weit und breit schon im Schlummer liegt, dann leuchtet – das einzige Licht in dem großen Dunkel – der Schein ihrer Lampe noch lange hinaus aus dem Fenster ihres Zimmers und leistet der rastlos thätigen Frau Gesellschaft [...] im besonderen hat auch Frau Dr. Förster ihre bestimmten Stunden, wo sie sich nicht stören läßt.«[50]

In diesen »bestimmten« Stunden, so darf man die Lobeshymne ergänzen, hockte die stark Kurzsichtige über den Briefen ihres Bruders, verbrannte, was ihre Legenden hätte widerlegen können, und ›korrigierte‹, was sie für ihre Zwecke ausschlachten wollte. Bekanntlich vertrat sie die Auffassung, seine Briefe an Lou Salomé hätten gar nicht der Russin, sondern einem quasi imaginären Empfänger gegolten, seinem »Ideal«. Falsche Adressen zu korrigieren erwies sich für seine Herausgeberin als ein überaus fruchtbares Arbeitsprinzip. Liebevolle Briefe Friedrichs an die Mutter verwandelten sich so mit Hilfe einfachster Verfahren in Huldigungen an Elisabeth; es mußte lediglich der Name der Mutter ausgelöscht werden. Was Elisabeths Briefausgabe als »Liebe Schwester« druckt, erscheint dann im Original oder auf dem Briefentwurf als »Liebe [Klecks]«. Wenn der Brieftext unpassende Bemerkungen über die Schwester enthielt, konnte das Dokument nach Bearbeitung durch die Herausgeberin aussehen, als sei es nur knapp einer Naturkatastrophe entronnen: zerrissen, zerschnitten, von Brandspuren gezeichnet. Die malträtierten Blätter bekam allerdings niemand genauer zu sehen – wenn sie nicht einfach nach Gebrauch vernichtet wurden. Im Vorwort des letzten Bandes ihrer Briefausgabe, der *Briefe an Mutter und Schwester* – darin sind 505 Briefe abgedruckt, von denen ganze 60 korrekt wiedergegeben sind! –, in einem weiteren ihrer Vorworte also stellt die Herausgeberin das Prinzip der *Urabschrift* vor: Als hätte sie geahnt, daß der Briefbestand von einem rätselhaften Schwund befallen war, daß beispielsweise im fernen Paraguay Kisten voller Dokumente verschwanden, hatte sie vorsorglich Abschriften angefertigt. Diese ›Urabschriften‹, nicht die Handschriften, wurden den Briefausgaben zugrunde gelegt, als wäre nicht bereits Elisabeths Kurzsichtigkeit Grund genug gewesen, ihre Entzifferungen anzuzweifeln.

Das Instrument der ›Urabschrift‹ – der Kopie als Original – erlaubte es nicht nur, vorhandene Briefe zu entstellen, sondern ermöglichte die Zusammenstellung ganz neuer Briefe im Stile Friedrich Nietzsches. Diesen zu kopieren fiel Elisabeth nicht leicht, mitunter aber griff sie selbst zur Feder und ließ sich von ihrem Bruder posthum bestätigen: »Du bist in Tautenburg zu schonend gegen mich gewesen.« Zum Vergleich: In einem Briefentwurf aus derselben Zeit, der Elisabeths Aufmerksamkeit zufällig entgangen ist, schreibt Friedrich Nietzsche an seine Schwester, er habe »noch Niemand gehaßt, Dich ausgenommen!«[51]

Die Fälscherin brauchte viel Überblick und mußte ihre Vernichtungsaktionen klug dosieren, um genug brauchbares Material vorrätig zu behalten; schließlich konnte ein zur rechten Zeit überraschend aufgefundener Brief oder Briefentwurf Friedrich Nietzsches immer helfen, Vorwürfe gegen seine Schwester zu widerlegen. Die Briefausgaben des Nietzsche-Archivs haben heute nur noch Kuriositätenwert, trugen zu ihrer Zeit jedoch maßgeblich dazu bei, Elisabeth Förster-Nietzsches Position zu festigen. Sie schrieb sich damit quasi eine testamentarische Vollmacht. Und das konnte sie auch brauchen, denn die Zweifel an ihrer Weimarer ›Hofhaltung‹ wurden lauter.

Elisabeths selbstherrliche Haltung Herausgebern, Verlegern und schließlich auch den Texten ihres Bruders gegenüber blieb in der Öffentlichkeit nicht unbemerkt. So fertigte der von ihr mit Klagen überzogene Verleger Naumann ein Dossier über sie an (sinnigerweise unter dem Titel *Der Fall Elisabeth*), in dem Frau Förster-Nietzsche als geradezu pathologische Lügnerin dasteht; von den geschaßten Archivmitarbeitern gingen bereits 1900 Rudolf Steiner, 1907 dann Ernst Horneffer an die Öffentlichkeit, um die Zustände im Archiv, insbesondere die unredliche Werk-Editionspraxis der Leiterin, zu kritisieren. Wie konnte sie sich trotzdem halten? Jürgen Krause vermutet einen »Vergötterungstrieb« in der Nietzsche-

Gemeinde: Elisabeth Förster-Nietzsche »bediente sich nur der Schwächen ihrer angeblichen Opfer, allerdings sehr geschickt unter Ausnutzung der emotionalen Betroffenheit des Publikums; denn die Nietzscheaner ehrten in der Schwester des Philosophen dessen Märtyrerschicksal, für das sie sich nachträglich mitverantwortlich wähnten. Dieses Schuldbewußtsein vieler Sprecher der deutschen Intelligenz bedurfte nur eines moralischen Appells, und die vermeintliche Wiedergutmachung in Form finanzieller Zuwendungen für die Mission Elisabeths war gesichert.« Das Spendenaufkommen, so Krause weiter, müsse »erheblich gewesen sein, durchaus vergleichbar den Einnahmen aus den Verlagsrechten«.[52]

Neben dem Grafen Kessler, der die bibliophilen Ausgaben von *Zarathustra* und *Ecce homo* (beide 1908) finanzierte, war es dabei vor allem *ein* Mann, der Elisabeth Förster-Nietzsche immer wieder aus finanzieller Bedrängnis half: Ernest Thiel, ein ehemaliger Stockholmer Bankier, der sein Leben der Pflege des Nietzscheanismus gewidmet hatte. 1901 trat er wegen der Übersetzung Nietzsches ins Schwedische an das Archiv heran; binnen kurzem gewann Elisabeth seine Freundschaft. Daß Thiel jüdischer Abstammung war, hielt ihn nicht davon ab, einen Nietzscheanismus mit deutschnationalem Einschlag zu pflegen und das Archiv der Witwe Bernhard Försters im Lauf der folgenden Jahrzehnte mit Hunderttausenden von Mark zu unterstützen. Elisabeths Dank sah im jüdischen Bankier gar einen »schwedischen Engel«, als sein Geld 1908 die Gründung einer Nietzsche-Stiftung ermöglichte. Offiziell in den von Thiel finanzierten Ruhestand geschickt, entfernte die heißumstrittene Förster-Nietzsche sich damit aus der Schußlinie; auf dem Papier hatte sie nach der Umstrukturierung keinen Einfluß mehr auf das Archiv. De facto aber blieb sie in allen Fragen letzte Entscheidungsinstanz. Sie war über sechzig, aber das Alter schien ihr nichts anhaben zu können. Viele Anhänger eines kraftstrotzenden Über-Nietzsche bewunderten die schiere Energie seiner Schwester und ignorierten die kritischen Stimmen – für sie Bedenken verstaubter Philologen: »Kein noch so gewissenhafter Mann hätte es der Schwester an leidenschaftlicher Fürsorge gleichtun können«, schrieb Richard Dehmel, der seinen Zeitgenossen als einer der größten deutschen Dichter galt, »und die Leidenschaft (mag sie auch manchen Mißgriff tun, den die Vernunft gewiß vermeidet), wirkt auf die Dauer doch überzeugender als die sogenannte Wissenschaft, auch im geistigen Leben der Menschheit. Was tut's, daß ein paar Manuskripte verloren gegangen sind: wenn nur die vorhandenen eindringlichst ins Weite getragen werden!«[53]

Als professionelle Witwe wußte Elisabeth Förster-Nietzsche, welche Rolle ihr in diesem Rahmen zufiel. Nach dem Tod Bernhard Försters hatte man über sie geschrieben: »noch über das Grab hinaus wirkt sein Geist in ihr fort«. Und so sollte es auch nach dem Begräbnis ihres Bruders sein.

Der Geist Friedrich Nietzsches aber ist im Europa der Jahrhundertwende, wie bereits angedeutet, überall und nirgends zu finden – ein Phänomen, das der Geisterkunde als typische Folge einer falschen Bestattung bekannt ist. Steven Aschheim weist darauf hin, daß sich im zweiten Jahrzehnt des Nietzsche-Kultus zahlreiche Aufsätze mit der Frage befassen: »Ist Nietzsche wirklich tot?« Wurde 1910 der Verdacht geäußert, die eigenen Anhänger hätten den Denker »kalt gemacht« – »keine zwei sind einer Meinung, jeder geht seine eigenen Wege [...] Nietzsche ist tot« –, so hält der Rezeptionsforscher Aschheim solchen verfrühten Grabreden entgegen, gerade die Zersplitterung des Nietzscheanismus und das Fehlen einer verbindlichen Organisation hätten bewirkt, daß Friedrich Nietzsche »einfach nicht zu begraben war«[54].

Davon konnte Elisabeth Förster-Nietzsche ein Lied singen. Mit dem Umzug auf den ›Silberblick‹ hatte sie den Plan verbunden, dem Bruder dereinst im Garten des Archivs eine Grabstätte zu errichten und somit das Haus für Nietzsche-Jünger auch nach seinem Tod zur zentralen Pilgerstätte zu machen.[55] Nach dem Scheitern dieses Plans haben Nietzscheaner, die die Aura ihres Meisters suchen, zwischen drei Orten die Auswahl: Mit dem Weimarer Sterbehaus konkurriert neben dem Röckener Familiengrab auch Sils-Maria, der Ort, von dessen Umgebung sich Nietzsche nicht nur inspirieren ließ (man denke an den ›Zarathustrastein‹, heutzutage ein beliebtes Touristenziel), sondern den er selbst für seine Grabstätte ausgesucht hatte.

Wenn der kritische Nietzsche-Forscher C. A. Bernoulli 1908 feststellte, die Nietzsche-Bewegung »bedurfte nur einer festen

Stätte – die Andacht, um einen Tempel zu erfüllen, war da«[56], so ist zu konstatieren, daß es Elisabeth Förster-Nietzsche nie gelungen ist, Weimar zu jener festen Stätte, zum Zentrum, kurz zum Bayreuth des Nietzsche-Kultes zu machen. Versucht hat sie es, und sie blieb nicht allein. Zusammen mit Harry Graf Kessler, dessen Freund Bodenhausen und dem belgischen Jugendstil-Designer Henry van de Velde hat sie sich nach dem Tode ihres Bruders bemüht, ein ›Neues Weimar‹ im Geiste des Nietzscheanismus zu begründen. In dessen Zentrum sollte das Haus Nietzsche stehen, im Anschluß an die geplante »Umwandlung seines letzten Heims in seinen ersten Tempel«[57].

Das Neue Weimar

Der Zug ins Monumentalische, der in der offiziösen Bild-Politik des Nietzsche-Archivs nach 1900 die bis dahin vorherrschende Neigung zum Kleinbürgeridyll verdrängt, verträgt sich durchaus mit einer Hinwendung zu modernen Stilformen. Nietzsche-Skulpturen entstehen, die man als präexpressionistisch bezeichnet hat; die Unterstützung der Archivchefin hängt dabei weniger von ihrem Kunstgeschmack ab (der unsicher war) als von den verschiedensten politischen Rücksichtnahmen einerseits, ihrem Geltungbedürfnis andererseits. Im letzten Band ihrer Biographie betont Elisabeth 1904 die Modernität ihrer Kulturpolitik gegenüber der Haltung Cosimas: Anders als Weimar könne Bayreuth »nicht mehr für den Hort des guten Geschmacks gelten«[58]. Zu diesem Zeitpunkt hat – mit entschiedener und wohl auch entscheidender Unterstützung Elisabeths – das sogenannte ›Dritte‹ oder ›Neue Weimar‹ begonnen, Gestalt anzunehmen. Des öfteren hat die Provinzstadt in ihrer Geschichte Kunstmetropolen wie Berlin oder München erfolgreich Konkurrenz gemacht; gefördert vom jeweils amtierenden Großherzog, haben sich um Goethe, später dann um Franz Liszt herum regelrechte Künstlerkolonien in »Ilm-Athen« angesiedelt. Nach 1900 avanciert im Zuge eines Trends zur Aufwertung der Provinz neben einer Stadt wie Darmstadt auch Weimar zu einem Zentrum der bildenden Kunst, insbesondere aber des Kunstgewerbes. Daß der belgische Jugendstil-Designer Henry van de Velde 1902 nach Weimar berufen wird – die Stelle eines künstlerischen Beraters für Industrie und Kunsthandwerk hat man eigens auf ihn zugeschnitten –, geht auf eine direkte Intervention Elisabeth Förster-Nietzsches bei Hofe zurück. Sie ist van de Velde, einem begeisterten Nietzscheaner, 1901 im Salon Cornelia Richters begegnet, auf Vermittlung Kesslers, der sich vom avantgardistischen Innenarchitekten seine Berliner Wohnung komplett hat einrichten und durchgestalten lassen. Ein Mann wie van de Velde kommt Elisabeth gerade recht, muß das Nietzsche-Archiv nach dem Tod seines besten Ausstellungsobjekts doch neue Wege finden, seine Räume in eine ›nietzscheanische‹ Aura zu hüllen. Die Umwandlung in ein reines Museum kommt nicht in Frage; die Leiterin legt verständlicherweise Wert darauf, mit den von ihr gehüteten Dokumenten unter einem Dach zu wohnen. Ein van de Velde mit seinem Anspruch auf Ästhetisierung des Lebens insgesamt, beginnend mit dem Wohnen, scheint Elisabeth geeignet, dem Haus seinen Status als Pilgerstätte zu sichern, indem er das Erdgeschoß in eine Art bewohnbares nietzscheanisches Kunstwerk umgestaltet – natürlich in Absprache mit ihr. Der großangelegte Umbau findet dann von 1902 bis 1903 statt, während Elisabeth Förster-Nietzsche auf Recherche für den letzten Band ihrer Biographie Europa bereist und sich zur Niederschrift nach Tautenburg zurückzieht. (Schon im Sommer 1882 hatte sie dort an der erwähnten Nora-Novelle gearbeitet.)

Mit dem repräsentativen Umbau des Nietzsche-Archivs, der Ernennung van de Veldes zum künstlerischen Berater (später auch zum Leiter der Kunstgewerbeschule), schließlich mit der Berufung Kesslers zum Leiter des Museums für Kunst und Kunstgewerbe nimmt das von Kessler, van de Velde und Förster-Nietzsche 1901 ersonnene Projekt ›Neues Weimar‹ Gestalt an. Förster-Nietzsches Rolle darin ist nicht frei von Zweideutigkeiten. Gewiß, ohne sie und ihren Einfluß am Weimarer Hof wäre es Kessler nicht möglich gewesen, der modernen Kunst – Kaiser Wilhelm II., Onkel des regierenden Landesfürsten, pflegte von »Rinnsteinkunst« zu sprechen – in Weimar ein Schaufenster zu schaffen; wenn Kessler den französischen Neoimpressionismus nach Weimar importierte, mußte das so wirken, als probe die Provinz den Aufstand gegen die Hauptstadt. Andererseits hat Elisabeth, als Kessler aufgrund des Drucks der Konservativen am Weimarer Hof bereits 1906 zurücktreten mußte, ihr Fähnlein nach dem Wind gerichtet – sicherlich, um ihren mühsam aufgebauten Einfluß bei Hof nicht zu gefährden, aber wohl auch deshalb, weil sie eben keine besondere Affinität zur Moderne besaß. Ihre berühmten ›Samstagstees‹ in den umgebauten Archivräumen praktizierten einen eklektizistischen Mix von Avantgarde und bürgerlicher Gemütlichkeit: Zwischen heroischen Nietzsche-Skulpturen und Blumentöpfen auf Spitzendeckchen traf sich eine Gesellschaft aus provinziellem Adel und kosmopolitischen Intellektuellen, die trotz einstimmigen Lobes für Elisabeths Waffelröllchen nie richtig zusammenwuchs. Musikaufführungen fanden statt und Lesungen der bedeutendsten Schriftsteller; Hofmannsthal, Rilke, Gerhart Hauptmann trugen im Nietzsche-Archiv vor. Das Niveau ihres Publikums dokumentiert – unfreiwillig – folgende Erinnerung Margarete Gräfin von Bünaus, einer Vertrauten der Archivchefin: »Eine Fülle geistiger Anregung, künstlerischer Genüsse bietet das gastliche Haus der Weimarer Gesellschaft. Gelehrte halten Vorträge. Oft singt und schluchzt der Flügel unter Künstlerhänden.«[59]

Wenige Tage nach Kesslers Rücktritt feiert die Herrin des Archivs ihren sechzigsten Geburtstag. Hunderte von Glückwünschen und Blumengeschenken beweisen, daß es inzwischen eine Art Elisabeth-Nietzsche-Kult gibt.

Die Diskrepanz zwischen offiziöser Verherrlichung des Propheten Friedrich Nietzsche und der Waffelröllchenkultur seiner Schwester vermittelt ein aus diesem Anlaß geschriebenes Spottgedicht Alfred Kerrs:

Die Übermenschin
Nietzsches Schwester sechzigjährig.
Aktus. Feiert sich gehörig.
Jubel-Dame, Bild geschenkt,
Festlich ins Archiv gehängt.
Im Hotel ist unterdessen

Großes Gala-Nietzsche-Essen.
Oben um den Lüster schwebt
Friedrich. Hätt' er's doch erlebt.
Komplimente. Wundersame
Blumenspenden. Telegramme.
Toaste. Reden. Dank. Sperenzchen.
Übermenschenkaffeekränzchen.

Angst vor Nietzsches Einfluß

Auch im Jahrzehnt nach seinem Tod fasziniert das Phänomen Nietzsche breite Publikumsschichten. Einige seiner kernigeren Formulierungen haben sich inzwischen verselbständigt und sind via Postkarten und Poesiealben in den Volksmund gelangt; der ›Einfluß‹ ist quasi vom flüssigen in den gasförmigen Zustand übergegangen – Nietzsche ›liegt in der Luft‹. Im Jahre 1901 ist bereits gerichtsnotorisch, was dieser Pop-Nietzsche geraten haben soll: »Wenn du zum Weibe gehst, vergiß die Peitsche nicht.« Dieses falsche Zitat gebraucht 1901 ein thüringischer Staatsanwalt im Gerichtsverfahren gegen einen Studenten, der seine Freundin erschossen hat – nach Auffassung des Gerichts eine Tat unter dem Einfluß Nietzsches, des wahnsinnigen Philosophen und bekannten Frauenhassers; die zersetzende Wirkung der Nietzsche-Lektüre auf einen geistig noch nicht gefestigten Jugendlichen wird schließlich als strafmildernd anerkannt.[60] Angst vor dem Einfluß Nietzsches, Nietzscheanismus als »geistige Seuche« von höchster Ansteckungsgefahr: Das Thema stammt aus den 1890er Jahren und findet seinen Platz in der populären Vorstellungswelt der Jahrhundertwende.

So erinnert sich der Psychologe C. G. Jung an seine Jugend: »Unter meinen Freunden und Bekannten wußte ich nur zwei, die sich offen zu Nietzsche bekannten, beide homosexuell. Der eine endete mit Selbstmord, der andere verkam als unverstandenes Genie.«[61] Als Heranwachsender hatte Jung Angst davor, durch die Lektüre des *Zarathustra* ebenso wahnsinnig zu werden wie dessen Verfasser. Und der Philosoph Martin Buber, wie Jung um 1880 herum geboren, berichtet, daß der *Zarathustra* sich seiner in jungen Jahren förmlich »bemächtigte«: »Dieses Buch, vom Verfasser als das größte Geschenk bezeichnet, das der Menschheit bisher gemacht worden sei, hat auf mich nicht in der Weise einer Gabe, sondern in der Weise des Überfalls und der Freiheitsberaubung gewirkt, und es hat lang gedauert, bis ich mich loszumachen vermocht habe.«[62]

Die größte Gefahr für die von Elisabeth und ihren Mitarbeitern mühsam aufgebaute Figur eines Über-Nietzsche war wieder einmal Friedrich Nietzsche selbst, hatte dessen exemplarisches Leben doch im Wahnsinn geendet. Die Auseinandersetzung um die Frage, ob diese Biographie heroisch oder pathologisch aufzufassen sei, als Leben eines großen Denkers, der zufällig unter Migräneanfällen litt und durch Überarbeitung zusammenbrach, oder als jahrzehntelange Verfallsgeschichte eines Kranken, aus dessen Werken diese Krankheit spricht – dieser Streit gewinnt nach 1900, da Nietzsche zum Propheten und Erzieher umstilisiert werden soll, an Schärfe. Paul Julius Möbius, Autor von populärpsychologischen Schriften wie *Über den physiologischen Schwachsinn des Weibes*, veröffentlicht 1902 eine Studie *Über das Pathologische bei Nietzsche*. Was Möbius' Schrift, neben der vom Verfasser vertretenen Syphilis-Diagnose, für das Archiv mehr als ärgerlich macht – er sieht die Geisteskrankheit bereits in Schriften wie *Jenseits von Gut und Böse* (1886) am Werk –, weckt bei anderen ein neuartiges Interesse an Nietzsche. Psychiatrische Fachkreise beginnen sich, etwa zeitgleich mit der literarischen Avantgarde, um die Jahrhundertwende verstärkt mit dem Denken von Wahnsinnigen zu beschäftigen. Im Wiener Kreis um Sigmund Freud beispielsweise werden Bücher wie die *Denkwürdigkeiten eines Nervenkranken*, verfaßt in der Irrenanstalt vom ehemaligen Senatsgerichtspräsidenten Daniel Paul Schreber, erörtert; und im Erscheinungsjahr von *Ecce homo* (1908) finden in den Arbeitsräumen Freuds rege Diskussionen über Friedrich Nietzsche statt. Die Sitzungsprotokolle zeigen ein merkwürdiges, aber charakteristisches Schwanken in Freuds Haltung: Einerseits will er von Nietzsche nichts wissen (»Nietzsche kenne er nicht«, notiert der Protokollant) und gibt, als müsse er sich dafür rechtfertigen, an, er habe Nietzsches Bücher nicht lesen *können*: »ein gelegentlicher Versuch, ihn zu lesen, sei an einem Übermaß an

Interesse erstickt«. Einer von vielen Seiten angesprochenen *Ähnlichkeit* zum Trotz, so Freud weiter, »könne er versichern, daß Nietzsches Gedanken auf seine eigenen Arbeiten gar keinen Einfluß gehabt hätten«. Von einem *Einfluß* aber ist in der vorangegangenen Diskussion nicht die Rede gewesen; dieses Thema bringt Freud ein, der damit, ob absichtlich oder ›unbewußt‹, die Aufmerksamkeit auf einen wunden Punkt in seiner eigenen Selbstdarstellung lenkt. Von diesem wird weiter unten noch die Rede sein.

Unter Freuds Anhängern ist das Interesse an Friedrich Nietzsche jedenfalls weit verbreitet. Anläßlich eines Psychoanalyse-Kongresses in Weimar statten Ernest Jones und Hanns Sachs – Schüler, enge Vertraute, später auch Biographen Sigmund Freuds – 1911 der Leiterin des Nietzsche-Archivs als kleine, inoffizielle Kongreßdelegation einen Besuch ab, der wohl im Rahmen der damaligen Bemühungen um eine Internationalisierung der Psychoanalyse zu sehen ist. Sachs hebt beim Tee die geistige Verwandtschaft hervor, die Freud mit Friedrich Nietzsche verbinde.[63] Unbekannt ist, ob Elisabeths Gäste auch deren Lieblingsfeindin Lou Andreas-Salomé erwähnt haben, die sich als Kongreßbesucherin in Weimar aufhielt. Das Wissen um diese Verbindung hätte vermutlich schon ausgereicht, Elisabeth Förster-Nietzsche auf Distanz gehen zu lassen; nach 1882 sind sich die beiden Frauen konsequent aus dem Weg gegangen. Während Lou ihre Gegenspielerin allerdings ›vornehm‹ ignorierte, erhob Elisabeth immer wieder Vorwürfe gegen Lou: Solche Frauen suchten »meist nichts als Liebesabenteuer«[64]. In der Taschenausgabe ihrer Biographie (1913) stellte Förster-Nietzsche angesichts wuchernder Spekulationen ein für allemal klar, daß »die große Passion oder die vulgäre Liebe dem ganzen Leben meines Bruders vollständig fern geblieben ist«[65]. Wenn sie gewußt hätte, wie man im Kreis um Freud über diesen dunklen Punkt im *Leben Friedrich Nietzsche's* diskutierte, hätte sie Jones und Sachs wohl kaum empfangen – hielten die Freudianer Nietzsches Geisteskrankheit doch für eine Syphilis-induzierte progressive Paralyse, erworben vermutlich in einem homosexuellen Bordell. Aus gutem Grund ist der Besuch der Freudianer im Nietzsche-Archiv folgenlos geblieben; was dessen Leiterin betraf, so war die Psychoanalyse definitiv ›nicht ihre Tasse Tee‹.

Das indische Grabmal

Im Jahre 1901 hat Henry van de Velde auf dem Röckener Dorffriedhof eine »grausame Enttäuschung« erleben müssen, konnte er sich doch »nicht vor einer eindrucksvollen Gedenkstätte oder einem Nietzsche würdigen Denkmal verneigen«.[66] Das Projekt eines Nietzsche-Denkmals, seit 1898 angedacht, beginnt wieder in den Mittelpunkt zu rücken, als sich mit dem Rücktritt Kesslers und den vergeblichen Versuchen, eine archiveigene Zeitschrift nach dem Vorbild der *Bayreuther Blätter* zu etablieren, das Scheitern des Projekts ›Neues Weimar‹ abzeichnet und der kleine, kosmopolitische Freundeskreis Weimarer Neuerer enger zusammenrückt. Mit der Idee, den 70. Geburtstag Friedrich Nietzsches am 15. Oktober 1914 durch die Einweihung eines Denkmals zu feiern, ruft Elisabeth Förster-Nietzsche Anfang 1911 das »Nietzschedenkmal-Komitee« ins Leben; sie versichert sich der Mitwirkung van de Veldes und legt, da das Archiv trotz Ernest Thiels Unterstützung keine eigenen Mittel für den Denkmalsbau aufbringen kann, die weitere Planung in die Hände Kesslers. Dieser macht sich das Projekt rasch zu eigen; van de Velde soll sich die Arbeit mit den Bildhauern Maillol und Max Klinger teilen, Kessler denkt an Kosten um 40 000 Mark und macht konkrete Vorschläge, wie das Projekt durch Spenden zu finanzieren sei. Mit Förster-Nietzsche einigt er sich auf den Bau eines kleinen Tempels am Abhang unterhalb des ›Silberblicks‹. Die Pfarrerstochter gesteht, »etwas so Großartiges« habe sie nicht geahnt, sie komme halt aus der alten Zeit, »wo Dtschl. noch so arm u. sparsam war«.[67] Doch wie sich bald zeigt, kann es Kessler, der seine Demütigung durch die Weimarer Kleingeister nicht vergessen hat, gar nicht großartig genug sein. Einen Monat später wartet er mit einem wesentlich erweiterten Plan auf, einem monumentalen »Festspielhügel«, zu dem ein Sportstadion gehören soll, dessen Seitenlänge in Kesslers Plänen schließlich bis auf etwa einen Kilometer anwächst. Die ganze Anlage soll von einer riesigen Apollon-Statue, für die der Tänzer Nijinski Modell stehen soll, sowie dem zentralen, durch van de Velde zu errichtenden Tempel beherrscht werden; dem *inner circle* in der Hierarchie der Nietzsche-Gemeinde vorbehalten, böte der

Tempel Raum für Lesungen, vor allem jedoch Musik und modernen Tanz, »Ruth StDenis und Ähnliches«, wie Kessler an seinen Freund Hugo von Hofmannsthal schreibt.[68] Als erster moderner Philosoph, so Kessler, habe Nietzsche »Schönheit und Kraft des Körpers [...] wieder mit den höchsten, geistigen Dingen in Verbindung gebracht«, und deshalb sei es »passend, daß im Anschluß an eine Gedenkstätte für Nietzsche ein der Jugend und der Kraft geweihter Platz entsteht«.

In Anlehnung an die seit 1895 wieder eingeführten Olympischen Spiele will Kessler die Turn- und Sportvereine, »diese ganze gewaltige jugendfrische Bewegung«, für den Nietzsche-Kult mobilisieren: »Das sind Hunderttausende.« Der Nietzsche-Kult soll zu den modernen Massenbewegungen (etwa der Jugendbewegung) aufschließen; dabei soll jedoch seine hierarchische Struktur, absteigend vom elitären *inner circle* bis zu den Massen, von der ›Bankiers‹- bis zur ›Volksausgabe‹, gewahrt bleiben. Mit dem Sportstadion wächst in den Plänen auch der Tempel, und zwar – seiner ›beherrschenden‹ Funktion entsprechend – in die Höhe, so daß er zuletzt einem Wachturm gleicht.

Kesslers Pläne müssen vor dem Hintergrund der damaligen allgemeinen Begeisterung für Nationaldenkmäler beurteilt werden. Auch die Verbindung von Monumenten mit »Kampfbahnen« war keine neue Idee. Neu war in erster Linie der prononciert kosmopolitische Charakter des Projekts: Nietzsches Geist, vertreten durch einen belgischen Architekten, einen französischen Bildhauer, ein russisches Modell, eine amerikanische Tänzerin ...

Und hier erhebt Elisabeth Förster-Nietzsche Einspruch. Ein »Sportplatz u. eine music-hall mit tanzenden Weiblein«? Bei dergleichen wisse man ja, »wie ordinär es enden wird«.[69]

Fortan hat Kessler eine Gegnerin in den eigenen Reihen; Förster-Nietzsche verlegt sich auf passiven Widerstand und blockiert, wo sie nur kann. Doch Kesslers Schwung scheint zunächst unwiderstehlich. So megalomanisch der Plan anmutet, es gelingt dem Grafen binnen kürzester Zeit, eine beeindruckende Liste europäischer Namen für die Unterstützung zu gewinnen, André Gide und Gerhart Hauptmann, Gustav Mahler, Edvard Munch, Max Reinhardt sowie Dutzende weitere; was die finanzielle Seite betrifft, so verspricht man sich einiges von Industriemagnaten wie Walther Rathenau oder Mäzenen wie Karl von der Heydt. Verwunderlich sind nicht unbedingt die Dimensionen des Projektes, gewissermaßen einer paneuropäischen Parallelaktion zum ebenso monumentalen Bauvorhaben der Nationalisten, dem ›Leipziger Völkerschlachtdenkmal‹, das 1913 eingeweiht wird; nein, verwunderlich ist, daß Kessler trotz seiner schlechten Erfahrungen meint, sein kosmopolitisches Projekt ausgerechnet in Weimar verwirklichen zu können.

Es kommt zu einer Pressekampagne gegen das die Thüringer Bürger »fremdländisch« anmutende Vorhaben. Gezwungen, Farbe zu bekennen, beruft Elisabeth Förster-Nietzsche sich auf ihren Bruder, genauer gesagt auf einen Brief, den eine Delegation von Denkmalsgegnern ihr im Archiv überreicht haben soll. Darin wende Nietzsche sich gegen die moderne »Nachäfferei des Griechentums durch dieses reiche, müßiggängerische Gesindel aus ganz Europa«, teilt Elisabeth dem Grafen Kessler mit. Unter Berufung auf diesen Phantombrief gelingt es ihr, sich – wie sie betont, gezwungenermaßen – von dem ganzen Projekt ohne offenen Bruch mit Kessler zu distanzieren.

Sie verfolgt nun einen eigenen Denkmalsplan. Für die Nietzsche-Statue favorisiert sie den thüringischen Bildhauer Karl Donndorf, der avantgardistischer Neigungen unverdächtig ist und sich zuvor in der Produktion der populären Nietzsche-Briefbeschwerer bewährt hat. Vor allem aber hofft Elisabeth, anläßlich des herannahenden Jubiläums doch noch die Genehmigung für ihr Lieblingsprojekt zu erhalten: Friedrich Nietzsche soll wieder ausgegraben werden und im Garten des Archivs endlich die letzte Ruhe finden.

Ob dieser Plan letztlich Erfolg gehabt hätte, bleibt der Spekulation überlassen. Nietzsches Geburtstag im Oktober 1914 wird überschattet von einem Ereignis im August, das dem Nietzscheanismus eine völlig neue Wendung geben wird.

Die Wasserscheide

Zur Feier von Friedrich Nietzsches 70. Geburtstag am 15. Oktober 1914 hatte Kessler ein Denkmal für den guten Europäer errichten wollen, ein Projekt, das, wie erwähnt, seit 1913 stagnierte. Nicht viel anders aber erging es dem von Elisabeth Förster-Nietzsche eingeleiteten Gegenvorhaben. Der Ausbruch des Ersten Weltkrieges im August 1914 besiegelt das Scheitern der Denkmalspläne und zugleich der Idee eines gesamteuropäischen Nietzscheanismus. Die deutsche Presse feiert Nietzsche im Oktober 1914 mit seltener Einmütigkeit als »Philosophen des Weltkriegs«[70]. Nach langen, vom Ferment Nietzsche beschleunigten Gärungsprozessen in der wilhelminischen Gesellschaft ist gerade unter Intellektuellen die Ansicht verbreitet, der Krieg werde die erstarrten Verhältnisse endlich aufbrechen. Zugleich wird die Opposition vom Kaiser mit seinem Spruch »Ich kenne keine Parteien mehr, ich kenne nur noch Deutsche« eingeladen, nicht mehr abseits zu stehen. Und vom sogenannten »Augusterlebnis«, dem massenhaften Einheitsrausch angesichts des Kriegsausbruchs, wollen auch viele Intellektuelle und Bohemiens, die eher regimefeindlich eingestellt sind, nicht ausgeschlossen bleiben. Die alten Gegensätze sind, so will es scheinen, bedeutungslos geworden: Im Marschgepäck junger Soldaten liegt die Bibel neben *Also sprach Zarathustra*. Auf die Heiligsprechung folgt eine »Deutschsprechung« Nietzsches, von der er sich bis heute nicht recht erholt hat. Nietzsche als Preuße, das paßt auch der antideutschen Propaganda in den Kram. So meinen Engländer, im Namen der Christenheit gegen ein dem *Antichrist* verfallenes Volk kämpfen zu müssen. Über Nietzsches angeblichen Einfluß auf die deutsche Kriegsführung heißt es 1914 in der englischen Presse: »Seit Beginn der Geschichte gibt es kein Beispiel dafür, daß sich je ein Land durch einen einzelnen Autor so der Moral entfremdet hat.«[71]

Dabei empfinden es englische Nietzscheaner wie Robert Graves, aber auch der Italiener Gabriele d'Annunzio oder der Franzose Drieu La Rochelle nicht als Widerspruch, wenn sie mit dem *Zarathustra* im Gepäck gegen Gleichgesinnte aus Deutschland und Österreich wie Harry Graf Kessler ins Feld ziehen. Denn der Philosoph, auf den sich diese Europäer einigen können, fordert die prinzipielle Bejahung des Krieges, der sie einander töten heißt. Was Nietzsche am Krieg bejaht, ist allerdings gerade das, was Kriegspropaganda immer nur dem Feind vorwirft: der Rückfall in die Barbarei. Nicht etwa gerechte Ziele rechtfertigten den Krieg, sondern einzig der Schrecken, den er bringe, jene blutige Gewalt, die »Mörder-Kaltblütigkeit mit gutem Gewissen« lehre, so Nietzsche. Daß die eigenen Soldaten Mörder sind, hört nun allerdings keine Propaganda gern, von Nietzsches Ausfällen gegen die Hohenzollern und »Europa's Flachland« Deutschland ganz zu schweigen. Wenn Friedrich Nietzsche im August 1914 zum Staatsphilosophen ausgerufen werden konnte, dann nur um den Preis der Zensur. Die hierfür zuständige Stelle ist bekannt: Weimar, Villa Silberblick.

Schon seit längerem hatte das Nietzsche-Archiv versucht, die Politik des Kaisers als Verwirklichung des Nietzscheanismus auszugeben. »Unser junger Kaiser gefällt mir immer besser«, sollte Friedrich Nietzsche 1888 angeblich geschrieben haben. (So heißt es in einem durch Elisabeth gefälschten bzw. erfundenen Brief ihres Bruders, veröffentlicht 1904 im letzten Band ihrer Biographie.) Die Hohenzollern-Feindschaft des Emigranten Nietzsche und seine Einschätzung: »der Wille zur Macht als Princip wäre den Deutschen schwer verständlich« verwandelten sich in der Lesart des Nietzsche-Archivs in eine Autorisierung Wilhelms II. als Nietzscheaner: »der Wille zur Macht als Princip wäre ihm *schon* verständlich!«[72]

Nietzsches »Deutschsprechung« ist Ausdruck einer Tendenz, die gewissermaßen zur politischen Grundausstattung des Archivs gehörte, bis zum Ausbruch des Krieges aber durch gegenläufige Interessen ausbalanciert worden war. »Wie stolz und glücklich würde mein Bruder über *dieses* Deutschland sein!« jubelt Elisabeth im Oktober 1914.[73] »Wenn mein Bruder heute lebte, würde er trotz seiner siebzig Jahre ins Feld ziehen.«[74] Nach einer gewissen Abkühlung ihrer Beziehungen zu Kessler aufgrund seiner »tanzenden Weiblein« weiß sie sich mit ihrem aristokratischen Freund endlich wieder einig. Auch Kessler betrachtet den Krieg als reinigendes Gewitter und hält es – wenigstens zunächst – nicht für einen Verrat europäischer Ideen, als er mit seiner Truppe in das neutrale Belgien einmarschiert, die Heimat seines Freundes van de Velde, der in Weimar inzwischen als ›feindlicher Ausländer‹ drangsaliert wird. Der *Zarathustra*, dessen bibliophile Ausgabe von 1908 van de Velde gestaltet hatte, wird vom Archiv nun in einer billigen, robusten »Kriegsausgabe« in den Handel gebracht. Sie findet reißenden Absatz; allein 1917 werden 40 000 Exemplare verkauft. Dem eigentlichen Text vorangestellt ist darin eine von Elisabeth besorgte Auswahl von »Nietzsche-Worten« zum Thema Krieg. Dabei handelt es sich um aus dem Zusammenhang gerissene, teils gekürzte, teils zu trügerischer Stimmigkeit *ergänzte* »Aphorismen« ohne Quellenangabe – Gebrauchstexte, Parolen »für unser herrliches tapferes Heer«, das, wie Elisabeth im Nachwort zur 5. Auflage der Kriegsausgabe, August 1918, ahnungsvoll schreibt, »Stärkung und Trost« brauchen kann. Wenig später ist der Krieg verloren, und die Hohenzollern-Monarchie macht einer Republik Platz, die sich ihre Verfassung in Weimar gibt, quasi vor Elisabeths Nase. Während des Krieges hatte sie deutsche Siege als Beweis der Überlegenheit der Monarchie über die Demokratie gefeiert: »Es kommt nicht auf die Masse an, sondern auf die Einzelnen, die großen Führer.«[75] Die Niederlage aber beweist in Elisabeths Augen nur den Verrat durch einen inneren Feind: »Das Heer an der Front war völlig unbesiegt«, meint sie; das »Heimatheer« sei »unseren tapferen Frontsoldaten in den Rücken gefallen. Die Sozialdemokraten [...] beschimpfen unsere besten und größten Führer. Deutschland bietet jetzt ein furchtbares Schauspiel, und jeden Tag wünsche ich mir den Tod.«[76]

Kapitel VII
»Der herrlichste Jünger Zarathustra's«

Verwirklichungen

Vom Ende her betrachtet, ergeben die Lebensläufe Lou Andreas-Salomés und Elisabeth Förster-Nietzsches, ihre Karrieren im Namen Nietzsches, einen Sinn, der vielleicht allzu offenkundig ist. Zwei Fotografien bieten sich an, ihnen diesen Sinn abzulesen. Beide sind nicht zufällig in Weimar entstanden, die eine 1911 vor dem Hotel *Erbprinz*, die andere 1934 vor dem nahe gelegenen Nietzsche-Archiv. Das ältere dieser beiden Bilder zeigt Lou Andreas-Salomé zusammen mit Sigmund Freud und den Teilnehmern eines Psychoanalyse-Kongresses, das zweite Elisabeth Förster-Nietzsche mit Adolf Hitler vor dem Portal des Nietzsche-Archivs. Tatsächlich haben die beiden Frauen, die eine mit 50, die andere mit beinahe 90 Jahren, sich am Ende ihrer jeweiligen Entwicklung zu Freud bzw. Hitler bekannt; die zwei Fotos tragen offiziellen Charakter, sie dokumentieren und inszenieren den Anschluß zweier berühmter Nietzscheanerinnen an die jeweilige ›Bewegung‹. Und repräsentieren die ›Bewegungen‹, die sich mit den Namen dieser beiden Männer, Freud und Hitler, verbinden, nicht auch zwei Formen des Nietzsche-Erbes, zwei antagonistische Spielarten des Nietzscheanismus?

Nach allem, was die vorangegangenen Kapitel gezeigt haben, dürfte klar sein, daß eine einfache, ungebrochene Annahme des Nietzsche-Erbes nicht möglich ist. Zudem muß, wer die Psychoanalyse oder den Nationalsozialismus auf Nietzsche zurückführen will, zur Kenntnis nehmen, daß nach allem, was man weiß, weder Freud noch Hitler dessen Werke studiert, vielleicht nicht einmal gelesen haben.

Um so gewichtiger, könnte man meinen, ist die Rolle der beiden »Schwestern« einzuschätzen. Hitler umwarb Förster-Nietzsche; seine Besuche im Weimarer Archiv erinnerten einen Mitarbeiter an Pilgerfahrten; nach Elisabeths Begräbnis aber ließ er sich dort nie wieder blicken. Auf der anderen Seite hat Freud nach Lous Tod behauptet, sie sei das »einzige wirkliche Band« zwischen ihm und Nietzsche gewesen – die einzige Verbindung, die er bereitwillig einräumte. Diese Erklärung ist auch insofern interessant, als ihr Adressat, der Schriftsteller Arnold Zweig, über Jahre hinweg und in stetem Austausch mit Freud das Projekt eines Romans über Nietzsches Wahnsinn erwogen hat. Darin sollten Lou und »Lisbeth« als Gegenspielerinnen auftreten, deren Kampf über das politische Schicksal des Nietzscheanismus entscheidet. Mit der Heimkehr des umnachteten Friedrich Nietzsche tun sich Zweig zufolge die »Pforten des Hades«[1] auf; »Lisbeth, die Spinne, die das Männchen gefressen hat, die das Männchen ist«[2], bemächtigt sich seiner – und von Anbeginn schwebt »der Schatten Hitlers über ihr«[3]. Lou dagegen soll den Traum des Philosophen repräsentieren, aus dem eigenen Labyrinth zu entkommen. Dieser Traum sei an der Wirklichkeit gescheitert: Lous »zentrale Imago, Ariadne, von der Realität besiegt, von Lisbeth, dem Nazi«.[4]

Eine solche ästhetisch befriedigende, symmetrische Gegenüberstellung – hier Lou und Freud (den Zweig für den wahren Verwirklicher Nietzsches hält), da Lisbeth und Hitler – stößt allerdings auf verschiedene Probleme. Es fällt ja schon schwer, Lou und Elisabeth als Nietzscheanerinnen zu bezeichnen: Denn während die eine im Namen ihres Bruders einen ›Förster-Nietzscheanismus‹ praktizierte, hat Lou sich auf Nietzsche, obwohl sie seinen ›positivistischen‹ Werken viel verdankte, nie berufen. Im Gegensatz zu Elisabeth und Hitler wollen weder Freud noch Lou einen Kampf um das geistige Erbe Nietzsches führen. Im Gegenteil: »Das ist für mich nicht zu berühren«, lautet Lous Antwort auf Zweigs Anfrage, ob sie ihm bei seinem Romanprojekt mit Auskünften behilflich sein kann. Daß Freud dem störrischen Zweig das Projekt von Anfang an ausreden will, mag man als Symptom von Einflußangst betrachten;[5] das Bedürfnis nach Distanz zu Nietzsche triumphiert jedenfalls über noch so übertriebene Schmeicheleien – so wenn Zweig seinem »Vater Freud« schreibt: »Ich sehe nämlich die Sache so, daß Sie alles getan haben, was Nietzsche intuitiv als Aufgabe empfand, ohne doch imstande zu sein, es mit seinem von genialen Inspirationen durchleuchteten Dichteridealismus auch wirklich zu erreichen. [...] Die Analyse hat sich alle Werte umgewertet, sie hat das Christentum überwunden, sie hat den wahren Antichrist gestaltet und den Genius des aufsteigenden Lebens vom asketischen Ideal befreit.«[6] *Sie* haben das alles getan und nicht Hitler – so könnte man ergänzen. Denn als Zweig seinen Brief schreibt, im Jahr 1934, scheint alle Welt, scheinen Gegner wie Anhänger Hitlers sich einig in der Meinung, die Verwirklichung der Gedanken Nietzsches sei der Nationalsozialismus. Was das betrifft, so gehen marxistische Kritiker wie Georg Lukács konform mit Rechten wie Ernst Horneffer.[7] »Mein Bruder ist der Begründer der großen Zeit, die wir heute erleben«,[8] erklärt Elisabeth Förster-Nietzsche einem Besucher kurz nach Hitlers Machtergreifung; ihrem jüdischen Mäzen Thiel berichtet sie 1934 von einer Tagung im Nietzsche-Archiv, auf der führende Nazis wie Alfred Rosenberg und Hans Frank gesprochen haben: »Ich fühlte deutlich, wie sehr mein Bruder in dieser ganzen Bewegung mitwirkte. Einer der Herren sagte: ›Für Sie sind diese Stunden eine gloriose Auferstehung Ihres Bruders.‹«[9]

Als eines der geistigen Fundamente des NS-Systems wird *Also sprach Zarathustra* 1933 zusammen mit zwei nationalsozialistischen ›Klassikern‹, Hitlers *Mein Kampf* und Rosenbergs *Mythus des zwanzigsten Jahrhunderts*, im Gewölbe des Tannenberg-Denkmals in Ostpreußen feierlich niedergelegt[10] – oder, wenn man so will, zu Grabe getragen. Arnold Zweigs Entwurf eines protopsychoanalytischen Nietzsche ist auch an der Gewalt solcher politischen Inszenierungen gescheitert, an der unübersehbaren großen Geste, mit der das Nazi-Regime sich des Nietzsche-Mythos bemächtigte. Es war jedoch ein langer Weg zurückzulegen, um diese scheinbare Selbstverständlichkeit zu etablieren; und der Weg zum Begräbnis Nietzsches im Namen des Nationalsozialismus führte über Weimar.

Mehr als zwei Jahrzehnte, ein Abgrund scheint das Weimar, das Hitler im Frühjahr 1934 besucht, von derselben Stadt im Jahr 1911 zu trennen, als die Internationale Psychoanalytische Vereinigung sich im Hotel *Erbprinz* zu ihrem Jahreskongreß versammelt.

Und doch geht es in beiden Fällen um den Anschluß an die Weimarer Tradition, an den Geist des Ortes.

Die von Sigmund Freud Ende des 19. Jahrhunderts begründete Psychoanalyse ist 1911 im großen und ganzen noch immer eine Veranstaltung von Wiener Juden; Freud selbst fürchtet den Vorwurf, es handele sich um eine »jüdische nationale Angelegenheit«[11]. Die Wahl des Kongreßortes soll ein Zeichen setzen, ähnlich wie fünfzehn Jahre zuvor der Umzug des Nietzsche-Archivs nach Weimar (oder auch, sieben Jahre später, die Weimarer Verfassung). Es geht darum, die Psychoanalyse vom Anschein jüdisch-wienerischer Insularität zu befreien, ihre Zugehörigkeit zum humanistischen Erbe zu betonen und sie an die internationale wissenschaftliche Diskussion anzuschließen. Unter der Leitung des Schweizers C. G. Jung, der seine Stellung als ›Kronprinz‹ Freuds nicht zuletzt seiner – so Freud – »arischen« Abstammung verdankt,[12] finden auch Gastvorträge statt. Lou Andreas-Salomé nimmt als Begleitung des schwedischen Psychiaters Poul Bjerre, mit dem sie gerade eine Affäre hat, am Kongreß teil. Als eine der berühmtesten Frauen ihrer Zeit besetzt sie auf dem Abschlußphoto eine zentrale Position (in der den weiblichen Kongreßteilnehmerinnen vorbehaltenen ersten Reihe), obwohl sie der psychoanalytischen ›Bewegung‹ gegenüber bis zu diesem Zeitpunkt Distanz gewahrt hat. Man schmückt sich mit ihr; Diskussionen Freuds oder Jungs mit der Autorin der *Gedanken über das Liebesproblem* und deren Fortsetzung in *Die Erotik* (1910) sind allerdings nicht überliefert.

Dreieinhalb Monate nach dem Weimarer Kongreß fällt in der Korrespondenz zwischen Freud und Jung der Name von »Frau Lou Andreas-Salomé Weimarer Angedenkens«: Die Autorin hat sich an Jung, den Redakteur des *Jahrbuchs für psychoanalytische und psychopathologische Forschungen*, gewandt, weil sie im Zentralorgan der psychoanalytischen Bewegung einen Essay veröffentlichen möchte. Jung präsentiert Lou in seinem Brief an Freud als eine Art Trophäe für die Psychoanalyse, eine öffentlichkeitswirksame Neuerwerbung, die »hinsichtlich der Erweiterung des Leserkreises und der Konzentrierung der geistigen Kräfte des gegenwärtigen Deutschland von Wert sein könnte, indem Frau Lou durch ihre Beziehungen zu Nietzsche von nicht unbeträchtlichem

Abschlußfoto vom Kongress der Internationalen Psychoanalytischen Vereinigung, 1911, Weimar

literarischen Rufe ist«[13]. Nicht als Autorin also ist Lou Andreas-Salomé für den Vorsitzenden Jung interessant, sondern wegen ihres Rufs und ihrer »Beziehungen« zum einflußreichsten Denker der Zeit (für den sich Jung, wie erwähnt, seit seiner Jugend interessiert, wenn auch mit gemischten Gefühlen).

Doch ist es vielleicht gerade die Nähe zu Nietzsche, dieser scheinbare Vorzug Lous, der Freuds Mißtrauen erweckt. Im Jahr zuvor hat seine Bewegung ihre erste große Krise durchgemacht, als der damalige ›Kronprinz‹ Alfred Adler gegen Freuds angebliche Überschätzung der Sexualität protestierte und sich dabei auf Nietzsches »Willen zur Macht« berief, um dieses Prinzip schließlich seiner eigenen Lehre, der sogenannten Individualpsychologie, zugrunde zu legen.[14] Schon lange vor diesem ›Abfall‹, im Jahr 1908, hatte Adler Nietzsche zum wichtigsten Vorläufer der Psychoanalyse erklärt. Freuds angebliche Unfähigkeit, die Schriften seines bedeutendsten Vordenkers zu lesen, und seine eiligen Dementis, was einen möglichen Einfluß Nietzsches betraf, boten und bieten bis heute Angriffsflächen. Denn wie schon Freuds erster Biograph Fritz Wittels feststellte, war es im Wien des Fin de siècle unmöglich, von Nietzsche nicht beeinflußt zu sein: Der Nietzscheanismus lag einfach in der Luft, und man hatte nur die Wahl, sich per Lektüre ein eigenes Urteil zu bilden oder aber den gängigen Klischees aufzusitzen. Im Falle Freuds spricht manches für die zweite Annahme, so die unsystematische, ja nachlässige Art, mit der Freud in seine Texte gelegentlich Slogans, Stich- und Schlagworte Nietzsches einfließen ließ. Andererseits äußerte Freud öffentlich seine Bewunderung für Nietzsches Fähigkeit zur Introspektion, die in der Geschichte der Menschheit »einmalig« sei. Sollte dieses Urteil lediglich auf Hörensagen und Sekundärliteratur zurückgehen?

Für Adler ging es bei der Berufung auf Nietzsche um eine Instanz, die es erlaubte, Freud den geistigen Alleinbesitz, die Vaterschaft an der Psychoanalyse streitig zu machen. Nietzscheanische Freud-Kritik verfährt bis heute nach demselben Schema: In einem Doppelschritt stellt man Freud einerseits als Plagiator, als bloßen »Nachdenker« Nietzsches (und eventuell Schopenhauers) dar, um zugleich den eigentlich skandalträchtigen Kern der Freudschen Lehre, die Rolle der unbewußten sexuellen Wünsche, zum bloßen Beiwerk zu erklären. (Daß Psychoanalyse nicht zuletzt eine Behandlungstechnik ist, fällt bei solchen Betrachtungen meist unter den Tisch.) Mit erstaunlicher Regelmäßigkeit sollte der Name Nietzsches in den folgenden Jahren immer dann fallen, wenn Freuds Schüler gegen ihren geistigen ›Vater‹ revoltierten. Vielleicht galt Freuds Skepsis gegenüber der Nietzsche-Freundin dem, der ihm diese unerwünschte Trophäe aufdrängte. Was Jungs nietzscheanische Neigungen betraf, so hätte Freud, wie sich bald zeigen sollte, Grund zum Mißtrauen gehabt.

Das Abschlußphoto des Kongresses im Hotel *Erbprinz* bringt Freuds ›überragende‹ Position sinnfällig zum Ausdruck. Man hatte ihn zu diesem Zweck auf einen Kasten gestellt; der hochgewachsene Jung macht sich, rechts neben ihm, absichtlich klein. Schon wenig später aber stürzt er ihn vom Sockel. Die inhaltlichen Hintergründe der Loslösung können hier nicht erörtert werden; festzustellen ist nur, daß der ›Kronprinz‹ die finale Revolte gegen seinen ›Vater‹ Freud im Namen Nietzsches führt. »Ich wäre nicht auf Ihre Seite getreten, wenn mir die Ketzerei nicht etwas im Blut läge«, schreibt Jung ein halbes Jahr nach dem Weimarer Kongreß an Freud. »Ich lasse Zarathustra für mich reden: ›Man vergilt einem Lehrer schlecht, wenn man immer nur der Schüler bleibt.‹«[15]

Die Brüderschaft und das Vaterproblem

Lou gerät also in eine gespannte, noch ungeklärte Lage hinein, als sie im Jahr nach dem Weimarer Kongreß Wien besucht, um mittels Vorlesungen, Diskussionen und persönlicher Gespräche näheren Aufschluß über die Psychoanalyse zu gewinnen, in die sie sich zuvor gründlich eingelesen hat. Von vornherein räumt Freud ihr das Privileg ein, als einzige sowohl an seiner Mittwochsrunde als auch am Donnerstagstreff der Adler-Anhänger teilzunehmen. Er sieht sie in der Rolle einer unabhängigen Beobachterin – eine Position, die vielleicht nur eine Frau einnehmen konnte wie sie: nicht die erste, wohl aber die berühmteste Frau, die sich der Psychoanalyse zuwendet. Freud wird später von den »Höhen« sprechen, »von denen herab Sie zu uns gekommen sind«, und noch in seinem Nachruf auf Lou klingt Stolz darüber durch, daß die Freundin Nietzsches und Rilkes in der Psychoanalyse ihr geistiges Zuhause gefunden hat. Schon 1912, als sie sich in Berlin mit einem von Freuds Getreuen unterhält, gerät dieser über ihr einzigartiges Verständnis für die Psychoanalyse geradezu ins Schwärmen. Das daraufhin an Freud geschickte Empfehlungsschreiben ist in der schwierigen Lage gar nicht hoch genug einzuschätzen und dürfte für seinen Meinungsumschwung verantwortlich sein. Hatte er von Frau Lou anfangs noch »Idealgeschwätz« erwartet,[16] so respektiert er in ihr nun »ein Frauenzimmer von gefährlicher Intelligenz«[17], um das es zu werben gilt, droht sie doch zu den Anhängern Alfred Adlers abzuwandern, wie Freud befürchtet.

Doch Lou hat sich bereits gegen Adler entschieden, als sie nach Wien reist. Als berühmte Schriftstellerin, über 50 Jahre alt, gibt sie das Schreiben mehr oder weniger auf, geht erneut in die Schule, um Psychoanalytikerin zu werden. Die Hinwendung zu Freud ist, wie sie selbst meint, der Wendepunkt in ihrem Leben. Warum?

Suche nach Hilfe für Rainer: Das ist einer der Gründe, die sie im Rückblick selbst angegeben hat. Zehn Jahre nach dem Ende ihrer Liebesbeziehung wendet sich Rilke, inzwischen ein anerkannter Dichter, an Lou noch immer wie an ein Orakel, das ihm verraten soll, wie es um ihn steht. Ihr gemeinsamer Briefwechsel trägt Züge eines psychotherapeutischen Gesprächs, in dem Lou die Rolle der verstehenden Heilerin spielt. Ihr gegenüber äußert Rainer auch sein Interesse an der Psychoanalyse, die ihm allerdings von vornherein unheimlich ist, denn er befürchtet eine »zu gründliche Hülfe«[18], die ihn seiner Fähigkeit zu schreiben berauben würde. Von einem solchen Ende des Schreibens hat er zuzeiten wie von einer Erlösung geträumt (etwa während einer langen Schaffenskrise nach Beendigung des *Malte Laurids Brigge*), wobei auch er sich, wie Paul Rée, ein Leben nach dem Schreiben nur als das eines Arztes vorstellen kann.[19] Ein solches Leben aber wird es für ihn nicht geben: Seine Dichterlaufbahn ist ungeachtet seines Ruhms eine Selbstgeburt ohne Ende, sieht er sich selbst doch bis zuletzt in der Rolle des Anfängers.[20]

Der Gedanke an ein Ende ihrer Karriere als Schriftstellerin gewinnt um 1910 auch für Lou an Bedeutung. Als Belletristin ist sie ein wenig aus der Mode geraten; sie selbst zweifelt in einer Aufzeichnung von 1912 gerade an jenem literarischen Genre, als dessen Vertreterin sie bis heute gilt: am »psychologischen« Roman, der Gefahr laufe, über allzu detaillierter Seelenzergliederung die Einheit seiner Figuren aus dem Blick zu verlieren.[21] Tatsächlich hat sie in ihren letzten Lebensjahrzehnten kaum noch Prosa verfaßt, und wenn sie auch nicht im eigentlichen Sinne Ärztin geworden ist, so hat sie ihren Lebensunterhalt doch fast ein Vierteljahrhundert lang als Psychotherapeutin bestritten.

Vielleicht war der Wunsch nach Aufgabe des Schreibens sogar einer der Gründe, der sie zu Freud führte. Immerhin hatte es im Jahr vor ihrer Begegnung mit Freud eine Art gescheiterter Generalprobe gegeben. 1910 war Lou an ein Werk des damals wie heute weithin unbekannten spinozistischen Philosophen Constantin

Brunner (1862–1937) geraten. Sie hatte sich voller Begeisterung mit dem Autor in Verbindung gesetzt, diesen in Berlin aufgesucht und ihm geschworen, sie werde nie wieder schreiben, sondern den Rest ihres Lebens seinem Werk widmen – dem Werk eines Philosophen, hatte sie betont, der viel bedeutender sei als Nietzsche. Die näheren Umstände dieser plötzlichen Bekehrung einer der berühmtesten und klügsten Frauen Europas zur Jüngerin eines Außenseiters liegen im dunklen. Was das ebenso jähe Ende der Geschichte betrifft, so behauptet eine Biographin Lou Andreas-Salomés, der Philosoph, dem so viel Begeisterung selber rätselhaft blieb, habe sich in Lou verliebt – mit dem üblichen tragischen Ausgang. So ist die Begeisterung Lous für Brunner Episode geblieben.[22]

Anbeten mußte er, hat Lou über Nietzsche geschrieben; fast scheint es, als habe sie, als sie auf die Fünfzig zuging, dasselbe unwiderstehliche Bedürfnis gespürt. Freud wird auch deshalb zum Wendepunkt, weil die Liebe zur Psychoanalyse es Lou ermöglicht, den wissenschaftlichen mit dem mystischen Zug in ihrem Charakter auszusöhnen.

»Im Rückerinnern will mir scheinen, als ob mein Leben der Psychoanalyse entgegengewartet hätte«, schreibt Lou später anläßlich von Freuds 70. Geburtstag. Zu den vorbereitenden Faktoren zählt sie auch die Begegnung mit Nietzsche, dessen geistige Entwicklung ihn »durch Gebiete psychischer Entdeckungen [...] oft möchte man davon sagen: psychoanalytischer Art« geführt habe.[23] Lou beruft sich implizit auf ihre Freundschaft mit Nietzsche, wenn sie fortfährt: »Wer es miterlebte, konnte wohl spüren: hier – hier, an dieser Stelle gilt es, sich geistig anzusiedeln.« Doch das Lebendig-Persönliche in Nietzsche habe sich vom Sachlichen nicht lange, nur für drei Bücher, bändigen lassen und »überschlug« sich bald in die »Grandiosität eines Gedankenrausches«.[24]

Nur ein *Arzt*, so Lou, habe weitergehen können, wo die Philosophen stehengeblieben oder sich, wie Nietzsche, »verflogen«. Was sie an Freud bewundert, ist, daß er im Gegensatz zu Nietzsche geistig gesund aus jenen Tiefengrabungen zurückgekehrt ist, die ihm über sich und die Menschheit die Augen geöffnet haben; nur ein nüchterner, skeptischer Denker wie Freud habe jene Wahrheiten anschauen können, ohne darüber wahnsinnig zu werden. Das entspricht dem Bild eines bescheidenen Gelehrten, das Freud in autobiographischen Schriften wie seiner *Selbstdarstellung* pflegte; ein größerer Gegensatz zum Prophetenkult des Nietzsche-Archivs und zum übersteigerten Selbstlob Nietzsches in *Ecce homo* ist schwer vorstellbar. Bedenkt man allerdings, daß Freud die Psychoanalyse als seine Schöpfung, sein geistiges Eigentum betrachtete, und ersetzt in seinen Formulierungen »die Psychoanalyse« probehalber durch »ich«, so könnte man fast meinen, der Gegensatz zwischen Nietzsches Größenwahn und Freuds Bescheidenheit sei lediglich der zwischen einem gescheiterten und einem erfolgreichen Ordensgründer und ansonsten eher stilistischer Natur.[25]

Noch heute gilt dem Psychoanalytiker und Psychoanalyse-Historiker Helmut Junker zufolge, daß ohne ein gewisses Maß an Liebe zum Menschen Freud, ohne eine »Übertragung« auf den Gründervater kein Psychoanalytiker arbeiten kann.[26] Doch das Beispiel Freuds ist zweideutig. Mit Paul Roazen, einem weiteren Historiker der Psychoanalyse, kann man Freud als einen exemplarischen Häretiker betrachten; sich mit einem solchen Mann zu identifizieren konnte ebensogut in die psychoanalytische Orthodoxie wie in den ›Abfall‹ von der Bewegung führen, und es waren nicht die schlechtesten unter den Freudianern der ersten Generation, die sich, oft nach Jahren treuer Dienste und bedeutenden Beiträgen, mit ihrem ›Vater‹ entzweiten. Indem er allzu gläubige Jünger verachtete, habe Freud, meint Roazen, den Widerstand seiner Schüler oftmals selbst provoziert.[27]

Schülerin Freuds zu sein war ein ganz anderer Fall. Freud kam es, so Roazen, »nicht in den Sinn, in einer Frau einen Konkurrenten zu sehen«[28]. Im Wiener Mittwochskreis bereitet man sich auf den hohen Besuch durch ein Referat über »Lou Andreas-Salomé als Schriftstellerin« vor; sicherlich ist man davon ausgegangen, daß die theoretischen Ausführungen Lous in *Die Erotik* (1910) auf eine reiche praktische Erfahrung zurückgingen. Eine private Bemerkung Freuds deutet sogar auf eine gewisse Angst vor erotischen Verwicklungen hin, die die berühmt-berüchtigte Frau Lou in die analytische Gemeinschaft tragen könnte, hält er es doch für angebracht, einem seiner Schüler zu versichern, die Interessen dieser Frau seien »wirklich rein intellektueller Natur. Sie ist eine hochbedeutsame Frau, wenn auch alle Spuren bei ihr in die Höhle des Löwen führen, keine heraus.«[29]

Von Oktober 1912 bis April 1913 hält Lou sich in Wien auf, besucht jeden Samstagabend ein Abendkolleg Freuds zur Einführung in die Psychoanalyse und nimmt an den Mittwochstreffen der Wiener Psychoanalytischen Vereinigung teil, des innersten Kreises der Freudianer. Angesichts der Gelegenheit, einer werdenden Wissenschaft anzugehören, spielt für Lou die Wiederbegegnung mit ihrer Wiener Vergangenheit kaum eine Rolle. Sie widmet sich ganz dem Studium; bezeichnenderweise ist ihr Tagebuch aus dieser Zeit posthum unter dem Titel *In der Schule bei Freud* erschienen. Ganz gelehrige Studentin, schweigt sie während der offiziellen Anlässe und äußert ihre Kommentare lieber im kleineren Kreis, in den Restaurants und Kaffeehäusern, die man nachher ansteuert. Lous theoretische Einsichten sowie die Einblicke in die Gruppenprozesse, die sie ihrem Tagebuch anvertraut, machen dieses zu einer wichtigen Quelle für die Geschichte der Psychoanalyse. Nicht aus Büchern und auch nicht durch Vorlesungen allein lernt man Psychoanalyse; theoretische Erkenntnis und persönliche Erfahrung müssen hier Hand in Hand gehen, wie Lou formuliert. Freud selbst teilt seinen Lesern in den *Vorlesungen zur Einführung in die Psychoanalyse* (1917) sogar mit, sie müßten *seine* Erfahrungen gemacht haben, bevor sie von der Psychoanalyse legitimerweise überzeugt sein dürften. Ab den zwanziger Jahren wird für angehende Analytiker eine Lehranalyse obligatorisch; um 1912 aber reichen einige Spaziergänge mit Freud unter Umständen schon als Qualifikation zum Psychoanalytiker aus. Und genau dies ist bei Lou der Fall. Freud überwindet anfängliche Vorbehalte, faßt mehr und mehr Vertrauen und widmet Lou viel Zeit; sie kommt ihn des Sonntags öfter privat besuchen, und wenn sie wie üblich bis spätabends diskutiert haben, begleitet er sie zu ihrem Hotel.

Doch nicht bei Freud allein geht sie in die Lehre. Zwar läßt sie den Donnerstagstermin bei Adler bald ausfallen, besucht dann aber eine Vorlesungsreihe des Psychoanalytikers Victor Tausk, über den sie notiert, er sei fast »*zu* Freudisch-exakt«. Tausk, ein vielseitig interessierter, menschlich schwieriger »blonder Dickschädel«[30], ist eine schillernde und zugleich tragische Figur. Als slawischer Jude kombiniert er für Lou, die in einem Aufsatz die Vereinigung von *Russische[r] Philosophie und semitische[m] Geist* angeregt hat,[31] zwei ihrer Lieblingsphantasien in sich. Zudem hält sie ihn für Freuds bedeutendsten Schüler (ein Urteil, das die Geschichte der Psychoanalyse bislang nicht bestätigen konnte). Zwischen dem 32jährigen Arzt und der 51jährigen bildet sich rasch eine Intimität heraus, die, wie in Lous Biographie so oft, von einer Liebesbeziehung schwer zu unterscheiden ist.

Wenn Lou im Tagebuch allerdings ein ominöses »Tun, dem wir uns ergeben« erwähnt, in das sie »durch Tausk hineingeraten« ist, so sind die gemeinsamen Kinobesuche der beiden gemeint. Die Erfahrungen mit dem Film, diesem ästhetischen »Aschenbrödel«, werden für Lou nicht ohne Folgen bleiben: Eine ihrer letzten literarischen Veröffentlichungen wird ein Schauspiel sein, in das ein Filmdrehbuch eingearbeitet ist. *Der Teufel und seine Großmutter* (1922) kann als einer der frühesten Versuche betrachtet werden, das Filmische als eine Art Sprache des Unbewußten einzusetzen.[32] Schon 1913, nach einem Kinobesuch mit Tausk, notiert Lou, daß »allein die Filmtechnik eine Raschheit der Bildfolge ermöglicht, die annähernd unserm eignen Vorstellungsvermögen entspricht und auch gewissermaßen dessen Sprunghaftigkeit imitiert«[33]. Für die gemeinsame kleine Sünde schwänzen Lou und Tausk mitunter sogar das Kolleg des Professors, eines notorischen Filmfeindes und Hobbyarchäologen, der vergebens zu »Lichtbildervorführungen über die neuesten Römischen Ausgrabungen« einlädt.[34] Ein emotionales Dreieck entsteht zwischen der Frau und den beiden Männern, Lou redet mit Freud über Tausk und mit Tausk über Freud. Zwischen dem Professor und seinem ehrgeizigen Schüler kommt es immer wieder zu Prioritätskonflikten, und anders als im Falle Adlers bemüht Lou sich, teilweise mißtrauisch beäugt, um Vermittlung. Als Freud ihr einmal Blumen schenkt, geht sie damit zu Tausk und gibt den Strauß dort ab. Bei einer anderen Gelegenheit, während eines Vortrags von Tausk zum Thema »Das Vaterproblem«, schiebt Freud einen Zettel zu Lou hinüber: »Weiß er schon alles?«

Freud kennt sich gut aus mit jener Version des phantasierten »Familienromans«, die um den Wunsch kreist, sein eigener Vater zu sein.[35] Als geistiger Vater der Psychoanalyse will auch Freud bei niemandem in der Schuld stehen – beispielsweise nicht bei Nietzsche. Zugleich hat er Schwierigkeiten, die Entwicklung seiner Schöpfung zu etwas Eigenständigem zu akzeptieren. Die Kehrseite der Internationalisierung der Psychoanalyse ist für Freud eine unaufhaltsame Verringerung seines persönlichen Einflusses. Nach seinem Tode, so fürchtet er, werde es zwar noch Psychoanalytiker geben, aber keine Psychoanalyse mehr.[36] Jung ist dabei, ihn zu verlassen, und nun scheint es, als sehe er sich nur noch von Verrätern umgeben. Eine Handvoll Getreuer, sozusagen die ›alte Garde‹ seiner Schüler, bildet 1913 das sogenannte ›geheime Komitee‹, um Freuds Erbe nach seinem Tod zu schützen; jeder von diesen Ordensbrüdern (eine Frau ist zunächst nicht darunter) erhält von Freud als Zeichen seines Vertrauens einen Siegelring, wie Freud ihn selber trägt. Parallel zu solchen Gesten des Vertrauens aber pflegt Freud eine prähistorische »Phantasie« über die Rolle des Vatermordes in der Kulturgeschichte:[37] In der (hypothetischen) Urhorde hätten die Brüder sich zusammengetan, um den Vater zu ermorden. Solche vatermörderischen Tendenzen – zumindest in der Phantasie – unterstellt Freud, wie er Lou anvertraut, auch seinen analytischen ›Söhnen‹, sicherlich Tausk, aber auch seinem damaligen Lieblingsschüler Otto Rank. In dieser Situation ist es wohl gerade Lous Position als Unbeteiligte, die ihr das Vertrauen Freuds sichert. Als Frau unter Männern, dabei von Freud keineswegs in die Tochterrolle gedrängt, betrachtet Lou die Kämpfe unter den Psychoanalytikern, und sie erscheinen ihr nicht nur als Vater-Sohn-Konflikte, sondern zugleich als unvermeidliche »Brüderzwistigkeiten«. Ebenso wie ihr bei Rank mißfällt, daß er »ganz nur Sohn« Freuds sein will, diagnostiziert Lou bei Tausk »ein gewaltsame[s] ›Sich-zum-*Sohn*-machen‹ wie auch ›Den-Vater-dafür-hassen‹. Wie durch Gedankenübertragung wird ihn stets dasselbe beschäftigen wie Freud, er wird nie den einen Schritt zur Seite gehn, der ihm Raum schaffen würde.«[38] Wenn, wie Lou meint, die Psychoanalyse »keine verblasene Mischung von Wissenschaft und Sektiererei«[39] ist, dann kann ihr Begründer nur *primus inter pares* sein, der erste unter den Brüdern – und später auch Schwestern. Die Fixierung auf Freud als Vater erschwert Übergänge, wie Lou sie aus ihrer Familie kennt; dort hat der älteste Bruder nach dem Tod des eher großväterlichen Generals die Vaterposition übernommen. Ein solches Gleiten zwischen der Figur des Vaters und der des älteren Bruders spielt auch beim »Abfall« Jungs eine Rolle. Freud drängt sich dabei die Erinnerung an den Tod eines jüngeren Bruders auf; Jung seinerseits deutet die Vater-Sohn-Metapher im Dezember 1912 als Teil von Freuds »Neurose«, empfiehlt seinem Lehrer, sich einer Psychoanalyse zu unterziehen, und nennt ihn »mein Bruder Freud«.[40] Doch solche »Unverschämtheiten« (Freud) bleiben gewaltsam und sind nur als Teil einer Loslösung von der analytischen Gemeinschaft denkbar – zumindest für einen Mann. Ihre Verstrickung in ambivalente Vater-Sohn-Verhältnisse konnten Freud und die (männlichen) Freudianer der ersten Generation anscheinend nicht entflechten, nicht *analysieren*. Fünfzigjährige Familienväter blieben lieber Söhne, beließen Freud auf seinem Podest und belauerten sich im ›Komitee‹ gegenseitig. Statt sich, wie in Freuds Phantasie, gegen den Vater zusammenzutun, pflegten sie ihren »Bruderkomplex«. Zumindest für die Geschichte der Psychoanalyse gilt, daß der gemeinschaftliche – und Gemeinschaft stiftende – Mord am »Urvater« sich nie ereignet hat. Tausk hat sich 1919 umgebracht, nachdem er, wie Freud meint, »sein Lebtag mit dem Vatergespenst gerungen« hat. Es ist typisch, daß Lou den Akzent anders setzt. Ihre Charakterisierung Tausks schließt mit den Worten: »Brudertier, du.«[41]

Die narzißtische Katze

Eine von wenigen Hörerinnen in Freuds Kolleg, war Lou in der Mittwochabend-Runde der Psychoanalytischen Vereinigung, dem *inner circle* der Freudianer, zumeist die einzige. Schweigend saß sie da, nie hat sie in diesem Kreis von Männern ihre Stimme erhoben. Am 1. März 1913 gibt Freud in *Das Motiv der Kästchenwahl*, dem Abschlußvortrag seines Kollegs, zum ersten Mal Antwort auf die Frage nach dem Wesen der Frau. Diese geht dem Mann voraus und gebiert ihn; ihr strebt der Mann in Liebe zu; und schließlich überlebt sie ihn, denn zur Mutter Erde kehrt er im Tod zurück.[42] Man kann darüber spekulieren, ob diese Beschwörung des Bildes einer Schicksalsgöttin, die dem Mann das Leben gibt, aber auch den Tod – machtvolles Gegenbild zu jenen dem Neid verfallenen Frauentypen, die Freud sonst darstellte –, ob Freuds Anrufung dieser »stumme[n] Schwester« sich an Lou Andreas-Salomé wendet. Der Professor hatte die Gewohnheit angenommen, seine Worte beim Vortrag an Lou zu richten, und starrte, wenn sie einmal fehlte, »wie gebannt in die Sitzlücke«. So auch diesmal: Lou liegt krank im Bett, und Freud, »meines Fixationszeichens beraubt«, spricht unsicher.[43] Der für die Frau reservierte Platz bleibt an diesem Tag leer. Man könnte dies für symptomatisch halten: In gewissem Sinne bleibt bei Freud für die Frau die Lücke reserviert.[44] Doch markiert die Frage nach der Frau eine Lücke auch im Freudschen Denken, einem System, das sich am Paradigma der männlichen Entwicklung orientiert und daher Schwierigkeiten hat, zu erklären, wie eine Frau ›wird, was sie ist‹.

Um diese Zeit hat Freud Lou bei einem ihrer Privatbesuche eine Geschichte erzählt, die man als eine Art Gleichnis auffassen kann, die Geschichte von der »narzißtischen Katze«. Dieses Wesen tauchte eines Tages im Arbeitszimmer Freuds auf und ließ sich bei ihm häuslich nieder. Obwohl er sich für gewöhnlich aus Katzen und Hunden nichts machte, bezauberte das Tier den Professor; er gab der Katze regelmäßig Milch, streichelte sie (mit der Stiefelspitze), und sie ließ es sich schnurrend gefallen, jedoch ohne die geringste Gegenliebe zu zeigen; »trotz seiner steigenden Liebe und Bewunderung« richtete sie »ihre grünen Augen mit den schiefen Pupillen kaltsinnig auf ihn wie auf einen beliebigen Gegenstand«. Schließlich erlag sie einer Lungenentzündung.

Einmal noch wird sie auftreten, diese Katze, die in Freuds Welt und Weltbild wenig zu suchen hatte und sein Arbeitszimmer nur für kurze Zeit verzauberte. »Sinnbild aller [...] Anmut des wahren Egoismus«,[45] wird sie Seite an Seite mit dem »reinsten und echtesten Typus des Weibes« in Freuds Abhandlung *Zur Einfüh-*

rung des Narzißmus (1914) wiederkehren, dann nie wieder: das Phantom einer ebenso perfekten wie unzugänglichen Weiblichkeit, die inkompatibel ist zum sonstigen Frauenbild Freuds und auf seine Begegnung mit Lou Andreas-Salomé zurückgeführt werden muß.[46] Und vielleicht nicht *nur* auf die persönliche Begegnung. Freud hat schon 1912 einen Beitrag Lous für die Zeitschrift *Imago* angefragt, über die »Ihnen so lieben Fragen des Frauenlebens«. 1913 veröffentlicht Lou mit *Zum Typus Weib* die erste psychoanalytische Arbeit, die sich ausschließlich mit dem Thema Weiblichkeit befaßt. Wie der Titel nahelegt, handelt es sich um eine Wiederaufnahme der Thesen aus *Der Mensch als Weib*: Erneut wird zur Charakterisierung der »typischen Weibseelenverfassung« die »Souveränität« der Eizelle beschworen, während der Mann, der schon bei der Begattung »verliert, was er besitzt«, in Kampf und Konkurrenz mit anderen Männern verstrickt ist. Mit dem »weiblichen Narziß«, den Lou präsentiert, taucht aber auch ein Problem aus ihrer voranalytischen Zeit wieder auf: Ist die Begegnung mit dem anderen möglich? Der Frau gelingt nur auf dem Weg der Mutterschaft, indem sie den anderen aus sich selbst hervorbringt, der Kniff, vollkommen narzißtisch zu bleiben und gleichzeitig zu lieben.

Damit endet Lous Aufsatz; sie schickt ihn sogleich an Freud, der gerade an seiner *Einführung des Narzißmus* arbeitet. Die Übereinstimmung zwischen Lous »Typus Weib« und dem »reinsten Typus des Weibes«, von dem Freud in seinem Essay spricht, ist evident. Es handelt sich um eine der wenigen Gelegenheiten, bei denen Freud die Frau nicht durch den Mangel, sondern durch einen Überschuß definiert. Der erwachsene Mann hat seinen ursprünglichen Narzißmus, der eine Mitgift aller Menschen ist, aufgeben müssen, um lieben zu können; er beneidet und begehrt in der absolut narzißtischen Frau, »dem häufigsten, wahrscheinlich reinsten und echtesten Typus des Weibes«, gerade diese Fülle, den intakten Narzißmus: »Solche Frauen üben den größten Reiz auf die Männer aus [...]. Es erscheint nämlich deutlich erkennbar, daß der Narzißmus einer Person eine große Anziehung auf diejenigen anderen entfaltet, welche sich des vollen Ausmaßes ihres eigenen Narzißmus begeben haben und sich in der Werbung um die Objektliebe befinden; der Reiz des Kindes beruht zum guten Teil auf dessen Narzißmus, seiner Selbstgenügsamkeit und Unzugänglichkeit, ebenso der Reiz gewisser Tiere, die sich um uns nicht zu kümmern scheinen, wie der Katzen und großen Raubtiere.«[47]

Freuds Werk öffnet sich in dieser Passage, deren Ausnahmestellung gar nicht genug betont werden kann, nicht nur zum Biographischen – der Persönlichkeit Lou Andreas-Salomés –, es nimmt auch Gedanken und Figuren Nietzsches auf. Dem weiblichen Katzen-Egoismus hatte der einen männlich-heroischen Löwen-Egoismus gegenübergestellt. Eine ähnliche Unterscheidung nun bei Freud: Der Mann »verarmt« in der Liebe, er bringt seine Libido quasi einem Gott zum Opfer – der anbetungswürdigen, absolut narzißtisch in sich ruhenden Frau. Doch steht im selben Text zu lesen, daß dieser reinste Typus männlicher Liebe in der Frau nur den eigenen Narzißmus wiederzufinden sucht, den der Mann selber »aufgegeben« habe. Auch der Mann liebt also »vom Narzißmus her«, genauso wie die Mutter ihr Kind oder Freud seine Katze. In ihrer Studie *Libido und Narzißmus* stellt die Psychoanalytikerin Lilli Gast denn auch fest, daß es Freud nicht gelingt, zwei sich ausschließend-ergänzende Richtungen der Libido zu beschreiben – *entweder* narzißtisch *oder* objektbezogen. Zu behaupten, bei der idealtypischen Frau befinde sich die Libido gänzlich *innerhalb*, beim – verliebten – Mann *außerhalb* des Ichs, heißt eine Ordnung schaffen, die insofern trügerisch ist, als jeder Mensch, wie Freud an anderer Stelle formuliert, »in gewissem Maße narzißtisch [bleibt]«[48]. Der Narzißmus ist somit mehr als eine zu überwindende Entwicklungsstufe (zeitlich in der frühen Kindheit, »topisch« im Ich zu verorten). In jeder Objektliebe spukt der »wiedergeborene Narzißmus«, den Freud gerade in der Liebe der Mutter zu ihrem Kind aufspürt, im Inbegriff der Selbstlosigkeit also. Den eigenen Narzißmus quasi überlistend, lieben Frauen demzufolge ihr Kind als einen Teil des eigenen Körpers, der ihnen »wie ein fremdes Objekt gegenüber[tritt], dem sie nun vom Narzißmus aus die volle Objektliebe schenken können«. Hier hätte sich ein Verweis auf Lou Andreas-Salomés *Zum Typus Weib* nicht schlecht gemacht als Abrundung der Hommage an Lou, die der gesamte Passus nach Meinung vieler Interpreten darstellt.[49] Eine recht zwiespältige Hommage wäre das allerdings, denn ohne Kinder bleibt Freuds »reinster Typus des Weibes« liebesunfähig. »Noch andere Frauen« tauchen indes – quasi als Anhang – in Freuds Weiblichkeitskatalog auf: Obwohl narzißtisch, brauchen sie dennoch »nicht auf das Kind zu warten«, um lieben zu können. »Sie haben sich selbst vor der Pubertät männlich gefühlt und ein Stück weit männlich entwickelt; nachdem diese Strebung mit dem Auftreten der weiblichen Reife abgebrochen wurde, bleibt ihnen die Fähigkeit, sich nach einem männlichen Ideal zu sehnen, welches eigentlich die Fortsetzung des knabenhaften Wesens ist, das sie selbst einmal waren.«[50]

Freuds Formulierungen lassen es hier, wie schon bei der Entlarvung der Mutterliebe, im unklaren, ob der Narzißmus zugunsten des Objekts »aufgegeben« werden muß. Daß die Idee einer Überlistung der Libido-Ökonomie Freud nicht unbekannt war, darauf hat Lilli Gast hingewiesen. Im Jahre 1882 hatte er nämlich, selbst in der »Werbung um die Objektliebe« stehend, an seine Verlobte Martha Bernays geschrieben: »Man muß mit Zärtlichkeit nicht kargen, was man von den Fonds verausgabt, ist durch die Ausgabe selbst von neuem ersetzt.«[51]

In diesem Sinne hat Lou Andreas-Salomé sich Freuds schillerndes Narzißmuskonzept mit positivem Vorzeichen zu eigen gemacht. Schon während des Studienaufenthalts in Wien notiert sie, daß »der Narzißmus an *allen* Schichten unseres Erlebens, unabhängig von ihnen, entlangläuft« und daher »nicht nur eine zu überwindende Lebensunreife, sondern auch eine wesenserneuernde Lebensbegleitung ist«.[52] In den folgenden Jahren macht sie die Theorie dieses »wahren« Narzißmus zu ihrer Heimatdisziplin innerhalb der Psychoanalyse.

Folgt man der Analyse von Lilli Gast, so markiert *Zur Einführung des Narzißmus* via Lou Andreas-Salomé den einzigen Berührungspunkt Freuds mit Nietzsche. Dennoch ist Freuds Behauptung, das »einzige wirkliche Band« zwischen Nietzsche und ihm sei Lou gewesen, fragwürdig – nicht nur, weil sie die schwierige Frage des Einflusses in die nach persönlichem Kontakt verwandelt. Wie sein Nietzsche-Bild aussah und welche Rolle Lou Andreas-Salomé dabei spielt, macht eine Anekdote aus ihrer Wiener Studienzeit deutlich. Freud hat sich auf einen Besuch von Lou durch die Lektüre Nietzsches vorbereitet. Doch liest er ihn nur, um – wieder einmal – festzustellen, daß er ihn nicht lesen kann. Als Inbegriff eines hohlen Pathos des Leidens, das Freud an Nietzsche mißfällt, liest er Lou jenes Gedicht vor, das mit den Worten schließt: »Hast du kein Glück mehr übrig, mir zu geben / Wohlan – noch hast du deine Pein!«

Er liest Lou also ihr eigenes *Lebens-Gebet* vor, das inzwischen unter Nietzsches Namen kursiert. Er hält Lou für Nietzsche. Zweimal hat Lou diese Anekdote erzählt, und beide Schilderungen gehen über diese Verwechslung eilig hinweg; man erfährt nichts über Freuds Reaktion bei der Aufklärung, wohl aber, daß die Autorin selbst sich von den »enthusiastischen Übertreibungen« ihres Jugendgedichts distanziert.[53] Tatsächlich dürfte dies der springende Punkt sein. Freud und Andreas-Salomé konnten sich jederzeit darauf einigen, daß »Nietzsche« der Name eines unreifen Geisteszustandes war: typisch jugendlicher Überschwang, Pubertätsphilosophie, »Konfusionismus«. Lou spielte dabei die Rolle derjenigen, die, obwohl anfällig für die Verlockungen philosophischer Spekulation, sich zur wissenschaftlichen Betrachtungsweise der Psychoanalyse durchgerungen hatte; Freud gab den nüchternen Forscher, der das philosophische Verlangen, jenes »denkerische Bedürfnis nach endgültiger Einheit der Dinge [...] kaum je nennenswert besessen« habe, wie er Lou versicherte.[54] 1896 hatte er allerdings noch bekannt: »Ich habe als junger Mensch keine andere Sehnsucht gekannt als die nach philosophischer Erkenntnis, und bin jetzt im Begriffe sie zu erfüllen, indem ich von der Medizin zur Psychologie hinüberlenke.«[55]

Den Nietzsche, der den Pakt zwischen Freud und Andreas-Salomé in Abwesenheit beglaubigte, hatten sie sich selbst zurechtgemacht als einen Metaphysiker, ja Mystiker reinsten Wassers. Dies führte jedoch zu einem blinden Fleck: Indem er sich von Nietzsche als Vetreter der Metaphysik distanzierte, übersah Freud, wie weit dieser sich selbst von der Metaphysik entfernt hatte und wie sehr »Nietzsches Pathologisierung des metaphysischen Denkens sich deckt mit dem Versuch Freuds, die Geschichte der intelligiblen Ideen analog zu paranoider Wahrnehmung zu begreifen und in die Psychologie des Unbewußten zurückzuverwandeln«[56].

Wenn es stimmt, daß »Nietzsches Denken wie ein Schatten über Freud lag«[57], dann machte Lou als einzige »wirkliche«, persönliche Verbindung zu Nietzsche es möglich, das Einfluß-Gespenst zu bannen und Nietzsche zu *vergessen*. Denn Lou stand dafür ein, daß Freud gesiegt hatte, wo Nietzsche gescheitert war. In *Zur Genealogie der Moral* spricht Nietzsche lobend von der »aktiven Vergesslichkeit, einer Thürwärterin gleichsam«, die der Aufrechterhaltung der seelischen Ordnung diene.[58] In diesem Sinne, so Pia Daniela Schmücker, habe sich Freud durch den Verzicht auf Nietzsche den Kopf freigehalten.

In seinem jahrelangen Abwehrkampf gegen Arnold Zweigs Bemühungen, ihn zum Erben Nietzsches zu erklären, schreibt Freud einmal: »Vor dem Nietzsche-Problem stehen für mich zwei Wächter, die mir den Eingang verwehren.« Nietzsches mögliche Homosexualität und der Einfluß der Paralyse seien ungeklärte Fragen, die es unmöglich machten, Nietzsches Lebensgeschichte zu schreiben. Doch die Biographie, um die es geht, die Lebensgeschichte, die Zweig auf keinen Fall schreiben soll, ist diejenige Freuds; und was die Rolle betrifft, die das »Nietzsche-Problem« darin spielt, so gilt der Satz des jungen Freud bei der Verbrennung seiner Aufzeichnungen: »Die Biographen aber sollen sich plagen.«[59] Die wirksamste Wache, die Freud vor dem Nietzsche-Problem aufgestellt hat, indem er sie zur einzigen Zeugin erklärt, deren Aussage »unverzichtbar« wäre, ist Lou Andreas-Salomé: »Das ist für mich auf keinen Fall zu berühren«, so ihre Antwort auf Zweigs Anfrage, »voller Schrecken wehre ich es ab.«

Eine »wirkliche« Verbindung zwischen Nietzsche und Freud hätte Zweig woanders suchen müssen. Wie man heute weiß, stand Freud als Student jahrelang dem bereits erwähnten deutschnationalen Pernerstorfer-Kreis nahe – wenn man so will also dem ersten organisierten Nietzsche-Kult, denn die wichtigsten Mitglieder dieses Zirkels leisteten Nietzsche 1876 in einem Brief ein förmliches Gelöbnis: Sie wollten sich an den Prinzipien orientieren, die er in *Schopenhauer als Erzieher* niedergelegt hatte. Das Scheitern dieser Gruppe in den 1880er Jahren könnte Freuds Ablehnung des Nietzscheanismus insgesamt festgelegt haben. Im Bemühen um eine konkrete politische Verwirklichung von Nietzsches Ideen nämlich stellten die überwiegend jüdischen Mitglieder des Pernerstorfer-Kreises sich als eine Art *think tank* ausgerechnet dem Populisten Georg von Schönerer zur Verfügung. Als dann während der 1880er Jahre der Antisemitismus in der österreichischen Bevölkerung, vor allem auch unter Studenten, stark zunahm, erklärte Schönerer – später eines der Vorbilder Hitlers – sich zum »Führer« der Antisemiten, und mit dem unvermeidlichen Bruch war der Versuch des Pernerstorfer-Kreises, eine zugleich jüdische, deutschnationale und nietzscheanische Politik zu betreiben, an seinen inneren Widersprüchen gescheitert.[60]

Ob und wie weit sich Freud an der Nietzsche-Begeisterung seiner Freunde damals beteiligt hat, ist unbekannt, nicht zuletzt deshalb, weil Freud seine Aufzeichnungen aus diesen Jahren vernichtet hat. Über die Einsiedlerexistenz des Philosophen war er jedoch ohne Zweifel gut informiert, denn sein Freund Joseph Paneth (ein Mitglied des Pernerstorfer-Kreises) hat Nietzsche 1883/84 in Nizza getroffen und mit diesem Diskussionen geführt, über die er Freud in Briefen berichtete.[61]

Der Nietzsche, von dem Freud seit den 1880er Jahren nichts mehr wissen wollte, dürfte der Wagnerjünger der frühen Jahre gewesen sein, der inzwischen unter antisemitische Studenten gefallen war. Da Freud dem Antisemitismus gegenüber nie die geringsten Konzessionen machte, war der Nietzscheanismus für ihn damit erledigt, und womöglich haben ihn Nietzsches Wandlungen danach nicht mehr interessiert.

Weimar gegen Weimar

Ebendiese Wandlungen vergessen zu machen war aber auch das Ziel der Politik des Nietzsche-Archivs seit 1914. Der erneute Anstieg der Verkaufszahlen des billigen *Zarathustra* im Herbst 1918, »als die Revolution ausbrach, die ich [Elisabeth] nur den Pöbelaufstand nenne«[62], beweist: Nietzsches Werk ist noch immer aktuell. Keineswegs aber will Elisabeth zulassen, daß man sich in demokratischen oder gar revolutionären Kreisen auf ihren Bruder beruft. Wie man sich im Namen Nietzsches zur Demokratie und sogar zum Pazifismus bekennen kann, ist für Elisabeth unverständlich; genau dies aber tut ihr Freund Kessler, der durch die Kriegserfahrung zum »roten Grafen« geworden ist. Sein Engagement für den Völkerbund und seine Sympathien für die deutsche Linke kommentiert Elisabeth mit der Bemerkung: »Ich begreife gar nicht, wie er zu diesen wunderlichen politischen Ansichten gekommen ist.«[63] Dabei kann Kessler sich immerhin auf Schriften berufen, die Elisabeth selber herausgegeben hat, ist doch in *Der Wanderer und sein Schatten* von einem »Völkerbund« die Rede und sogar von der zukünftigen Niederlegung aller Waffen. Doch diese Seite Nietzsches gerät nach 1918 mehr und mehr in Vergessenheit. Bereits während des Krieges hat das Archiv sich vom bürgerlichen Salon und Kulturzentrum zu einem politischen Veranstaltungsort entwickelt; nach 1918 fördert man von hier aus Autoren, die die Republik im Namen Nietzsches von rechts bekämpfen. So vergibt das Archiv den von einem Hamburger Kaufmann gestifteten Lassen-Preis für die beste im Geiste Nietzsches geschriebene Arbeit unter anderem an Ernst Bertram (*Nietzsche: Versuch einer Mythologie*) und Oswald Spengler (*Der Untergang des Abendlandes*).

Die vom Archiv prämierten Autoren lassen im Umgang mit dem Erbe Nietzsches keine übertriebene Sorgfalt erkennen. Ganz in Elisabeths Sinn spielen sie die Bedeutung von Nietzsches Bruch mit Wagner herunter und tun seine anschließende ›positivistische‹ Periode als unwesentlich ab. Und an die »Ewige Wiederkunft« habe nicht einmal Nietzsche selbst im Ernst geglaubt, behauptet Spengler (übrigens im Einklang mit sämtlichen rechtsextremen und nationalsozialistischen Zurechtmachungen, die Nietzsches Werk in der Folgezeit über sich ergehen lassen muß). Bertram, der seine Darstellung als »Versuch einer Mythologie« bezeichnet und sich damit von vornherein einen Freischein für Verfälschungen aller Art ausstellt, reduziert Nietzsches Kritik an Deutschland und den Deutschen auf ein bloßes Symptom unglücklicher Liebe: Ein tragisch gescheiterter »Überdeutscher« sei Nietzsche in Wirklichkeit gewesen, Prophet und Vorläufer eines kommenden deutschen Erlösers. Wer dieser Erlöser sein wird, das bleibt im dunkeln (obwohl Bertram seinen Mentor Stefan George im Auge hat), und diese Offenheit trägt zum großen Erfolg des Buches bei.

Ebenfalls mit dem Lassen-Preis ausgezeichnet, verspricht der Privatgelehrte Oswald Spengler in *Der Untergang des Abendlandes* nicht weniger als ein umfassendes »morphologisches« System der Menschheitsgeschichte; mit seiner Zyklentheorie meint er aus Nietzsches »Ausblick einen Überblick gemacht zu haben«[64]. Eine nach Hunderttausenden zählende Leserschaft ist tief beeindruckt, wenn Spengler mit der größten Selbstverständlichkeit von der Kunst der Antike zur Entropie springt (»bekanntlich das Thema des zweiten Hauptsatzes der Thermodynamik«[65]).

Übrigens verfehlt Spenglers Verbindung von geistes- und naturwissenschaftlicher Spekulation ihre Wirkung auch auf Lou Andreas-Salomé nicht. 1919 wird sie bei der Spengler-Lektüre von einer weiteren Begeisterungsattacke erfaßt und fragt bei Rilke, dem sie die Bekanntschaft mit dem *Untergang des Abendlandes* verdankt, wegen der Adresse des Autors an. Doch zu einer Begegnung ist es nie gekommen, Spenglers Einfluß bleibt Episode wie Lous kurzfristige Begeisterung für Brunner.

Spengler und den geistesverwandten Autoren der sogenannten ›konservativen Revolution‹ geht es nicht zuletzt darum, der Linken den Sozialismus streitig zu machen. ›Vaterland der Werktätigen‹ ist für Autoren wie Spengler und Ernst Jünger nicht die Sowjetunion, sondern das Deutsche Reich: künftige Heimat eines autoritären, *preußischen* Sozialismus, der sich auf Soldatentum und ›Augusterlebnis‹ stützen solle. (Was das Proletariat betrifft, so gilt nach Spengler: »Jeder echte Deutsche ist Arbeiter.«[66]) Um nachzuweisen, daß in diesem Sinne auch Nietzsche – ohne es zu wissen – ein deutscher nationaler Sozialist war, verweist Spengler im *Untergang des Abendlandes* auf die Geburt des Prinzips ›Wille zur Macht‹ aus dem Geist des preußischen Militarismus.[67] Von dergleichen ist nun allerdings in Nietzsches Werken nicht die Rede, nicht einmal im gefälschten *Willen zur Macht*. Die einzige Verbindungsstelle zwischen dem ontologischen, keineswegs nationalen Prinzip ›Wille zur Macht‹ und dem Preußentum findet sich in *Das Leben Friedrich Nietzsche's*[68]. Auf einem ihrer letzten gemeinsamen Spaziergänge, so behauptet die Autorin, habe der Bruder ihr erzählt, wie er im Krieg von 1870/71 einmal einem preußischen Regiment begegnet sei; unter diesem Eindruck sei ihm der Gedanke jenes philosophischen Prinzips gekommen. (Neben Spengler hat sich übrigens auch Ernst Jünger Elisabeths Anekdote für die Konstruktion eines preußischen Nietzsche zu eigen gemacht.[69])

Inzwischen der Deutschnationalen Volkspartei beigetreten, versucht Elisabeth Förster-Nietzsche zu Beginn der zwanziger Jahre, Spengler, der auch über ausgezeichnete Kontakte zur Großindustrie verfügt, für das Nietzsche-Archiv zu gewinnen; sie lädt ihn regelmäßig zu Vorträgen ein, und auf ihr Betreiben wird er schließlich in den Stiftungsvorstand gewählt – als rechtsradikaler Gegenspieler des »roten Grafen« Kessler. Förster-Nietzsches Vorwort zu einer weiteren tendenziösen Sammlung von »Nietzsche-Worten«, die sie 1922 herausgibt, zeigt, in welchem Maße sie sich Spenglers gesellschaftspolitische Vorstellungen zu eigen macht: Ihr Bruder (»er hat ja alles vorausgesehen«) habe sein aristokratisches Ideal der Vornehmheit, des »bedürfnislosen Weisen«, so betont sie, »in allen Ständen gefunden«, gerade auch im »Arbeiterstand«[70].

Spengler steht mit dem Weltkriegsgeneral Ludendorff in Kontakt, einer Symbolfigur der Rechtsextremen in der Weimarer Republik. 1923 scheitert der Versuch Ludendorffs und Hitlers, gegen die bayerische Staatsregierung zu putschen und von München aus – nach dem Modell von Mussolinis faschistischer Machtergreifung im Jahr zuvor – einen »Marsch nach Berlin« zu beginnen. Diesen versuchten Staatsstreich wertet Elisabeth als »vaterländisches Bestreben« und findet den Prozeß gegen die Putschisten »zum Weinen«. In dieser Einschätzung weiß sie sich mit ihren Mitarbeitern einig. Tatsächlich sind es gerade ihre Angestellten, die das Archiv immer radikaler nach rechtsaußen drängen. Das Erscheinungsbild der Villa Silberblick prägen nach 1918 deklassierte Bildungsbürger wie Elisabeths Vettern, der ehemalige Berufssoldat Max Oehler, der von Spartakisten aus dem Amt gejagte Bürgermeister Adalbert Oehler und der Bibliothekar Richard

Oehler; sie haben während der Nachkriegswirren im Archiv Lohn und Brot gefunden, und Max Oehler wird Elisabeths engster Mitarbeiter. Im Auftrag des ultrarechten Alldeutschen Verbandes kompiliert er während der zwanziger Jahre eine Reihe von Bänden mit »Nietzsche-Worten« für den Gebrauch in der nationalistischen Jugendbewegung.[71] Seit 1919 von den Deutschnationalen regiert, entwickelt sich die Stadt Weimar rasch zu einem Zentrum des antidemokratischen Kampfes gegen »Weimar«; zugleich werden die Spuren des »Neuen Weimar« getilgt, und das Bauhaus – Nachfolger von van de Veldes Kunstgewerbeschule – muß 1925 schließlich nach Dessau umziehen. Der fortschreitenden Provinzialisierung stellen die Festtage des Nietzsche-Archivs jedoch weiterhin einen gewissen europäischen Glanz entgegen. Gelegenheit dazu bieten neben Geburts- und Todestag Friedrichs die immer bombastischeren Geburtstagsfeiern Elisabeths. Hunderte von Glückwunschtelegrammen pflegen bei runden Jubiläen einzutreffen; 1921 wird ihr zum 75. Geburtstag als erster Frau die Ehrendoktorwürde der Universität Jena verliehen. Elisabeths Ruf als »beste Schwester, die ein Mann je hatte« verbreitet sich durch die rasch in viele Sprachen übersetzte Taschenausgabe ihrer Friedrich-Nietzsche-Biographie in alle Welt, und insgesamt viermal wird sie von deutschen Professoren sogar für den Literaturnobelpreis vorgeschlagen, zuletzt 1922.

Ursula Sigismund, die Tochter Max Oehlers, erinnert sich an das Leben im Archiv während der zwanziger Jahre, etwa an den samstäglichen Jour fixe: »Tante« Elisabeth, eine »kleine, hübsche, alte Frau aus Marzipan mit schwarzen, altmodischen Kleidern, wohlriechend und großmütterlich«, war umgeben von ihren leicht angestaubt wirkenden Freundinnen: »Ganze Rudel solcher Herrschaften sind hier sonnabends zu sehen, mehr oder weniger adlig, meist ein bißchen aus der Mottenkiste, [...] alle anscheinend glücklich, hier sein zu dürfen, und sie haben die ganze Woche auf diesen Nachmittag gewartet.« Bei besonderen Anlässen wird auch Kessler gesehen: »er saß oder stand stets in Elisabeths Nähe und schien mir ausschließlich ihretwegen da zu sein«[72].

Kessler verfolgt die Entwicklung des Archivs im Laufe der zwanziger Jahre mit wachsendem Befremden. Elisabeths neuer

Liebling Spengler erscheint ihm als »dicker Pfaffe«, als »halbgebildete[r] Scharlatan«, eine Rede Spenglers über *Nietzsche und das zwanzigste Jahrhundert* als »Vortrag eines unbegabten Primaners«[73]. Aber Kessler gelingt es nicht, ein Gegengewicht zur Politik Elisabeths und ihrer Vettern zu schaffen; als er beispielsweise einen eigenen Aufsatzwettbewerb zum Thema »Nietzsche und der Sozialismus« auslobt, reicht seine Ausdauer nicht einmal so weit, die eingesandten Beiträge auch zu lesen.

Der verlorene Sohn

Den Aufstieg Oswald Spenglers zum Bestsellerautor der Weimarer Republik hätte man 1914 ebenso wenig voraussehen können wie die Transformation des scheuen Dichters Rainer Maria Rilke zum Abgott der Jugend. In seinem Buch über die Weimarer *Republik der Außenseiter* beschreibt Peter Gay den Rilke-Kult, den im Gegensatz zum geschlossenen Kreis um Stefan George »jeder mitmachen [konnte], indem er einfach den Dichter las. Und alle lasen ihn. Junge Soldaten gingen mit seinen Versen auf den Lippen in den Tod.«[74]

Nach künstlerischem Erfolg und kritischer Anerkennung erlebt Rilke mit dem Ersten Weltkrieg schließlich den Durchbruch zur Massenwirksamkeit. *Die Weise von Leben und Tod des Cornets Christoph Rilke*, bereits zur Lou-Zeit in Berlin-Schmargendorf entstanden, avanciert zum Bestseller. Die lyrisierende Prosa dieses Buches beschreibt, in die Ferne eines düsteren Märchens gerückt, Kriegserlebnisse, die Rilke unbekannt waren (und zeitlebens unbekannt blieben); Rilkes Wunsch, den Roman seiner Militärschulzeit zu schreiben, und sein Scheitern an dieser Aufgabe scheinen hier eine Kriegsphantasie voller attraktiver Ambivalenzen hervorgebracht zu haben.

Dieser Befund gilt auch für die unter dem Eindruck der allgemeinen Kriegseuphorie im August 1914 verfaßten *Fünf Gesänge*. Fasziniert registriert Rilke ein emotionales Massenphänomen, bei dem er Beobachter bleibt, selbst wenn »der gemeinsame Mund den meinigen auf[bricht]« zum Ausruf: »Heil mir, daß ich Ergriffene sehe.«[75] Seit Jahren auf europäischer Wanderschaft, hat ihn der Kriegsausbruch zufällig in München statt Paris überrascht. Lou, der Rainer seine *Gesänge* nach Göttingen zuschickt, sieht sich in einem vergleichbar hilflosen Widerspruch zur allgemeinen Stimmung: »Zerrissen zwischen den streitenden Völkern, in ganz tiefer Vereinsamung mit mir selber im Streit.«[76] Ihre russische Heimat ist plötzlich Feindesland, der Kontakt zu ihrer Familie reißt ab; das »Erstickende der Einsamkeit«, die Lou mit Rilke teilt, liegt gerade in deren gewaltsamer Aufhebung im ›Augusterlebnis‹. Der Gewalt dieses Gefühls kann auch Lou sich nicht ganz entziehen, doch in ihren Briefen führt sie Rilke und wohl auch sich selbst vor Augen, daß der durch den Krieg gestiftete Einheitsrausch »auf Kosten nächster Nebenmenschen« geht.[77] Bei Kriegsausbruch versuchen Lou und Rainer vergeblich, sich zu treffen. Aus Wien schreibt Freud im November 1914 nach Göttingen: »Glauben Sie noch, daß alle die großen Brüder so gut sind?«[78] Alle seien »rein des Teufels«, lautet die Antwort: »Aber das kommt davon, daß Staaten sich nicht psychoanalysieren lassen.«[79]

Im *Lebensrückblick* stellt Lou die Unterbrechung ihrer europäischen Reisetätigkeit als einschneidendes und irreparables Resultat des Ersten Weltkrieges dar. Zu diesen Resultaten zählt sie auch die Oktoberrevolution, in deren Folge die Salomés verarmen und auf ihre Unterstützung angewiesen sind. Lou arbeitet in ihrem Haus »Loufried« ab 1914 täglich bis zu zehn Stunden als Psychoanalytikerin; sie hat Göttingen bis an ihr Lebensende nur noch der Psychoanalyse oder Rilkes wegen verlassen. Aber auch ihre beiden wichtigsten Freunde hat Lou nach dem Ersten Weltkrieg nur noch alle paar Jahre einmal gesehen.

Diese Beschränkung auf den Briefwechsel erleichtert Idealisierungen. Rilke kann sein Lou-Bild aufrechterhalten, obwohl sie mit zunehmendem Alter immer stärker mit ihrem »Infantilismus« kokettiert und gesteht, dem Leben ebenso wenig gewachsen zu sein wie er.[80] Auf der anderen Seite kann Lou einen abwesenden Rainer offenbar leichter zum ›Dichter‹ stilisieren.

In anderem Zusammenhang hat sich Lou mit der Frage, ob eine rein briefliche Analyse möglich ist, beschäftigt. Sie versucht, psychoanalytisch zu deuten, was Rainer ihr schreibt; eine körperliche Erkrankung aber kann sie ihm nicht ansehen. Als sie schließlich bereit ist, mit ihm über den hysterischen Ursprung seiner Symptome zu korrespondieren, erfährt sie von seinem Arzt, daß Rainer an Leukämie leidet. Rilke, dem man die Wahrheit über seine Krankheit verhehlt hat, meint noch auf dem Sterbebett: »Vielleicht wird die Lou Salomé doch begreifen, woran es gelegen hat.«[81]

Rainer heißt das Erinnerungsbuch, das Lou nach Rilkes Tod verfaßt. Rainer, das ist ihr Name. Sie eignet ihn sich wieder an: Es geht – sie selber benutzt dieses Wort – um eine »Inbesitznahme« dieses Rainer, dieser Gestalt, die immer schon eine besondere Beziehung zum Tod unterhalten habe. Er, der sich in einem Brief einmal als ihr »irgendwie verlorener Sohn« bezeichnet hatte,[82] sei ihr jetzt näher als je zuvor, schreibt sie. »Im Moment, wo Rainer dem fließenden Wandel und Wechsel seiner Existenz enthoben war, bekam er eine geschlossene Umrißlinie, seine eigenste Wesenstotalität hob sich [...] heraus, aus Briefen und Erinnerungen, aus einer neuen, nie gewesenen Art des Beisammenseins.«[83] Die gemeinsam geschaffene »Dichter-Imago«[84] namens Rainer überlebt als das Gespenst, das sie immer schon war. Gertrud Bäumer hat Lou 1936, im Jahr vor ihrem Tod, besucht und beschreibt eine Geisterstunde: »Als wir uns an jenem Frühjahrsabend [...] zu einem langen Gespräch hinsetzten, war der Stuhl, auf dem Rainer Maria Rilke immer gesessen hatte, gleichsam in den Ring einbezogen und sie [...] schloß ihn in einer mich [...] fast mystisch berührenden Weise in das Gespräch ein.«[85]

Frauen danken

Wie Rilke schickt auch Freud seine Texte Lou regelmäßig zur Begutachtung zu. Sie antwortet im Prinzip stets dasselbe, sie sagt *ja*, Sie haben recht. Lou ist ein dankbares Publikum. In ihr meint Freud weniger einen weiblichen Narziß zu finden als eine Echo, die ihm seine eigenen Gedanken verstärkt zurückgibt: seine »Versteherin« nennt er sie, spricht von den Funden der Analyse als »disjecta membra«[86], die sie zusammenfüge vermittels ihres aufs Ganze gehenden Denkens: »Es ist ganz unverkennbar, wie Sie mir jedesmal voraneilen und mich ergänzen, wie Sie sich seherisch bemühen, meine Bruchstücke zum Bau zu ergänzen.«[87] Zwischen 1914 und 1918, während die »Brüder« vom psychoanalytischen Kriegsschauplatz abgezogen sind, ist der Austausch zwischen beiden am intensivsten. Gerührt, fast ungläubig nimmt Freud zur Kenntnis, daß Lous erstes Interesse mitten im Weltkrieg seiner »Metapsychologie« gilt, einem abschließenden, zusammenfassenden Buch, das die Psychoanalyse »zum Bau ergänzen«, zum System vollenden soll. Parallel dazu arbeitet Lou an einer populären Darstellung der Psychoanalyse. Doch Freuds angekündigtes Hauptwerk kommt ebenso wenig zustande wie Lous Einführungsbuch – lediglich Bruchstücke erscheinen in Aufsatzform. Ein Grund für das Scheitern von Lous *Ubw*-Projekt ist ihre öfter ausgesprochene Befürchtung, sie könne zu weit von Freud ›abweichen‹.

»Männer raufen, Frauen danken« hieß Lous Motto angesichts der Auseinandersetzungen innerhalb der analytischen Bruderschaft. Anders als die männlichen Analytiker betrachtete sie ihre eigenen »Abweichungen« von Freud nicht als Revolte, obwohl auch sie gelegentlich durchaus »ketzerisch gestimmt« war. Stoff für Konflikte zwischen Freud und ihr hätte es genug gegeben. Sieht man sich Lous Göttinger Praxis an und die theoretischen Beiträge, die von dort nach Wien gesandt wurden, so wirkt Lou fast wie eine Dissidentin. Sooft es ging, pflegte sie ihre analytischen Sitzungen unorthodoxerweise unter einem Gartenbaum abzuhalten; aus ihren Lehranalysen wird berichtet, daß Lou sich gelegentlich selbst auf die Couch legte und die Analysandin hinter sich im Sessel sitzen ließ.[88] Solche Änderungen des klassischen psychoanalytischen Settings hätten zu Auseinandersetzungen, ja zum Bruch mit Freud führen können. Gerade der Rollentausch zwischen Analytiker und Analysand zeigt einen bedeutsamen Gegensatz in den Haltungen Freuds und Andreas-Salomés. Lou hatte die Tendenz, sich ihren Patienten gleichzustellen, vielleicht kann man sagen, sich mit ihnen zu verschwistern; Freud kritisierte dies: »Bei der Erziehung wie bei der Psychoanalyse muß aber ein Teil der überlegene unangreifbare sein.«[89] Setzt solche Unangreifbarkeit aber nicht – und wenn auch nur als therapeutische Fiktion – voraus, daß es beim Analytiker nichts mehr zu analysieren gibt? Lou betont demgegenüber die Gleichrangigkeit von Analysand(in) und Analytikerin, die sich auf dem gemeinsamen »Urgrund« des Menschlichen begegnen. Und sie hebt aus ihrer eigenen Erfahrung hervor, daß die Analyse »nicht gelingt, wo wir [die Analytiker] mit uns ›sparen‹«, ohne »volles Hinhalten des eigenen Unbewußten«.[90]

Im Lauf der Jahre wird ihr klar, daß für sie der andere, der »fremde Mensch«, einzig auf diesem Weg Kontur gewinnt: bei der analytischen Arbeit, die nicht aufhört, zugleich Arbeit am Unbewußten der Therapeutin, also Selbstanalyse zu sein. Die »überlegene, unangreifbare« Rolle, auf die auch die Psychoanalytikerin Lou Andreas-Salomé nicht verzichten kann, spielt hierbei Freud selbst, der Entdecker des Unbewußten und Schöpfer der Analyse. Obwohl nur fünf Jahre älter als Lou, ist Freud für sie »das Vatergesicht über meinem Leben« (und über ihrer Couch, wie man vermuten darf).

Wenig spricht allerdings für die Annahme, Freud habe Lou als seine ›Tochter‹ angesehen. Immerhin hat Lou sich mit seiner jüngsten Tochter Anna verschwistert. Ein Vaterkind, stellt Anna (Jahrgang 1895) ihr Leben ganz in seinen Dienst; die beiden anderen Töchter ›verlassen‹ ihn im Lauf der Jahre, um eigene Familien zu gründen, Anna aber bleibt ihm ›treu‹ und kümmert sich um die analytische Familie. Spätestens 1923, als bei Freud Kieferkrebs diagnostiziert wird, ist sein Entschluß herangereift, daß Anna (er nennt sie Antigone oder Cordelia, nach der treuen Tochter König Lears, die auch in *Das Motiv der Kästchenwahl* erwähnt wird) ihn begraben wird.

Gegen alle Regeln nimmt Sigmund Freud eine Lehranalyse an der eigenen Tochter vor; als das, wie zu erwarten, zu Problemen führt, zieht er Lou hinzu, überweist Anna sozusagen nach Göttingen. Lou wird in der Folge für Anna die ideale große Schwester. Sie arbeiten zusammen an Annas erstem Vortrag für die Wiener psychoanalytische Vereingung, stehen über Jahre hinweg in ständigem Briefkontakt. Beide geben sich mitunter ›freudianischer als Freud‹, und jede von ihnen arbeitet auf ihre Weise am Freud-Mythos. Freuds Tochter wird in den engsten Kreis der »Brüder«, in das geheime Komitee aufgenommen. Lou hat diesem Kreis nie angehört; dennoch schenkt Sigmund Freud ihr den Siegelring, und *seinen* Ring nimmt sie schließlich an: Ihm wird sie die Treue halten.

Keiner der zerstrittenen »Brüder« übernimmt schließlich die Leitung der analytischen Gemeinschaft, sondern Anna. »Gegen die Brüderhorde [...] schreibt Freud in einer neuen realen Mehrzahl: Wir.«[91] Von 1923 an tippt Anna nicht nur die Briefe des Vaters auf der Schreibmaschine, sondern vertritt den an Krebs Erkrankten auf den Kongressen der psychoanalytischen Vereinigung, indem sie seine Beiträge vorliest. Ihr leidenschaftliches Engagement für die Sache ist von Vergötterung des Vaters schwer zu trennen, und später ist kritisiert worden, daß sie »ihren Vater – und damit auch die eigenen Glaubenssätze – ins Makellose und Übermenschliche stilisierte«[92].

War Sigmund Freud »jener psychoanalytische Übermensch, den wir konstruiert haben« – der erste vollständig analysierte Mensch?[93] Viele seiner Schüler neigten dazu, Freuds Bescheidenheit für reine Rhetorik zu halten, schien ihnen die Schöpfung der Psychoanalyse doch als historisch einmalige Tat: »*Zum ersten Male in der Menschheitsgeschichte*«, hebt Freuds Schüler Ferenczi in einem Brief hervor,[94] sei in Gestalt Freuds der Widerstand gegen die »Wahrheiten« der Psychoanalyse überwunden worden – ganz allein, denn einer mußte den Anfang machen. Ähnlich stilisiert Lou Freuds Selbstanalyse zum Gründungsakt: »Sie als Ihr erster Analysand waren es, der die Psychoanalyse schuf. [...] Uns allen ist es seither leicht gemacht [...] an der einmalig für allemal vollzogenen lebendigen Tatsache durch Sie, sind uns Anderen für immer Forschungswille und Opferwille eins geworden, um uns zu weihen für den schönsten der menschlichen Berufe.«[95]

Das letzte Zitat findet sich in Lous letzter, längster und umfassendster psychoanalytischer Arbeit *Mein Dank an Freud* (1931). Dieser Titel ist für Lous Einstellung ebenso bezeichnend wie Freuds Vorschlag, sie solle den Text lieber *Mein Dank an die Psy-*

choanalyse nennen. Nach der Lektüre bedankt sich Freud für den *Dank*: »Es ist gewiß nicht oft vorgekommen, daß ich eine [psychoanalytische] Arbeit bewundert habe, anstatt sie zu kritisieren. Das muß ich diesmal tun. Es ist das Schönste, was ich von Ihnen gelesen habe, ein unfreiwilliger Beweis Ihrer Überlegenheit über uns alle.«[96]

Solche schönen Worte, von Freud im inoffiziellen Rahmen des Briefwechsels geäußert, stehen in einem grellen Kontrast zur faktischen Wirkungslosigkeit der psychoanalytischen Beiträge Lou Andreas-Salomés. Freuds Bewunderung hat in seinem Werk kaum Spuren hinterlassen.[97] Handelt es sich also, wie vermutet wurde, um bloße »Höflichkeitsfloskeln« Freuds, des chauvinistischen Gentleman der alten Schule? Mag sein. Doch mit dieser Rhetorik kannte sich auch Lou bestens aus. »Frauen danken« zwar, oft und gern auch in den Erzähltexten Lou Andreas-Salomés, aber häufig bleibt offen, ob es sich nicht um ein *Nein, danke* handelt wie etwa in *Fenitschka*, wo es dazu dient, sich eines allzu besitzergreifenden Geliebten zu entledigen.[98]

Im Lauf der zwanziger Jahre zerbricht das »Komitee«, und in der Bruderschaft der Analytiker tauchen immer mehr ›Schwestern‹ auf. An der Frage der Weiblichkeit entzündet sich Widerstand gegen Freud. In *Was daraus folgt, daß es nicht die Tochter war, die den Vater totgeschlagen hat* (1928) bezieht Lou Stellung in der Diskussion um das Freudsche Konzept des Penisneids als Schlüssel zur Sexualität der Frau. Zunächst wird eine anthropologische Konstante eingeführt: der Neid des Mannes auf die Frau. »Von jeher« nämlich weckten Schwangerschaft und Mutterschaft »des Mannes Neid«[99]. Eine historisch neue, offenbar kulturell bedingte Erscheinung sei dagegen der Penisneid der Frau: Es handele sich dabei um »Gleichheitssucht«, einen »Wettkampf um Rechte«[100] – mit einem Wort: Feminismus. Betrachtet Freud die Kastration der Frau als biologische Tatsache, als »gewachsene[n] Fels«, auf dem das Lehrgebäude der Psychoanalyse ruht,[101] so bleibt Lou, ohne direkt zu widersprechen, skeptisch: Die Kategorie der Kastration »wird am Weibe sinnlos«[102].

Für Lou Andreas-Salomé gehen Frauenrechtlerinnen, sofern sie sich dem Mann angleichen wollen, in die Falle des Penisneids, indem sie die Annahme akzeptieren, das weibliche Geschlecht sei zu kurz gekommen. Penisneid wäre demgemäß ein Verfahren, der Geschlechterdifferenz einen gewissen Sinn zu geben: eine Option, die man wählen kann, von der Lou aber abrät. Doch zugunsten welcher Alternative?

Wie wir sahen, wird die Phantasie, das Symbol oder sogar der Gott »Weib« – mit allem, was daranhängt: Harmonie, Autarkie, geringere Differenziertheit etc. – von Lou immer wieder heraufbeschworen, dabei aber in eine unüberbrückbare Distanz gerückt: Keine Frau ist je völlig »Weib«.[103] Zugleich wird der alltagspraktische Sinn gewisser von Lou scheinbar zustimmend zitierter Gemeinplätze systematisch entstellt, in Richtung Paradox und Parodie verschoben. So ist bei Lou Andreas-Salomé beispielsweise zu lesen, ins Haus gehöre (da die Frau ihr Zuhausesein stets mit sich trägt) eigentlich der Mann; Mutterschaft vermännliche; rationales Denken dagegen sei weiblich.

Mußte Lou Andreas-Salomé an diese Zuschreibungen – heute würde man sie »essentialistisch« nennen – *glauben*, um ihr Spiel damit zu treiben?[104] Schwer zu sagen. Immerhin: Man kann darauf wetten, daß sie die Gültigkeit einer *einfachen* Gegenüberstellung von Männlich und Weiblich, mit der sie in so vielen Texten spielt, seit ihrer Jugend nicht akzeptiert hat. Zumindest nicht für sich. (Was nicht ausschließt, daß sie als Ausnahme die Regel zu bestätigen wünschte.) In der Theorie Freuds hat Lou, von der man sich Aufklärung über den »Typus Weib« erhoffte, neben dem Narzißmus besonders die Bisexualität interessiert. So findet sich in ihrem Aufsatz *Psychosexualität* etwa – versteckt in einer Anmerkung – eine kühne Erweiterung des oben erwähnten Typus »noch andere Frauen« aus Freuds Narzißmus-Essay: Doppelgeschlechtlichkeit erscheint hier als weibliches Privileg, der auf reine Männlichkeit reduzierte Geschlechtscharakter des Mannes als Spezialfall. Lou hat sich selbst gegen Ende ihres Lebens, etwa im *Lebensrückblick*, als androgyn oder doppelgeschlechtlich analysiert. Doch bleiben solche Begriffe provisorisch und unzureichend, insofern die Prinzipien »M« und »W«, die sie miteinander versöhnen sollen, nicht rein isolierbar sind. Bei ihren Versuchen, das

Wesen der Weiblichkeit zu Ende zu denken, stößt Lou Andreas-Salomé regelmäßig auf Eigenschaften, die sie »männlich« nennt; andererseits ist der vorgegebene *Ort* der Antagonismen, des Gebens und Nehmens zwischen den Geschlechtern, selbst nicht geschlechtsneutral, sondern wird von Lou als weiblich bestimmt.[105] Psychoanalytikerin zu sein heißt nach Lous Bekenntnis dann auch, Männer- und Frauenarbeit miteinander zu verbinden.

»Der herrlichste Jünger Zarathustra's«

Die vermutlich folgenschwerste Stellungnahme zum Thema *Nietzsche und der Sozialismus* gibt in einem Interview mit der *New York Times* 1924 Benito Mussolini ab. Der Diktator ist Parteisprecher der italienischen Sozialisten gewesen, bevor er die faschistische Partei gegründet hat und 1922 vom König zum Ministerpräsidenten ernannt worden ist. Die Lektüre Nietzsches habe ihn, so Mussolini, vom Sozialismus »kuriert«; er handele nach der Devise aus der *Fröhlichen Wissenschaft*: »Lebe gefährlich!« Im Nietzsche-Archiv ist man von dem Interview begeistert. Rasch wird von Max Oehler ein Aufsatz über Mussolini, Nietzsche und die »Ethik des Faschismus« geschrieben und veröffentlicht, in dem es heißt, der Duce sei – und zwar infolge seiner Nietzsche-Lektüre – »der einzige Staatsmann großen Formats, den die Nachkriegszeit hervorgebracht hat«[106].

Doch entgegen anderslautenden Gerüchten hat sich das faschistische Italien, wie schon Georges Bataille feststellte, nie auf Nietzsche als seinen Staatsphilosophen berufen;[107] und Mussolinis Beschäftigung mit Nietzsche stand nicht am Ende, sondern am Beginn seiner Parteikarriere bei den Sozialisten. Wenn Elisabeth meint, in der faschistischen Diktatur eine »positive Wirkung« der Lehren ihres Bruders erkennen zu können,[108] so handelt es sich um die alte Wunschvorstellung einer *Verwirklichung* der Philosophie: Ein Mann wie Mussolini (dessen »Tatkraft« sie hervorhebt) setzte in die Praxis um, was bei ihrem Bruder graue Theorie geblieben war. In dieser Hinsicht tritt Elisabeths Schwärmerei für Mussolini die Nachfolge ihrer Begeisterung für Bernhard Förster und sein Kolonie-Abenteuer an.

Später wird sie Mussolini zum »herrlichsten Jünger Zarathustra's« ernennen, zum »idealen Wiedererwecker aristokratischer Werte in Nietzsches Geiste«[109]. Da das faschistische Italien formell Monarchie bleibt, meint Förster-Nietzsche, inzwischen eine Greisin, in Mussolini einen zweiten Bismarck zu erkennen. Daß ihr Bruder ein Gegner Bismarcks gewesen ist, spielt offenbar schon lange keine Rolle mehr. »Man möchte weinen, wohin Nietzsche und das Nietzsche-Archiv gekommen sind«, klagt Kessler in seinem Tagebuch. Als Vorstandsmitglied der Stiftung Nietzsche-Archiv warnt der ›rote Graf‹ Max Oehler in einem Brief davor, Nietzsche »mit rechtsradikalen oder gar faschistischen Bestrebungen in irgendeine Verbindung« zu bringen.[110] Doch Elisabeth Förster-Nietzsche betrachtet Mussolini inzwischen als ihren Freund – einen Freund, von dem sie sich finanzielle und organisatorische Unterstützung erhofft. Allerdings fällt die praktische Hilfe, anders als Mussolinis regelmäßige freundliche Grüße an das Archiv hoffen lassen, eher zurückhaltend aus, und Elisabeth sieht sich 1926 sogar gezwungen, die erste italienische Nietzsche-Gesamtausgabe – politische Warnungen in den Wind schlagend – in einem regimefeindlichen Verlag mit anarchistischen Tendenzen erscheinen zu lassen.[111] Wie gesagt: Beim Geld hört Elisabeths Feindschaft auf. Und die wirtschaftliche Lage des Archivs verschlechtert sich im Lauf der zwanziger Jahre immer mehr. Die Inflation frißt das von Ernest Thiel gespendete Archiv-Vermögen; zudem droht 1930, dreißig Jahre nach dem Tod des Autors, der Ablauf der Verwertungsrechte für die Bücher Friedrich Nietzsches und damit ein jährlicher Einnahmeverlust von immerhin 20 000 Mark.

»Eigentlich wollte ich mich jetzt zur Ruhe setzen, aber es hilft nichts«, klagt Elisabeth. »Ich muß mich trotz meines hohen Alters weiter plagen. Das Archiv kommt sonst nicht durch.«[112] Sie beantragt eine Sonderregelung für sich und ihr Archiv, die ihr als Schwester und Nachlaßverwalterin für weitere zwanzig Jahre die Urheberrechte an den Nietzsche-Werken sichern sollen; doch diesmal scheitert sie vor Gericht. Es kommt sogar noch schlimmer. Während das Verfahren läuft, drucken mehrere Zeitschriften einen Aufruf ab, in dem eine ganz andere »Lex Nietzsche« gefordert wird: Nach Ablauf der Schutzfrist solle der Nachlaß Friedrich Nietzsches dem Archiv der Schwester ganz entzogen werden – aufgrund von »böswilliger Zurückhaltung« und weil »die Atmosphäre einer deutschnationalen Kaffeeschwester, einer übelnehmerischen Kleinbürgertante genau diejenige ist, die Nietzsche wie die Pest gehaßt haben würde«[113]. Dieser Vorstoß der Feinde Elisabeths bleibt letztlich erfolglos. Doch bietet auch die Hilfe von Freunden immer weniger Anlaß zur Freude. In einem Gerichtsgutachten, das Elisabeth selbst in Auftrag gegeben hat, wird *Der Wille zur Macht* als »eine weithin selbständige Arbeit der Frau Förster-Nietzsche« eingestuft. Zwar werden ihr daraufhin die entsprechenden Coautorenhonorare zuerkannt, zugleich jedoch ist damit amtlich festgestellt, daß es sich bei der Kompilation nicht um ein Werk Friedrich Nietzsches handelt – geschweige denn um sein »Hauptprosawerk«. Und auch nach diesem Eingeständnis bleibt die finanzielle Lage prekär. Nicht Mussolini rettet schließlich das Archiv, sondern der deutsche Staat, die von Elisabeth so wenig geliebte Republik von Weimar. Der Reichspräsident bewilligt der Leiterin des Nietzsche-Archivs aufgrund einer Initiative, an der sich auch Kessler beteiligt hat, einen Ehrensold; Fördergelder und wissenschaftliche Stellen für eine weitere Nietzsche-Gesamtausgabe werden bewilligt. Im Gegensatz zu den Nietzsche-Editionen, mit denen ab 1931 auch andere Geld verdienen dürfen, kann die »historisch-kritische Ausgabe« (HKA) nur aufgrund der Bestände des Archivs erarbeitet werden. Elisabeth umgeht so ihren unmittelbaren Bankrott, aber nur um den Preis, sich unabhängige Forscher ins Haus zu holen, die ihren Manipulationen sehr bald auf die Schliche kommen werden. Einer der Projektmitarbeiter, der spätere Herausgeber der ersten korrekten Nietzsche-Ausgabe, Karl Schlechta, erinnert sich, die greise Herrin des Archivs habe sich über seine Neugier einmal so aufgeregt, daß sie drohend ihren Stock gegen ihn erhoben habe: »Ich hatte das Gefühl, sie wollte mich totschlagen.«[114] Da die HKA von einem unabhängigen Gremium verantwortet wird, ist mit dem Projekt das Ende des Hauses Nietzsche als Familienunternehmen eingeläutet – und wohl auch Elisabeths Entmachtung. Doch wiederum gewinnt sie einen einflußreichen Freund, der ihre Position zunächst unangreifbar machen wird.

Weimar entwickelt sich im Lauf der zwanziger Jahre zur Nazi-Hochburg; die NSDAP hält 1926 ihren Parteitag in der Stadt der Klassik ab. Daß Weimar auch die Stadt Nietzsches ist, spielt zunächst keine Rolle, denn anfangs suchen weder Hitler noch Rosenberg den Anschluß an nietzscheanische Traditionen; auf Seiten des Nietzsche-Archivs wird die NSDAP erst mit ihrer Beteiligung an der thüringischen Landesregierung interessant. Ab Januar 1930 sitzt hier ein Nazi mit im Kabinett: Wilhelm Frick, ein enger Vertrauter Hitlers, wird Volksbildungs- und Innenminister und damit wichtiger Ansprechpartner des Archivs. Mit finanziellen Zuwendungen und in persönlichen Gesprächen wirbt Frick bei der einflußreichen Leiterin des Nietzsche-Archivs um Unterstützung für seine Kulturpolitik; er sorgt dafür, daß mit dem Rechtsprofessor C. A. Emge ein Nazi die Stelle des wissenschaftlichen Leiters des Archivs (später auch der historisch-kritischen Gesamtausgabe) erhält. Etwa zur gleichen Zeit beginnt von nationalsozialistischer Seite eine ideologische Offensive mit dem Ziel, Nietzsche als geistigen Vorläufer Hitlers zu vereinnahmen. Anläßlich seines dreißigsten Todestages präsentiert der *Völkische Beobachter* Nietzsche 1930 als Antisemiten und Warner vor der »jüdischen Gefahr«[115]; der Nazi-Parteiphilosoph Alfred Baeumler veröffentlicht 1931 nach einem längeren Studienaufenthalt im Archiv sein einflußreiches Buch *Nietzsche, der Philosoph und Politiker*.

Schon Jahre vor Hitlers Machtergreifung also halten insbesondere die Oehlers das Portal des Nietzsche-Archivs sperrangelweit offen für ihn. »Im Archiv ist alles vom Diener bis zum Major [Max Oehler] hinauf Nazi«, hält Kessler im August 1932, nach einem Besuch bei Elisabeth, in seinem Tagebuch fest. Skeptisch bemerkt er, nur die Archivleiterin selbst sei »noch, wie sie sagt, deutschnational«[116]. Anfang 1932 hat Elisabeth Förster-Nietzsche, wie sie Kessler berichtet, Adolf Hitler kennengelernt. Schauplatz dieser Begegnung, um die Elisabeth sich seit 1930 bemüht hat, ist das Weimarer Theater, Anlaß die deutsche Uraufführung des Napoleon-Schauspiels *Campo di Maggio* (*Hundert*

Tage). Daß dieses Stück, sein Coautor heißt Benito Mussolini, seine deutsche Premiere ausgerechnet in Weimar feiert, geht nicht zuletzt auf Initiative des Nietzsche-Archivs zurück.[117] Die deutsche Presse erkennt in der Napoleon-Figur dann auch, ganz im Sinne des Archivs, Nietzsches Übermensch mit dem Gesicht Mussolinis.[118] Die Premiere, künstlerisch bedeutungslos, ist ein politisches Ereignis ersten Ranges in Gegenwart offizieller Vertreter Italiens. Hitler nutzt den Anlaß zu einem spektakulären Auftritt: Er macht der Schwester Friedrich Nietzsches in ihrer Loge seine Aufwartung, überreicht ihr ein Bukett roter Rosen und wechselt mit der Greisin einige Worte. Bereits diese erste Begegnung scheint, wie auch die späteren, auf die große, sichtbare Geste angelegt; viel zu sagen hatten sie sich nicht, falls man der Aussage eines Zeugen wie Albert Speer glauben kann. Und Elisabeth laviert: Hitler sei wohl kaum ein bedeutender Politiker, behauptet sie Kessler gegenüber; sein Blick allerdings gehe einem durch und durch. Bei der Reichspräsidentenwahl 1932 stimmt sie für Hindenburg (der etwa ihr Alter hat), nicht für Hitler. Mit der Machtergreifung im Januar 1933 schließt sie sich dann jedoch offen dem Kurs ihrer Vettern und der übrigen Archivmitarbeiter an, von denen die meisten bereits Mitglieder der Nazi-Partei sind. »Wir leben eigentlich in einem Rausch der Begeisterung, weil eine so wundervolle, geradezu phänomenale Persönlichkeit, unser herrlicher Reichskanzler Adolf Hitler an der Spitze unserer Regierung steht«, meldet Elisabeth dem getreuen Ernest Thiel nach Schweden und grüßt ihren jüdischen Freund mit dem Nazi-Slogan »Ein Volk, ein Reich, ein Führer«. Dennoch möchte sie weiterhin als ›gemäßigt‹ gelten und kritisiert Thiel gegenüber die »plötzliche Judenverfolgung«: »damit hätte man getrost noch etwas warten können«[119]. Zweieinhalb Wochen nach Hitlers Ernennung zum Reichskanzler findet im Weimarer Theater Elisabeths nächste Begegnung mit der »phänomenalen Persönlichkeit« statt, als zur Feier von Richard Wagners fünfzigstem Todestag *Tristan und Isolde* aufgeführt wird. Wagner ist Hitlers Abgott, die Heilung des Bruchs zwischen Nietzsche und Wagner, Weimar und Bayreuth ein Anliegen, das der ›Führer‹ mit Elisabeth teilt. Ein sonderbares Gefühl befällt ihn in Gegenwart der Greisin, wie er einem Vertrauten berichtet. Als sei sie ein okkultes Medium, durch das er mit Wagner und Nietzsche in Kontakt treten kann, meint er, »hinter dieser Persönlichkeit alle bedeutenden Menschen zu sehen und sprechen zu hören [...], denen sie je begegnet ist«[120].

Die Begegnungen mit Elisabeth, ob im Theater oder im Nietzsche-Archiv, sollen den Emporkömmling Hitler als legitimen Erben des ›Geistesaristokraten‹ Nietzsche darstellen. Auch an den Universitäten wird fleißig daran gearbeitet, dem Nationalsozialismus einen vorzeigbaren philosophischen Stammbaum zu verschaffen. Die Verbindung zwischen Hitler und, sagen wir, Kant läßt sich allerdings nicht wirklich anschaulich belegen. Von unübertrefflicher Prägnanz ist dagegen die berühmte Geste Elisabeths, Hitler bei einem seiner Besuche den Degenstock ihres Bruders zum Geschenk zu machen. Nationale wie internationale Presse berichten (»Hitler nahm ihn [den Degenstock] mit Rührung«), und für Linksnietzscheaner wie Georges Bataille heißt die Chefin des Nietzsche-Archivs von da an »Elisabeth Judas-Förster«.

Die Schwester Nietzsches nimmt nun auch wieder ihre Funktion als Witwe Bernhard Försters wahr, überreicht Hitler die antisemitische Petition an Bismarck und erinnert an die arische Kolonie Nueva Germania. Wenig später trifft auf dem Friedhof von Asunción ein Sack voll Erde aus Berlin ein; der Leichnam Bernhard Försters wird umgebettet und darf fortan in »deutscher Erde« ruhen. (Nueva Germania, das bis zum heutigen Tage fortbesteht, wird später übrigens dem Lagerarzt von Auschwitz, Joseph Mengele, auf seiner Flucht als Unterschlupf dienen.)

Das Nietzsche-Archiv, zum »Zentrum nationalsozialistischer Weltanschauung« erklärt, erhält Unterstützung von höchster Seite, unter anderem aus Hitlers Privatschatulle. (Der von Hitler beschlossene Bau einer Nietzsche-Gedächtnisstätte in direkter Nachbarschaft des Archivs wird später allerdings erneut am Krieg scheitern.)

Wird Elisabeth, die frühere Mutter der Kolonie Neugermanien, nun also »mother of the fatherland« und mächtigste Frau des Dritten Reiches, wie es in einer britischen Fernsehdokumentation über Elisabeth Förster-Nietzsche heißt?[121] Eher wohl ein weiblicher Hindenburg, ein lebendes Denkmal, das Hände schüttelt und

Elisabeth Förster-Nietzsche und Adolf Hitler, 1934, Weimar

Grußtelegramme verschickt: »Die Manen Friedrich Nietzsches umschweben das Zwiegespräch der beiden größten Staatsmänner Europas«, kabelt sie im Juni 1934 nach Venedig, wo Hitler und Mussolini zusammengekommen sind.[122]

Hitler bedankt sich mit einem Besuch zu Elisabeths 88. Geburtstag am 20. Juli 1934. »Der Staatsmann im Hause des ersten Staatsdenkers: und doch nicht als Besucher bei dem Philosophen, sondern als gütig-freundlicher und persönlichster Besucher bei der in fast unwirkliches Greisenalter erhobenen ›Schwester‹, deren unvergleichlicher Treue wir das Wissen um die neuen Ziele verdanken. So mag in alten Zeiten eine große Mutter ihren großen Sohn, eine Prophetin einen Helden empfangen haben, ein großer Mensch die die heilige Flamme hütende Priesterin begrüßt haben. [...] Unvergeßlich wird jedem, der es sah, bleiben, wie *der* Mann, auf den ganz Deutschland in Hoffnung, auf den die Welt mit dem lebendigsten Interesse schaut, von der im hellsten Sonnenlicht stehenden unirdisch zierlichen Greisin Abschied nahm.«[123]

Hier ist Elisabeth (Wunschdenken eines Untergebenen?) schon stark ins Unirdische entrückt. Eine Freundin gibt 1934 eine handfestere Beschreibung: »Sie steht im Sommer um 6 Uhr auf, treibt abhärtende Körperpflege, bekümmert sich früh selbst um ihr Hauswesen wie um die strenge Ordnung in ihrem Sekretariat; sie läßt sich den Inhalt aller eingehenden Postsendungen vortragen, da ihre schwachen Augen sie am Entziffern von Handschriften verhindern. (Dagegen ist sie sehr stolz auf ihre eigenen Zähne, mit denen sie noch ›ordentlich zubeißen kann‹.)«[124]

Ihre Bissigkeit stellt Elisabeth 1935, im Alter von neunundachtzig Jahren, mit ihrem letzten Buch noch einmal unter Beweis: *Friedrich Nietzsche und die Frauen seiner Zeit.* In den Jahren zuvor hat Erich F. Podach, ein Exponent des Basler Gegenarchivs, eine Reihe von biographischen Beiträgen zu Nietzsche veröffentlicht, die sich auf neues Quellenmaterial stützen, darunter die erwähnten »Koegel-Exzerpte«. Elisabeths Nietzsche-Briefausgaben und ihre biographischen Schriften sind damit der Fälschung überführt – eine Entlarvung, die schon vorher gelungen war, aber die Glaubwürdigkeit von Elisabeths Nietzsche-Bild nie erschüttert hatte. Den Ausschlag gibt wohl, daß Podach schreiben kann und ein ungewohntes, aber plastisches Bild des Verhältnisses der Geschwister Nietzsche liefert, quasi das Negativ zur bisherigen Schönfärberei. Elisabeth Förster-Nietzsches letztes Buch, zweifellos gegen Podach gerichtet, erweckt den Eindruck, sie weigere sich einfach, den Zusammenbruch ihres Lügengebäudes zur Kenntnis zu nehmen. Im Kapitel über Lou, das schlicht mit »Unangenehme Erlebnisse« überschrieben ist, heißt es: »Zuweilen las ich in Artikeln zur Zeit der jüdischen Zeitungsherrschaft, die jetzt glücklicherweise verschwunden ist, Frau Lou Andreas-Salomé als ›Nietzsches Freundin‹ bezeichnet. Da mußte ich immer lächeln.«[125] Die »jüdische Zeitungsherrschaft« hat also mit Lou unter einer Decke gesteckt? Dann darf die Autorin ja nun erst recht, und als letzte, »lächeln«. Im Buch folgt eine Darstellung des Lou-Erlebnisses, die trotz des Erscheinens der Koegel-Exzerpte von den früheren Falschaussagen der Autorin nur in einem Punkt, einer weiteren Lüge abweicht. Es handelt sich um den Höhepunkt von Elisabeth Förster-Nietzsches jahrzehntelanger Kampagne gegen Lou Andreas-Salomé. Zugleich erreicht sie ihren Tiefpunkt als Mensch. Oder wie soll man es sonst nennen, daß sie ganz nebenbei etwas erwähnt, was man 1935 nur nebenbei erwähnen mußte, um jemanden ins Unglück zu stürzen? »Dr. Rée und Frl. Salomé waren jüdischer Abkunft.«[126] Ein signiertes Exemplar ihrer Denunziationsschrift geht sogleich an den Führer, der den Empfang mit bestem Dank bestätigt.[127]

Vier Monate später, am 8. November 1935, findet man die Leiterin des Nietzsche-Archivs des Morgens tot im Bett. »Trotz ihrer Vorliebe für Großartiges, für organisierte Feierlichkeit und wirkungsvolles Auftreten, war ihre Krankheit, die zum Tode führte, kurz und unpathetisch: ein bißchen Kopfweh, eine Erkältung, etwas erhöhte Temperatur, weiter nichts [...] wahrscheinlich während der Morgendämmerung, ohne zu klingeln oder Hilfe zu verlangen, hat Elisabeth Förster, geborene Nietzsche, ihren zielbewußten Geist aufgegeben.«[128]

Mit der Denunziation Lous als Jüdin hatte Elisabeth ihren letzten Trumpf ausgespielt, als das Spiel dank der Schweizer Veröffentlichungen bereits verloren war. Im Grunde ist sie für das Archiv unhaltbar geworden. Dessenungeachtet wird die Trauerfeier für Elisabeth Förster-Nietzsche zum Staatsakt. In Anwesenheit Hitlers, Rosenbergs, Fricks und des thüringischen Ministerpräsidenten treten Abordnungen von SA, HJ und BdM an; Reichsstatthalter und Gauleiter Sauckel hält die Rede. »Nach Beendigung der Trauerfeier legte der Führer persönlich einen wundervollen Lorbeerkranz mit Chrysanthemen am Sarge der Entschlafenen nieder.«

In der *Thüringischen Landeszeitung* wird wenig später in Erinnerung an die verstorbene »edle Schwester« und »echte deutsche Frau« gereimt: »Dem Bruder hattest du dein Sein geweiht –: / Dein Bild wird strahlen in der Ewigkeit!«[129]

Doch schon bald nach dem Begräbnis der »Führerin« im Röckener Familiengrab setzt Archivar Schlechta sich mit Lou Andreas-Salomé in Verbindung. Diese stimmt einer Veröffentlichung der in ihren Händen befindlichen Nietzsche-Briefe durch das Archiv zu – allerdings erst, nachdem der wissenschaftliche Ausschuß zur Herausgabe von Nietzsches Werken und Briefen sich offiziell von den »Tendenzen« Elisabeth Förster-Nietzsches distanziert hat. Was auch geschieht.[130]

Was fehlt?

Lou hat Elisabeth, die fünfzehn Jahre Ältere, nur um etwa ein Jahr überlebt.

Als »ein kaltes, altes Tier das nur Wenigen anhängt; eben drum so dankbar dafür, innerhalb der [Psychoanalyse] so warm abzufließen«[131] gibt sie bis zuletzt Analysestunden. »Die Jahre gingen hin, die Reihen der Zeitgenossen lichteten sich durchs Alter [...] – der fremde Mensch blieb«, schreibt sie 1931, ein Jahr nachdem F.C. Andreas gestorben ist. Seinem Tod ist ein langer Abschied vorausgegangen, bei dem Lou und er sich nahegekommen sind wie nie zuvor. Eine Phase des Rückblicks schließt sich an; wie nach dem Tod Rainers wendet Lou sich wieder dem Schreiben zu und verfaßt ein Porträt des Mannes, mit dem sie jahrzehntelang zusammengelebt hat.

Und während ihr Augenlicht aufgrund von Diabetes langsam schwindet, beginnt sie mit der Niederschrift ihrer Autobiographie, deren Arbeitstitel »Grundriß einiger Lebenserinnerungen« lautet. Dabei deutet der Terminus »Grundriß« ein Verfahren an, das eine lineare Erzählung, eine Chronik der Lebensereignisse oder gar eine *chronique scandaleuse* schuldig bleibt. Vielmehr dient der *Grundriß* einer autobiographischen (Re-)Konstruktion, welche die psychoanalytische Skepsis gegenüber der Aufrichtigkeit unserer Erinnerungen, gerade auch der prägnantesten, voraussetzt und verarbeitet. Schon 1912 hatte Lou dieser Skepsis im Freud-Tagebuch Ausdruck verliehen: Beim Erinnern des eigenen Lebens fällt auf, »wie die Übergänge und Brücken logischen Nachdenkens das Beste am Zusammenhang leisten müssen und wie manches ›Unvergeßliche‹ durch seine Banalität, Gleichgültigkeit, Sinnlosigkeit frappiert, während Vorgänge, welche das tiefste Interesse auf sich gezogen haben, zu unserm Schmerz undeutlich geworden sind«[132]. An derselben Stelle formuliert Lou auch ihren »alte[n] Traum« von einer Darstellungskunst, die über der »psychologischen Zerfaserung« nicht die Einheit der Gestalt verlöre, sondern in den »gebrochenen Linien« des Lebens ein »ganz anderes Bild« sichtbar machte: »Da bleibt von selbst dann das Superindividuelle vor dem Typischen zurück, vor dem, in dessen besonderer Gestaltung

Lou Andreas-Salomé, 1934, Göttingen

doch alle sich wiedererkennen.« Nach Jahren greift sie dieses Projekt wieder auf, zuerst in ihrem Rilke-Buch, dann im *Grundriß*. Das »Geschwätz über Menschen«, und seien es auch die Memoiren einer Lou Andreas-Salomé, ist der Rede nicht wert, solange es nicht zu überzeitlichen Erkenntnissen ›vergoldet‹ wird. Eben dieser Anspruch aber treibt den *Grundriß* über das Autobiographische hinaus – in die Konstruktion paradigmatischer »Erlebnisse«, die, auf der Grenze zwischen individuellem Erleben und existenziellen Grundsituationen angesiedelt, den *Grundriß* strukturieren. Die Kapitel heißen »Freundeserleben«, »Rußland«, porträtieren Paul Rée, Rainer und schließlich Freud, ohne daß man über diese Personen viel erführe; Nietzsche und ihr Ehemann kommen kaum vor, Pineles gar nicht. Was am *Grundriß* fehlt, ist mit einem Wort Klatsch. Die Erinnerungen dieser prototypischen Femme fatale und praktizierenden Anhängerin Sigmund Freuds schweigen sich über ihr Liebesleben aus. »Geschwätz über Menschen« nannte Lou das Genre, das der Psychoanalyse so viel Material geliefert hat: Biographien und Memoiren. Doch wie Lous Hund die Milch auflecken durfte, die sie immer wieder wie absichtslos überkochen ließ,[133] so fällt auch für die klatschhungrigen Leser des *Grundriß* die eine oder andere Kleinigkeit ab. Dies ist vor allem Lous Freund und Herausgeber Ernst Pfeiffer zu verdanken.

Die letzte Freundschaft im Leben Lou Andreas-Salomés ist aus einer Lehranalyse erwachsen: Der Kleist-Forscher Pfeiffer hat sich zu Beginn der dreißiger Jahre von Lou in die Kunst der Analyse einweisen lassen wollen, um einem Freund zu helfen. Vom Analysanden Lous wird er zum Vertrauten ihrer letzten Jahre, zum Zeugen ihrer Selbstanalyse und schließlich zum Erben ihres schriftlichen Nachlasses. Unter dem Titel *Lebensrückblick: Grundriß einiger Lebenserinnerungen* wird er Lous Autobiographie 1951 herausgeben und mancherlei hinzufügen, was die Autorin ausgespart hat – unter anderem ein Kapitel mit dem Titel »Was am ›Grundriß‹ fehlt«, in dem Lou teilweise haarsträubende Szenen aus ihrem Eheleben schildert. Unbezweifelbar ist der Informationswert der Pfeifferschen Supplemente, insbesondere des umfangreichen Anmerkungsapparates, in dem Lous letzter Vertrauter wertvolle biographische Hinweise etwa zur Nietzsche-Affäre gibt. Die Ergänzung dessen, *Was am ›Grundriß‹ fehlt*, ist in der Folge zu einer kleinen Industrie geworden, wie ein rundes Dutzend Biographien über Lou Andreas-Salomé beweist.

Und ruft nicht Lous Darstellungstechnik förmlich nach solcher Ergänzung? Man denke an ihren Urlaub mit dem geheimnisvollen russischen Arzt Ssawélij. Die Autorin nimmt ihr Publikum sozusagen bis vor die Almhütte mit, um dann vielsagend die Tür zu schließen; der Rest wäre in ihren Worten wohl »Geschwätz über Menschen«. Etwas also, wozu die Zunft der Biographen sich aufgerufen fühlen darf. Heißt es doch im (von Pfeiffer hinzugefügten) Motto des *Lebensrückblicks*: »Leben [...] ist Dichtung.« Und: »Wir sind nicht *unser* Kunstwerk.«[134] Die Figur Lou – vielleicht das eigentliche Lebenswerk Andreas-Salomés – scheint offen genug konstruiert, um bis heute den Wunsch zu wecken, die Lücken zu füllen – oder auch: der Dichtung weitere Strophen hinzuzufügen. Nach zweijähriger Krankheit ist Lou Andreas-Salomé am 5. Februar 1937, kurz vor ihrem 76. Geburtstag, an den Folgen einer Urämie gestorben. Es erschienen lediglich zwei Nachrufe. Die Behörden ließen es nicht zu, daß ihre Asche, wie sie gewollt hatte, im Garten ihres Hauses verstreut wurde; so kam es, daß die »Hexe vom Hainsberg«, wie die Göttinger sie nannten, in aller Stille im Grab ihres Mannes bestattet wurde. Ihr Name fehlt auf dem Grabstein, nur ein Gedenkstein in ihrem Garten erinnert an »Lou 1861–1937«. Die Gestalt namens *Lou* aber ist zu einer Romanfigur geworden;[135] Theater, Film, Videokunst und Oper spielen mit ihrem Bild.[136] Bei solchen Gelegenheiten wird selten auf das Gegenbild verzichtet – jene feindliche »Schwester«, mit der Lou Andreas-Salomé in der populären Vorstellungswelt wohl ebenso unauflöslich verbunden bleibt wie mit dem Namen Nietzsche. So waren »Lou« und »Elisabeth« im Nietzschejahr 2000 gemeinsam auf der Bühne des Berliner Schloßpark-Theaters zu sehen: eine kleinwüchsige, tänzerische Lou als Inkarnation sinnlicher Weiblichkeit, Elisabeth als große, schwarze Gouvernante.[137] Nicht unbedingt, wie es ›wirklich‹ war, wohl aber, daß es so *einfach* nicht gewesen ist, hat das vorliegende Buch zeigen wollen.

Anmerkungen

Anmerkungen zu Kapitel I

1 Peters (1983), 19.
2 Ross, 18.
3 Peters (1983), 26.
4 Vgl. Volz (1996).
5 KSA 6, 268.
6 Vgl. Peters (1983), 283.
7 Lou Andreas-Salomé [im folgenden: LAS], *Ródinka*, S. 30.
8 LAS, *Lebensrückblick*, 47.
9 A.a.O., 49.
10 Welsch/Wiesner (1990), 16.
11 LAS (1899), 28.
12 Elisabeth Förster-Nietzsche [im folgenden: EFN] (1935), 12 f.
13 Gabriele Reuter, *Vom Kinde zum Menschen. Die Geschichte meiner Jugend.* Berlin (1921), 453 ff., zit. n. Hoffmann (1993), 14 f.
14 *Menschliches, Allzumenschliches II: Der Wanderer und sein Schatten*, § 270.
15 Ursula Sigismund, die Tochter Max Oehlers, erinnert sich an »ein kleines Lockengewusel über der Stirn« der über Achtzigjährigen. (Interview in *The Story of Elisabeth Nietzsche*, TV-Dokumentation, Timewatch/BBC 1992.)
16 Ihn, nicht etwa Friedrich Nietzsche, wird sie später zum eigentlichen »Philosophen der Psychoanalyse« erklären.
17 Brief an Friedrich Nietzsche, zit. bei Peters (1983), 39.
18 Marelle (1934), 50.
19 KSA 1, 347.
20 Brief an Friedrich Nietzsche, zit. n. Peters (1983), 38.
21 Vgl. *Menschliches, Allzumenschliches I*, § 409, »Mädchen als Gymnasiasten«.
22 Vgl. KSB 5, 327.
23 KSB 2, 352.
24 KSA 6, 326.
25 *Die fröhliche Wissenschaft*, § 368; KSA 3, 616.
26 Zit. n. Podach (1932), 136.
27 Zit. n. Ross, 524.
28 *Menschliches, Allzumenschliches I*, § 1.
29 *Menschliches, Allzumenschliches I*, § 109 (»Gram ist Erkenntniss«).
30 EFN (1935), 99.
31 Peters (1983), 77.

32 Diese Unterscheidung findet sich in *Ecce homo*, »Menschliches, Allzumenschliches«, § 5; KSA 6, 327.
33 Vgl. Overbeck (1999), 32: In Europa sei »Jedermann, jeder Gebildete mindestens, in gewissem Maasse den Juden abgeneigt«.
34 Overbeck (1999), 101.
35 KSB 6, 180.
36 KSA 3, 174.
37 Felix Salten, zitiert bei Welsch/Wiesner (1990), 156.
38 Paul Rée an Friedrich Nietzsche, 20. 4. 1882, zit. n. *Dokumente*, 106.
39 Lou Salomé an H. Gillot, 26. 3. 1882, zit. n. *Dokumente*, 103.
40 *Lebensrückblick*, 76.
41 Vgl. *Dokumente*, 106.
42 *Also sprach Zarathustra*, »Zarathustras Vorrede«; KSA 4, 11.
43 KSA 6, 335.
44 Wobei es sich vielleicht um den ›Titel‹ einer bis heute nicht eingelösten Denk-Schuld handelt.
45 Die Metapher der Schwangerschaft benutzt Nietzsche selbst, vgl. *Ecce homo*, KSA 6, 335 f.
46 Friedrich Nietzsche an Paul Rée, 21. 3. 1882; KSB 6, 185.
47 *Lebensrückblick*, 80.

Anmerkungen zu Kapitel II

1 Friedrich Nietzsche, *Die fröhliche Wissenschaft*, § 276; KSA 3, 521.
2 Mit diesem Entschluß beginnt *Sanctus Januarius*, das vierte und (vorerst) abschließende Buch der *Fröhlichen Wissenschaft*, geschrieben, wie der Titel andeutet, zu Beginn des Jahres 1882.
3 *Die Fröhliche Wissenschaft*, § 277; KSA 3, 522. Vgl. auch Friedrich Nietzsche an Köselitz, 25. 7. 1882; KSB 6, 232.
4 LAS (1894), 37 f.
5 A.a.O., 59.
6 Friedrich Nietzsche an Paul Rée, 21. 3. 1882; KSB 6, 186.
7 Brief an Friedrich Nietzsche, 20. 4. 1882; *Dokumente*, 106.
8 Brief an H. Gillot, 26. 3. 1882, zit. n. *Dokumente*, 103. [Im folgenden: »Gillot-Brief«]
9 LAS, *Lebensrückblick*, 79.
10 Gillot-Brief, *Dokumente*, 103.
11 Briefentwurf vor Mitte Dezember 1882, KSB 6, 296.
12 Janz II, 127.
13 Vgl. *Dokumente*, 183.
14 Vgl. *Dokumente*, 281.
15 *Lebensrückblick*, 236; Anm. des Hg. Ernst Pfeiffer.
16 *Dokumente*, 353.
17 KSB 6, 191.
18 Friedrich Nietzsche an F. Overbeck, 7. 6. 1882, KSB 6, 199 f.

19 An Köselitz, 13. 7. 1882; KSB 6, 222.
20 KSB 6, 200.
21 *Also sprach Zarathustra I*, »Von alten und jungen Weiblein«; KSA 4, 86.
22 Vgl. *Dokumente,* 176.
23 *Lebensrückblick,* 81.
24 11. 5. 1913; LAS (1983), 155 f.
25 KSA 3, 428.
26 *Dokumente,* 118.
27 KSB 8, 515.
28 Vgl. *Morgenröthe,* Vorrede: »*gut* lesen, das heißt langsam, tief, rück- und vorsichtig, mit Hintergedanken, mit offen gelassenen Thüren, mit zarten Fingern und Augen«; KSA 3, 17.
29 Vgl. *Fröhliche Wissenschaft,* § 64; KSA 3, 426.
30 Brief v. 4. 6. 1882; *Dokumente,* 130.
31 Brief v. 7. 6. 1882; KSB 6, 201.
32 EFN (1904), II, 2, 395.
33 *Die Fröhliche Wissenschaft,* § 314: KSA 3, S. 548. (Da das Manuskript der *Fröhlichen Wissenschaft* verlorengegangen ist, werden wir wohl nie erfahren, ob dieser Aphorismus – es findet sich für diesen keine Vorstudie, vielmehr wirkt er selbst wie eine Vorwegnahme der Tiermetaphorik im *Zarathustra* – vielleicht erst im Mai oder Juni 1882 hinzugefügt worden ist, sprich nach der Begegnung mit Lou.)
34 Gegen den 18., vgl. *Dokumente,* 145.
35 *Dokumente,* 145.
36 KSB 6, 306.
37 *Lebensrückblick, 81.*
38 KSB 6, 204.
39 An Paul Rée, 18. 6. 1882; KSB 6, 205.
40 Brief v. 18. 6. 1882; KSB 6, 206.
41 Brief v. 28. 5. 1882; KSB 6, 196.
42 Friedrich Nietzsche an Paul Rée, 18. 6. 1882; KSB 6, 205.
43 Vgl. die Anmerkungen des Hg. in *Dokumente,* 434.
44 KSB 6, 216 f.
45 Friedrich Nietzsche an Lou Salomé, 27./28. 6. 1882; KSB 6, 213.
46 Brief v. 3. 7. 1882; KSB 6, 217.
47 A.a.O.
48 Brief v. 13. 7. 1882; KSB 6, 222.
49 EFN (1904), II, 2, 406.
50 Brief an Friedrich Nietzsche; *Dokumente,* 170.
51 Vgl. Köhler (1992), 335.
52 EFN an Ida Overbeck, 29. 1. 1883; zit. n. *Dokumente,* 293.
53 Vgl. Resa von Schirnhofers Bericht, zit. n. Gilman (1987), 474.
54 EFN (1904), II, 2, 561.
55 A.a.O., S. 560.
56 Vom 2. 8., vgl. die Anmerkung des Hg. in *Dokumente,* 171.
57 KSB 6, 236.

58 A.a.O.
59 Nachlaß, Sommer 1882; KSA 10, S. 16.
60 EFN (1904), II, 2, 407.
61 *Lebensrückblick,* 83.
62 *Dokumente,* 443.
63 A.a.O.
64 Lou Salomé, Tautenburger Tagebuch, zit. n. *Dokumente,* 183.
65 Vgl. den Brief Malwida von Meysenbug, Mitte Mai 1884: »Ich nannte Frl. S. einstmals in Tautenburg mein ›anatomisches Präparat‹ – ... ich bin ein arger, arger vivisector«; KSB 6, 504 f.
66 *Dokumente,* 139.
67 A.a.O., 182.
68 A.a.O., 184.
69 A.a.O., 167.
70 A.a.O., 183.
71 Ebd.
72 Vgl. W. Kaufmann, der sich in seinem *Nietzsche: Philosoph – Psychologe – Antichrist* auf die »Beweise« seines Schülers R. Binion beruft; dessen Buch über *Frau Lou* aber sammelt auf vielen hundert Seiten wenige handfeste Beweise und viele wacklige Indizien gegen Lou Andreas-Salomé, die der Autor zur Angeklagten in einem Verfahren macht, bei dem das Urteil von vornherein feststeht.
73 Vgl. hierzu Derrida (2000), passim.
74 Friedrich Nietzsche an F. Overbeck, 9. 9. 1882; KSB 6, 256.
75 *Dokumente,* 185.
76 A.a.O.
77 Nun *In der Schule bei Freud* und damit in ebenso intime Zwiesprache vertieft: 11. 5. 1913; LAS (1983), 155.
78 *Dokumente,* 185.
79 Vgl. dazu meinen Aufsatz »Gedankengänger« in: Unda Hörner (Hg.), *Im Dreieck. Dreiecksgeschichten von Nietzsche bis Duras*, Frankfurt: Suhrkamp (1999).
80 Lou Salomé an Friedrich Nietzsche, 4. 6. 1882, *Dokumente,* 131.
81 A.a.O.
82 Wie sie dem Tautenburger Tagebuch und damit Rée anvertraut: *Dokumente,* 185. (Auch in ihrem Nietzsche-Buch verwendet sie dieses Bild.)
83 *Dokumente,* 185.
84 Ebd.
85 *Dokumente,* 205.
86 A.a.O., 184.
87 Ebd.
88 Brief v. 20. 4. 82; *Dokumente,* 106.
89 Zit. n. Wollkopf (1994), 265.
90 A.a.O., 264.
91 Zit. n. Podach (1932), 57.
92 KSB 6, 258.

93 Brief vom 26. 6. 1882; KSB 6, 211.
94 Brief an Clara Gelzer v. 2. 10. 1882, zit. n. *Dokumente,* 256. [Im folgenden »Gelzer-Brief« genannt.]
95 Gelzer-Brief, a.a.O., 252.
96 A.a.O., 251.
97 A.a.O., 256.
98 A.a.O., 257, 258.
99 A.a.O., 252.
100 *Dokumente,* 286.
101 Brief v. 10. 11. 1882, zit. n. *Dokumente,* 245.
102 KSB 6, 275.
103 Janz I, 43.
104 KSB 6, 293.
105 A.a.O., 298.
106 A.a.O., 293.
107 A.a.O., 295.
108 A.a.O., 293.
109 A.a.O., 298.
110 Brief vom 25. 12. 1882; KSB 6, 312.
111 *Ecce homo*, Vorwort; § 4; KSA 5, 259.
112 Briefentwurf an Lou Salomé, vor Mitte Dezember 1882; KSB 6, 294.
113 *Also sprach Zarathustra I*, »Von der schenkenden Tugend«; KSA 4, 101.
114 Lou Salomé an Paul Rée, Neujahrsnacht 1882/83, zit. n. *Dokumente,* 282.
115 *Lebensrückblick,* 86.
116 A.a.O., 89.
117 *Dokumente,* 321 f.
118 Tönnies, zit. n. Treiber (1988), 53.
119 Briefentwurf von Mitte Juli 1883, KSB 6, 400.
120 *Morgenröthe,* § 296: »Das Duell«; KSA 3, 220. Vgl. F. Nietzsche an F. Overbeck, 10. 2. 1883: »[E]in Pistolenlauf ist mir jetzt eine Quelle relativ angenehmer Gedanken.« KSB 6, 326.
121 KSB 6, 433.
122 Wobei der Ausschluß jüdischer Männer aus schlagenden Studentenverbindungen und die Aberkennung ihrer Satisfaktionsfähigkeit zu den Standardforderungen der Antisemiten gehören.
123 Briefentwurf von Mitte Juli 1883; KSB 6, 402.
124 Brief v. 2. 9. 1884; KSB 6, 527.
125 Paul Rée an Lou Salomé, 17. oder 18. 8. 1882; *Dokumente,* 219.
126 Vgl. KSB 7, 102.
127 KSB 7, 46.
128 *Also sprach Zarathustra I*, »Von alten und jungen Weiblein«; KSA 4, 84.
129 KSB 7, 100.
130 Brief an F. Overbeck, 17. 10. 1885; KSB 7, 102.
131 Zit. n. Welsch/Wiesner (1990), 89.
132 *Morgenröthe,* § 449; KSA 3, 272.

Anmerkungen zu Kapitel III

1 LAS (1982), S. 66
2 Gillot-Brief, *Dokumente*, 103.
3 LAS (1902).
4 LAS (1898), *Fenitschka*, 56.
5 LAS (1982), 66.
6 Etkind (1996), 27.
7 LAS (1982), 66.
8 *Lebensrückblick*, 208.
9 A.a.O., 205.
10 Zit. bei Peters (1983), 127.
11 EFN (1914), 253.
12 Brief v. 30. 4. 1884; KSB 6, 498.
13 EFN (1914), 253 f.
14 Peters (1983), 124.
15 Zit. n. Podach (1932), S. 139.
16 Brief an B. Förster, zit. n. Peters (1983), 114.
17 A.a.O.
18 Gründer (1991), 86.
19 Von den Nazis als Vorläufer in Ehren gehalten, sollte der Rassist und Antisemit Peters 1941 in Gestalt von Hans Albers auf deutschen Kinoleinwänden wiederauferstehen.
20 EFN (1914), 254.
21 Brief an Köselitz, 26. 4. 1884, zit. n. *Dokumente*, 357.
22 Macintyre (1994), 14.
23 Eli Försters Tagebuch, zit. n. Peters (1983), 141.
24 Peters (1983), 142.
25 EFN (1914).
26 Alle Zitate: Brief an Franziska Nietzsche, zit. n. Peters (1983), 146.
27 Brief an Franziska Nietzsche, zit. n. Peters (1983), 147 f.
28 Brief an Franziska Nietzsche, Ende Mai 1885; KSB 7, 54.
29 Podach (1932), 146.
30 Podach (1932), 148.
31 Klingbeil, zit bei Podach (1932), 157.
32 Brief v. 11. 11. 1887, KSB 8, 193.
33 A.a.O.
34 Brief an R. v. Seydlitz, 28. 6. 1886, KSB 8, 603.
35 FN an F. Overbeck, 13. 11. 1888, KSB 8, 469.
36 Vgl. *Ecce homo*, Vorwort; KSA 6, 258.
37 KSA 4, S. 193.
38 Brief v. 29. 12. 1888; KSB 8, S. 561.
39 A.a.O.
40 KGB III, 5, 419 f.
41 So J. Köhlers Lesart der Andeutungen in Overbecks Erinnerungen: Köhler (1996), 123.

42 Zit. n. Podach (1932), 162.
43 Zola, *Der Experimentalroman*, zit. n. Stückrath (1995), 146.
44 So heißt es in dem satirischen Schauspiel *Sozialaristokraten* von Arno Holz, in dem der Verfasser mit seiner Friedrichshagener Vergangenheit abrechnet. [Zit. n. Hillebrand (1978), 12.]
45 Mosse (1979), 120.
46 Vgl. Hillebrand (1978), 14, und Aschheim (1996), 18.
47 Vgl. Schmujlow-Claassen (1898), 144–155.
48 Brief an F. Paulsen v. 11. 7. 1883, zit. n. *Dokumente*, 322.
49 Rilke, SW I, 313.
50 Erschienen 1898–1920; eines der ersten populärwissenschaftlichen Sachbücher in Deutschland und ein Bestseller der Jahrhundertwende.
51 Vgl. *Lebensrückblick*, 255.
52 Hauptmann (1996), S. 119 f.
53 »Ein holländisches Urteil über moderne deutsche Dramen«, *Freie Bühne*, 3. Juni 1891, S. 671.
54 Mit der Idee, Theaterstücken psychologische Einsichten zu entnehmen (zur Not auch gegen die Intentionen des Autors), sollte Lou übrigens nicht alleine bleiben. Wenige Jahre nach Erscheinen ihres Ibsen-Buchs entnimmt ein Wiener Psychologe einer antiken Tragödie seine berühmteste Denkfigur: *König Ödipus*. Später hat Sigmund Freud auch eine Frauengestalt aus Ibsens *Rosmersholm* interpretiert, unter der Kategorie *Einige Charaktertypen aus der psychoanalytischen Arbeit* (1916). Wie vor ihm Lou behandelt er die Figur Rebecca West dort bis zu einem gewissen Grad, »als wäre sie eine lebende Person«. [S. Freud, *Studienausgabe* X, 249.]
55 Wernz (1997), 39.
56 Vgl. Wernz (1997), ebd.
57 LAS (1892), 3.
58 A.a.O., 140.
59 Gillot-Brief, *Dokumente*, 103.
60 LAS (1892), 158.
61 A.a.O., 162
62 A.a.O., 158.
63 Ebd.
64 A.a.O., 180.
65 *Lebensrückblick*, 208.
66 Ebd.
67 Ebd.
68 *Lebensrückblick*, 209.
69 Welsch/Wiesner (1990), 112.
70 Nicht nur schläft er mit einer schwarzen Untertanin, anschließend läßt er sie zusammen mit ihrem Freund hinrichten.
71 *Lebensrückblick*, 210.
72 Zit. n. Peters (1983), 179.
73 Bayr. Blätter Band IV/V, 1894, S. 176, zit. n. Peters (1983), 180.

Anmerkungen zu Kapitel IV

1 So gab Nietzsche auf Köselitzens Rat hin seiner *Götzen-Dämmerung* einen neuen Untertitel: statt des beschaulichen »Müßiggang eines Philosophen« den martialischen »Wie man mit dem Hammer philosophiert«.

2 Daß es nicht so leicht ist, sich der Verehrungswut der Masse zu entziehen, zeigt sehr schön der Jesus-Film von Monty Python, *Das Leben des Brian*. Brian, ein anderer Doppelgänger des »Gekreuzigten«, der alles tut, um nicht mit einem Religionsstifter verwechselt zu werden, ruft den ihn verfolgenden Massen von Bewunderern zu: »Ihr seid alle Individualisten!« Worauf Tausende wie aus einem Munde nachbeten: »Wir sind alle Individualisten!« Unaufhaltsam bringt diese Liebe seiner Anhänger Brian schließlich ans Kreuz.

3 *Jenseits von Gut und Böse*, § 6; KSA 5, 19.

4 LAS (1894), »Ein Brief Nietzsches zum Vorwort«; vgl. die Anm. d. Hg.s, S. 298.

5 Nachlaß, KSA 14, 485; eine Variante zu *Ecce homo*, »Warum ich so gute Bücher schreibe«.

6 Bernoulli (1908), II, 388. – Prophetische Worte: In den folgenden Jahren wurde er von Förster-Nietzsche, die eine Reihe von Prozessen gegen ihn anstrengte, fast in den Ruin getrieben; wichtige Passagen im zitierten Buch wurden eingeschwärzt.

7 *Ecce homo*, Vorwort, KSA 6, 257.

8 *Ecce homo*, »Die Geburt der Tragödie« 1; KSA 6, 310.

9 Vorwort; KSA 6, 12.

10 A.a.O., Zweite Nachschrift; KSA 6, 46.

11 A.a.O., § 8; KSA 6, 30. Vgl. § 5: »Ist Wagner überhaupt ein Mensch? Ist er nicht eher eine Krankheit?«; KSA 6, 21.

12 LAS (1894), 105.

13 A.a.O., 169.

14 KSB 6, 245.

15 LAS (1894), 58.

16 Ebd.

17 A.a.O., 59.

18 So findet sich etwa die folgenschwere Annahme, der scheinbaren Einheit des Ich liege eine »Subjekts-Vielfalt« zugrunde, in *Jenseits von Gut und Böse*, § 12; KSA 5, 27.

19 LAS (1894), 49.

20 A.a.O., 119.

21 S. Freud, *Zur Psychopathologie des Alltagslebens*, 287 f.

22 LAS (1894), 267.

23 Ebd.

24 Ebd.

25 *Also sprach Zarathustra II*, »Auf den glückseligen Inseln«; KSA 4, 111.

26 LAS (1894), 268.

27 Ebd.
28 A.a.O., 276. Der Traum findet sich in *Also sprach Zarathustra* II, »Der Wahrsager«.
29 *Also sprach Zarathustra* I, »Vom Freunde«; KSA 4, 71.
30 »*Versprochen* ist Alles schon in ›Schop[enhauer] als Erz[ieher]‹; es war aber ein gutes Stück Weg von ›Menschl[iches], Allzum[enschliches]‹ bis zum ›Übermenschen‹ zu machen.« F. Nietzsche an Köselitz, 21.4.1883: KSB 6, 364.
31 LAS (1894), 106.
32 A.a.O., 58.
33 A.a.O., 109.
34 *Ecce homo,* Vorwort § 4, KSA 6, 259.
35 Kessler (1988), Band II, 208 ff.
36 LAS (1894), 70.
37 *Morgenröthe,* § 138; KSA 3, 131.
38 Brief an J. Hofmiller, 1897, zit. n. L. Salber (1990), 141.
39 Zit. n. Salber (1990), 141.
40 Steiner (1895), 9.
41 A.a.O., 10.
42 Brief an Rosa Mayreder, zit. n. Hoffmann (1991), 440.
43 EFN (1897), II, 1, VII.
44 EFN (1904), II, 2, 408.
45 A.a.O., II, 1, VIII.
46 EFN (1895), I, 64.
47 EFN (1904), II, 2, 411.
48 Zit. ebd.
49 Zit. n. *Dokumente,* 264.
50 Brief an Köselitz von 1893, zit. n. Peters (1983), 188.
51 Brief v. 26.4.1884, zit. n. *Dokumente,* 356.
52 So Elisabeths Nietzscheaner-Freund Henry van der Velde.
53 Oberbeck (1999), 271.
54 Rosa Mayreder an Rudolf Steiner, zit. n. Hoffmann (1993), 27.
55 EFN (1931), 159.
56 EFN (1895), I, VII.
57 Overbeck (1999), 271.
58 EFN (1904), II, 2, 500.
59 *Ecce homo,* »Warum ich so weise bin«, KSA 6, 268.
60 Vgl. *Dokumente,* 259.
61 *Ecce homo,* »Also sprach Zarathustra«; KSA 6, 336.
62 *Ecce homo,* »Warum ich so weise bin«; KSA 6, 268.

Anmerkungen zu Kapitel V

1 Vgl. zu diesem Thema und zur Rolle Nietzsches darin Walter Rehm, *Der Dichter und die neue Einsamkeit*, vor allem S. 21 ff., sowie Le Rider (1990), vor allem das Kapitel »Individualismus, Einsamkeit und Identitätskrise«, 40–61.
2 Friedrich Nietzsche im Gespräch, zit. n. *Begegnungen*, 525.
3 Vgl. hierzu Karin Tebben, »Der weibliche Blick auf das Fin de siècle: Schriftstellerinnen zwischen Naturalismus und Expressionismus«, in: Tebben (1999), 1–47.
4 Le Rider (1990), 221.
5 Vgl. Tilly Wedekind (1969), 45.
6 *Lebensrückblick*, 100.
7 Frank Wedekind, *Werke*, III, 2, 983.
8 Vgl. Tilly Wedekind (1969), 99.
9 Wagner (1987), 132 und 142.
10 *Jenseits von Gut und Böse*, § 239 und § 131; KSA 5, 178 und 96.
11 *Fenitschka*, 56.
12 A.a.O., 55.
13 A.a.O., 36.
14 *Lebensrückblick*, 102.
15 A.a.O., 103.
16 A.a.O., 104.
17 Zit. n. den Anmerkungen der Hg. in Schnitzler/Beer-Hofmann, *Briefwechsel*, 260.
18 Zitate n. Weinzierl (1994), 92.
19 So Weinzierl (1994), 92.
20 Le Rider (1990), 378.
21 Ebd.
22 Alle Zitate ebd.
23 Zit. n. Le Rider (1990), 381.
24 Zit. n. Le Rider (1990), 379.
25 Zit. n. Welsch/Wiesner, 156.
26 Richard Beer-Hofmann, zit. n. Le Rider (1990), 47.
27 *Lebensrückblick*, 106.
28 Vgl. Wagner (1991), 135.
29 Vgl. Krummel, 48 f.
30 Zitate n. Schnitzler, *Tagebuch 1893–1902*, 140, 141.
31 Schnitzler, Beer-Hofmann, *Briefwechsel*, 79; Brief vom 10. 9. 1895. – Spätestens seit der Veröffentlichung dieser Briefedition kann die noch von Welsch/Wiesner (1990), 155, vertretene Hypothese, bei Lous Begleiter habe es sich um Paul Goldmann gehandelt, als widerlegt gelten; das Wesentliche steht aber schon bei Binion (1968).
32 A.a.O., 267.
33 A.a.O., 79.

34 Arthur Schnitzler, *Liebelei*. In: *Das dramatische Werk*, Band 1, 219.
35 So jedenfalls die Rekonstruktion von Binion (1968), 192 ff.
36 Vgl. Kapitel IV.
37 J. Otzen, zit. n. *Elvira*-Katalog, 38.
38 A.a.O.
39 Brief an LAS, 13. 5. 1897; Rilke/Andreas-Salomé, *Briefwechsel*, 7. [Im folgenden zitiert als BrW.]
40 Rilke, SW III, 565.
41 Brief an LAS, 13. 5. 1897; BrW, 7.
42 LAS, »Jesus der Jude«, in: *Neue Deutsche Rundschau* 7 (1896), 348.
43 Brief an Lou, 31. 5. 1897; BrW, 10.
44 A.a.O.
45 *Dir zur Feier*, SW III, 181.
46 *Lebensrückblick*, 115.
47 LAS (1983), 148.
48 BrW, 17.
49 An Lou, Juni 1897; BrW, 21.
50 Schank (1998), 42.
51 *Lebensrückblick*, 138.
52 Rilke, SW II, 39.
53 Welsch/Wiesner (1990), 436.
54 Schank (1998), 44.
55 SW VI, 1204; Hervorhebung DS.
56 BrW, 53.
57 Zu Rilkes »eingekapseltem Selbst« vgl. Schank (1997), 85.
58 BrW, 53; vermutlich unmittelbar nach dem Abschiedsgespräch.
59 Brief an Lou, 9. 6. 1897; BrW, 20.
60 *Lebensrückblick*, 114.
61 Brief an Joseph Rilke, 6. 8. 1883; zit. n. Schank (1997), 84.
62 *Lebensrückblick*, 140.
63 Brief an LAS, BrW, 124 f.
64 Rainer Maria Rilke an Sophie Rilke, zit. n. Prater (1989), 81.
65 *Lebensrückblick*, 138.
66 Vgl. a.a.O., 210.
67 Rilke, *Das Florenzer Tagebuch*, Frankfurt, Leipzig: Insel (1994), 9. [Im folgenden »FTB«.]
68 A.a.O., 38.
69 A.a.O., 40.
70 A.a.O., 29.
71 A.a.O., 39.
72 A.a.O., 57.
73 Vgl. hierzu E. Heller (1964) sowie P. Paff (1983).
74 FTB, 28 f.
75 F. Nietzsche, *Also sprach Zarathustra*, »Von alten und von jungen Weiblein«, KSA 3, 85.
76 FTB, 95 f.

77 A.a.O., 109.
78 A.a.O., 57 f.
79 *Lebensrückblick*, 138.
80 LAS (1999), *Rußland mit Rainer*. Tagebuch der Reise mit Rainer Maria Rilke im Jahre 1900, 88.
81 *Lebensrückblick*, 61.
82 *Fenitschka*, 21.
83 Brief an Jelena M. Woronina, 27. 7. 1899, zit. n. *Rilke und Rußland*, 105.
84 Rilke an Cäsar von Sedlakowitz, 9. 12. 1920, zit. n. Schank (1998), 54.
85 LAS (1999), 90 f.
86 A.a.O., 140 f.
87 Ebd.
88 *Lebensrückblick*, 146.
89 Tagebuchnotiz v. 17. 1. 1901, zit. n. Andreas-Salomé/Rilke, *Briefwechsel*, 51.
90 *Letzter Zuruf*, Andreas-Salomé/Rilke, *Briefwechsel*, 54.
91 A.a.O., 55.
92 Ebd.
93 Brief an Frieda von Bülow, zit. n. Andreas-Salomé/Rilke, a.a.O., 509.
94 *Letzter Zuruf*, Andreas-Salomé/Rilke, *Briefwechsel*, 54.
95 A.a.O., 55.
96 Tagebucheintragung 1902, zit. n. S. Streiters Nachwort in *Das Haus*, 249.
97 Hedwig Dohm, *Werde, die du bist!*, zit. n. Gaby Pailer »Intertextualität und Modernität im erzählerischen Werk Hedwig Dohms«, in: Tebben (1999), 138–161, hier 144.
98 Dohm, a.a.O., 145.
99 Vgl. *Die fröhliche Wissenschaft*, § 71.
100 So Juliet Mitchell (1985), 492.
101 Brinker-Gabler (1978), 20.
102 LAS (1899), »Der Mensch als Weib: Ein Bild im Umriß«. In *Neue Deutsche Rundschau* 10 (1899). Zitiert nach der gekürzten Neuausgabe in: LAS, *Die Erotik*, 17. – Vgl. Friedrich Schiller, *Unterschied der Stände*, in: *Ausgewählte Werke*, I, 65: »Adel ist auch in der sittlichen Welt. Gemeine Naturen/ zahlen mit dem, was sie *tun*, edle mit dem, was sie *sind*.«
103 LAS (1899), 10.
104 A.a.O., 33.
105 A.a.O., 28.
106 LAS (1983), 125.
107 LAS (1899), 19.
108 Die letzten drei Zitate: LAS (1899), 39 f.
109 Vgl. oben, Kapitel II.
110 A.a.O., 39.
111 A.a.O., 30.
112 Ebd.
113 Mayreder (1981), 114.

114 LAS (1900), »Gedanken über das Liebesproblem«. In: *Neue Deutsche Rundschau* 11 (1900). Zitiert nach der Neuausgabe in: LAS, *Die Erotik*, 76.
115 A.a.O., 59.
116 A.a.O., 66.
117 A.a.O., 54.
118 A.a.O., 63.
119 A.a.O., 80.

Anmerkungen zu Kapitel VI

1 Müller-Buck (1994), 319.
2 An F. Overbeck, 24. 3. 1887; KSB 8, 48.
3 Franz Servaes im Jahre 1893, zitiert n. Hillebrand (1978), I, 89.
4 Ludwig Stein, »Friedrich Nietzsches Weltanschauung und ihre Gefahren« (1893), zit. n. Hillebrand (1978), 87.
5 Vgl. *Ecce homo,* »Warum ich so weise bin«, 3; KSA 6, 268.
6 Vgl. Aschheim (1996), 19.
7 Tönnies (1893), zit. n. d. Neuauflage Berlin: Akademie-Verlag (1990), 99.
8 Tönnies (1897), zit. n. d. Neuauflage Berlin: Akademie-Verlag (1990), 9.
9 Friedrich Michael Fels, »Nietzsche und die Nietzscheaner« (1894), zit. n. Wunberg (1981), *Die Wiener Moderne,* 150–153, hier 151.
10 Vgl. Kodwo Eshun: »Halb Mensch, halb Plattenspieler«. Interview mit Marc Deckert, *Süddeutsche Zeitung* v. 23. 08. 99, 10.
11 Vgl. »140. ›Man muß euch mit dem Wahnsinn impfen‹ – sagte Zarathustra.« 1882/82, 5 [1]; KSA 10, 202. (Nicht in den *Zarathustra* aufgenommen.)
12 Vgl. hierzu Hillebrand (1978).
13 G. Reuter, *Vom Kinde zum Menschen. Die Geschichte meiner Jugend.* Berlin: S. Fischer 1921, 453 f., zit. n. Hoffmann (1993), 14 f.
14 Walter Benjamin gibt diese Anekdote ohne zuverlässige Quellenangabe wieder in seinem Aufsatz: »Friedrich Nietzsche und das Archiv seiner Schwester«.
15 EFN an Köselitz, 22. 9. 1893, zit. n. Peters (1983), 184.
16 Peters (1983), 189. Vgl. Hoffmann (1991), erstes Kapitel.
17 Annette Kolb in ihrem Nachruf auf Kessler, in: *Maß und Wert* 1 (1937/38), zit. n. Zeller (1968), 48.
18 Tagebuch, 28. 1. 95; zit. n. Cancik, 180.
19 Brief an EFN v. 29. 12. 1895, zit. n. Peters (1983), 210.
20 Scheffler, zit. n. Janz III, 211.
21 A.a.O.
22 Kessler (1968), 74 f.
23 A.a.O.
24 Kessler (1968), 75.

25 Reuter (1924), 458–459, zit. n. Hanser-Chronik, 786 f.
26 Ungern-Sternberg, zit. n. Gilman (1987), 730 f.
27 EFN (1912), 546.
28 Köselitz, zit. n. Gilman (1987), 719.
29 Vgl. dazu Aschheim (1996), 242 ff.
30 E. Horneffer, in: Th. Thomas, »Der kranke Nietzsche«, *Neue Freie Presse,* 1. 2. 1903, zit. n. Gilman (1987), 714 ff.
31 Brief von Josef Hofmiller 1933, zit. n. Volz (1996), 289.
32 Fritz Schuhmacher, zit. n. Gilman (1987), 707.
33 E. Horneffer, zit. n. Gilman (1987), 744.
34 Kessler (1968), 80.
35 Köselitz an F. Overbeck, 14. 4. 1898, zit. n. Hoffmann (1991), 35.
36 Vgl. Bernoulli, *Overbeck und Nietzsche* II (1908), 382.
37 Vgl. Krause, 150.
38 *Morgenröthe,* § 169; KSA 3, 152.
39 Nachlaß Herbst 1887; VIII 10 [146]; KSA 12, 538.
40 Nachlaß Herbst 1887; VIII 9 [188]; KSA 12, 450.
41 EFN (1901), XIX.
42 Ebd.
43 A.a.O., XVIII.
44 Richard Dehmel an EFN, 14. 3. 1914, zit. n. Schmidt-Bergmann, »›Geheimnisvolles, undurchsichtiges Deutschland‹«, in: Schirmer/Schmidt (2000), 130.
45 Dieter Fuchs, »*Der Wille zur Macht:* Die Geburt des ›Hauptwerks‹ aus dem Geiste des Nietzsche-Archivs«, in *Nietzsche-Studien* 26 (1997), 384–404, hier 390.
46 EFN (1901), XVI.
47 KSA 14 (Kommentarband), 392.
48 Albert Lamm 1906, zit. n. Hoffmann (1991), 68.
49 Vgl. Krause (1984), 137.
50 Walter Jesinghaus, zit. n. Gilman (1987), 711.
51 Zitate n. Müller-Buck (1994), 334.
52 Krause (1984), 90.
53 R. Dehmel an EFN, 14. 9. 1910, zit. n. Schmidt-Bergmann, a.a.O., 130.
54 Vgl. Aschheim (1996), 44 f.
55 Darüber sprach sie bereits im August 1897 mit Kessler. Vgl. Kessler (1968), 73 f.
56 C. A. Bernoulli, *Overbeck und Nietzsche* II, 355, zit. n. Krause (1984), 101.
57 Kessler an EFN, 6. 5. 1902, zit. n. Emmrich et. al. (2000), *Das Nietzsche-Archiv*, 61.
58 EFN (1904), 889.
59 Zit. n. Krause (1984), 177.
60 Vgl. Gilman (1984), »The Nietzsche Murder Case«.
61 Jung, *Erinnerungen, Träume, Gedanken,* zit. n. Linda Donn, *Freud und Jung* (1990), 88.

62 Martin Buber, zit. n. Aschheim (1996), 107.
63 Vgl. Jones II, 110.
64 EFN (1905), 172.
65 Zit. n. Sigismund (1977), 181.
66 Van de Velde, *Geschichte meines Lebens,* zit. n. Krause (1984), 206.
67 Zit. n. Wollkopf (1990), 134.
68 Dieses und die folgenden Zitate nach *Hugo von Hofmannsthal – Harry Graf Kessler. Briefwechsel 1898–1929.* Herausgegeben von Hilde Burger. Frankfurt a. M. 1968, S. 323–326.
69 EFN an Kessler, Entwurf, 19. 4. 1911, zit. n. Wollkopf (1990), 134.
70 Zit n. Aschheim, 146.
71 Zit. n. Aschheim, 132.
72 EFN (1904), 890 (Herv. DS).
73 Zitiert nach Hillebrand (1978), I, 178.
74 Zitiert nach Peters (1983), 273.
75 Zitiert nach Peters (1983), 275.
76 Zitiert nach Peters (1983), 277.

Anmerkungen zu Kapitel VII

1 S. Freud/A. Zweig, *Briefwechsel,* 86.
2 A.a.O., 99.
3 A.a.O., 91.
4 Ebd.
5 Köhler (1992) spricht in diesem Zusammenhang von »Freuds Abwehrschlacht«.
6 Brief v. 2. 12. 1930; S. Freud/A. Zweig, *Briefwechsel,* 35.
7 Nachdem er sich mit Elisabeth zerstritten hat, ist Horneffer in den zwanziger Jahren selbst als Verwirklicher der Ideen des Propheten Nietzsche aufgetreten, dann Nazi geworden, aber Nietzscheaner geblieben; 1934 stellt er, in zeittypischer Weise, *Nietzsche als Vorbote[n] der Gegenwart* dar: »Es ist, als ob er lebend mitten unter uns weilte.« Horneffer (1934), 12.
8 Carl J. Burckhardt, *Briefe 1908–1974,* Frankfurt (1986), 150, zit. n. Köhler (1992), XIX.
9 Zit. n. Peters (1983), 300.
10 Laut Peters (1983), 300.
11 Vgl. hierzu Freud an Karl Abraham, 3. 5. 1908, in: S. Freud, K. Abraham, *Briefe,* 47.
12 Vgl. Freud an Abraham, 26. 12. 1908: »Unsere arischen Genossen sind uns doch ganz unentbehrlich, sonst verfiel die Psychoanalyse dem Antisemitismus.« S. Freud/K. Abraham, *Briefe,* 73.
13 Jung an Freud, 2. 1. 1912, Freud/Jung, *Briefwechsel,* 214 f.
14 Vgl. z. B. Adler (1972), 51. Inwieweit Adler sich zu Recht auf Nietzsche beruft, steht hier nicht zur Debatte.

15 Jung an Freud, 3. 3. 1912; Freud/Jung, *Briefwechsel,* 222.
16 Brief an Jung vom 10. 1. 1912, Freud/Jung, *Briefwechsel,* 240.
17 Brief an Sándor Ferenczi vom 31. 10. 1912; Freud/Ferenczi *Briefwechsel,* Band I/2 (1912–1914), 145.
18 Rilke an LAS, 28. 12. 1911; Rilke/LAS, *Briefwechsel,* 216.
19 Vgl. z. B. 17. 3. 1904: »Arzt, was im Grunde hätte sein müssen«; 24. 1. 1912: »Du mußt nicht lachen, aber wochenlang, gegen den Abschluß des *Brigge* zu, hatte ich das Gefühl, ich könnte noch Arzt werden hernach, studieren und dann Arzt irgendwo auf dem Lande –«. Rilke/LAS, *Briefwechsel,* 138 und 253.
20 Vgl. hierzu Ortrud Gutjahr, »Die Hysterie des Anderen«, 20.
21 Vgl. die Aufzeichnung »Traum- und Wachtechnik, dichterische Technik« in LAS (1983), 33 ff.
22 Vgl. Koepcke (1986), 285 f.; Krummel II (^{2}1998), 366 f.
23 LAS (1926), »Zum 6. Mai 1926«, 232.
24 Alle Zitate: ebd.
25 Das rhetorische Verfahren, den eigenen Namen durch »die Psychoanalyse« zu ersetzen, führt Freud zu offenkundig ›falschen‹ Aufzählungen der Leistungen großer Männer, z. B.: Kopernikus, Darwin, »die Psychoanalyse«.
26 Vgl. Junker (1991), 30: »Die Postulierung von *Übertragungsfreiheit* gegenüber der Person Freuds ist sicher nicht, am wenigsten von einem Analytiker, einzulösen. Die völlige Auflösung dieser Übertragung [...] würde zur Auflösung der Berufsfähigkeit des Analytikers führen.«
27 Roazen (1973), 118 f.
28 Roazen (1973), 59.
29 Brief v. 20. 3. 1913, S. Freud/S. Ferenczi, *Briefwechsel,* Band I/2, 207.
30 LAS (1983), 18.
31 »Russische Philosophie und semitischer Geist«. In: *Die Zeit,* 14, Nr. 172 (1898).
32 Ein Versuch, den man im Kontext des gesamten Schauspiels wohl als ›interessant mißlungen‹ einschätzen muß. Als bemerkenswert hervorzuheben sind insbesondere das Motiv der Stummheit der Frau sowie surrealistisch anmutende Ideen wie die, den Illusionscharakter gewisser Bilder durch ein Loch im Filmmaterial darzustellen. Vgl. LAS (1922), insbesondere 32 f.
33 LAS (1983), 102.
34 LAS (1983), 102 f.
35 Wie sein Aufsatz *Über einen besonderen Typus der Objektwahl beim Manne* (1910) belegt.
36 Vgl. Junker (1991), 37.
37 Vgl. *Totem und Tabu,* Studienausgabe IX.
38 LAS (1983), 98 und 188.
39 LAS (1983), 140.
40 Vgl. den Briefwechsel Freud/Jung, S. 250 (Jung am 18. 12. 1912).
41 LAS (1983), 189.
42 »Man könnte sagen, es seien die drei für den Mann unvermeidlichen Be-

ziehungen zum Weibe, die hier dargestellt sind: Die Gebärerin, die Genossin und die Verderberin. Oder die drei Formen, zu denen sich ihm das Bild der Mutter im Lauf des Lebens wandelt: Die Mutter selbst, die Geliebte, die er nach deren Ebenbild gewählt, und zuletzt die Mutter Erde, die ihn wieder aufnimmt [...]; nur die dritte der Schicksalsfrauen, die schweigsame Todesgöttin, wird ihn [Shakespeares König Lear] in ihre Arme nehmen.« S. Freud (1913), *Das Motiv der Kästchenwahl,* Studienausgabe X, 193.

43 »Es tut mir sehr leid, [...] daß Sie am Samstag nicht bei mir waren. Ich war so meines Fixationspunktes beraubt und sprach unsicher.« S. Freud/LAS, *Briefwechsel,* 14.

44 Vgl. hierzu etwa *Die Traumdeutung:* Ein Patient erzählt einen Traum und kommentiert: »*Dann sind einige Lücken im Traum, da fehlt etwas*«, woraus Freud folgert: »Die ›Lücken‹ sind die Genitalöffnungen der [im Traum auftretenden] Frauen: ›da fehlt etwas‹ beschreibt den Hauptcharakter des weiblichen Genitales.« S. Freud (1900), Studienausgabe I, 329.

45 LAS (1983), 88 f. (2. Februar 1913).

46 Vgl. Kofman (1985).

47 S. Freud (1914), »Zur Einführung des Narzißmus« (Studienausgabe III, 37–68), 55.

48 S. Freud (1913), *Totem und Tabu,* Studienausgabe IX, 377.

49 Vgl. Kofman (1985), Gast (1992), Appignianesi/Forrester (1994).

50 »Zur Einführung des Narzißmus«, a.a.O., 56.

51 S. Freud, *Brautbriefe,* 24. Vgl. Gast (1992), 94.

52 LAS (1983), 184 f.

53 Vgl. LRB, 168.

54 Vgl. LAS (1983), 106 (23. Februar 1913).

55 Freud an Fließ, 2. April 1896; *Aus den Anfängen der Psychoanalyse,* 142.

56 Gasser (1997), 101.

57 Gasser (1997), 4.

58 KSA 5, 291 f.

59 Freud an Martha Bernays, 28. 4. 1885; *Brautbriefe,* 84.

60 Vgl. McGrath (1998). – Wie wichtig der Pernerstorfer-Kreis für die österreichische Politik war, geht u. a. daraus hervor, daß eines der Mitglieder, Viktor Adler, später die sozialdemokratische Partei Österreichs gründete.

61 Vgl. Freud/Zweig, *Briefwechsel,* 89. – Paneths Gespräche sind von Elisabeth Förster-Nietzsche im Schlußband ihrer großen Biographie ausführlich zitiert worden.

62 Zitiert nach Peters (1983), 278.

63 Briefentwurf vom 23. 12. 1925, zitiert nach Wollkopf (1990), 138.

64 Spengler (1973), IX (Vorwort zur 33.–47. Auflage 1922).

65 A.a.O., I, 542.

66 Spengler, *Preußentum und Sozialismus,* zitiert nach Demandt (1994), 140.

67 Spengler (1973), I, 478.

68 Vgl. EFN (1904), 681–683.

69 Vgl. Spengler (1973), 478. – Ernst Jünger, ein weiterer Hauptvertreter der

»konservativen Revolution«, erzählt in *Das Wäldchen 125* (1918): »Im vorigen Krieg stand ein Krankenpfleger in einem französischen Dorf, als plötzlich die Erde erdröhnte, und wie ein farbiger Blitz ein geschlossenes Kavallerieregiment um eine Ecke brach und an ihm vorbeifunkelte. Er sagte später, daß diese prächtige Erscheinung [...] einen unvergeßlichen Eindruck in ihm hervorgerufen hätte [...] Es ist unnötig zu sagen, *wer* solche Worte sprach. Mögen auch unsere Taten einer neuen, großen und harten Weltanschauung die Gasse brechen.« [Zitiert nach Krummel (1998), II, 818.] Unnötig zu sagen, daß es nicht Friedrich Nietzsche, sondern der von Elisabeth geschaffene Heros ist, dessen Mythos Jünger hier durch eine Nacherzählung mit eigenen Ausschmückungen verbreitet.

70 EFN (1922), 7 f.
71 Vgl. Naake (2000), 86.
72 Sigismund (1977), 69, 122, 236.
73 Kessler (1982), 574 f. (Eintragung vom 15. Oktober 1927).
74 Gay (1987), 78.
75 Zitiert nach dem Briefwechsel Rilke/LAS, 357 und 355.
76 LRB, 180.
77 Alle Zitate aus dem Brief an Rilke vom 12. September 1914; Rilke/LAS, *Briefwechsel,* 361.
78 S. Freud/LAS, *Briefwechsel,* 21.
79 Brief an S. Freud vom 19. November 1914; S. Freud/LAS, *Briefwechsel,* 22.
80 Rilke/LAS, *Briefwechsel,* 455.
81 Zitiert nach Rilke/LAS, *Briefwechsel,* Anmerkungen, 623.
82 Rilke/LAS, *Briefwechsel,* 126.
83 LAS an S. Freud, 20. 5. 1927; S. Freud/LAS, *Briefwechsel,* 183.
84 Gutjahr, 20.
85 Bäumer, 499.
86 S. Freud/LAS, *Briefwechsel,* 75.
87 A.a.O., 68.
88 Vgl. Welsch/Wiesner, 335.
89 S. Freud/LAS, *Briefwechsel,* 83. Entsprechend heißt es in der Streitschrift *Zur Geschichte der psychoanalytischen Bewegung,* 185, nicht zufällig, wenn es um Adler und Jung geht: »Die Analyse [...] setzt durchaus [...] die Situation eines Überlegenen und eines Untergeordneten voraus.«
90 LAS (1931), *Mein Dank an Freud,* 249 und 248.
91 Junker (1997), 155.
92 W. Salber (1985), 28.
93 Vgl. hierzu H. Junker (1997), passim, und J. Derrida (2000), 373 ff. – S. Freud an S. Ferenczi: »ich bin auch jener psychoanalytische Übermensch, den wir konstruiert haben« [zit. n. Junker (1997), 40]. Genau dies hatte er bestreiten wollen. In seiner Freud-Biographie löscht Ernest Jones jede Spur dieser aufschlußreichen Freudschen Fehlleistung Freuds, indem er den Passus kommentarlos zu »ich bin auch nicht [...]« ergänzt. Vgl. Junker (1997).

94 Zit. n. Derrida (2000), 374.
95 *Mein Dank an Freud,* 247.
96 S. Freud/LAS, *Briefwechsel,* 213.
97 Zweimal erwähnt er immerhin ihr Bonmot, bei der Frau sei der Genitalapparat der »Kloake« quasi nur »abgemietet«.
98 Vgl. *Fenitschka,* 66.
99 LAS (1928), 240.
100 A.a.O., 241.
101 1937 in *Die endliche und die unendliche Analyse,* Studienausgabe, Ergänzungsband, 392.
102 LAS (1928), 239.
103 Vgl. auch Rose-Maria Gropps lacanianische Lesart von »Der Mensch als Weib«: »Das ›Weib‹ existiert nicht«, in: *Lou Andreas-Salomé.* Rilke-Gesellschaft.
104 »›Frau‹ ist, was nicht daran glaubt und sein Spiel damit treibt.« Jacques Derrida, »Sporen: Die Stile Nietzsches«, 139.
105 Ob der Frauenleib als »Schauplatz« der Begegnung von Ei- und Samenzelle erscheint (wie in *Der Mensch als Weib*) oder die Wolgalandschaft als in sich ruhende Urmutter: das Menschliche ist für Lou die »Geschwisterschaft aller aus Mutterschoß Geborenen« (»Psychosexualität«, 178).
106 Zitiert nach Domenico F. Fazio, »Nietzsche und der Faschismus: Eine Politik des Nietzsche-Archivs für Italien«, in: Schirmer/Schmidt (2000), 221–233, hier 223.
107 Vgl. G. Bataille, *Wiedergutmachung an Nietzsche,* sowie Fazio, a.a.O., 221; dort wird festgestellt, daß in dem von Mussolini verfaßten Eintrag »Fascismo« in der »Enciclopedia Italiana« unter den Vorläufern des Faschismus Sorel, Péguy und Renan genannt werden, nicht jedoch Nietzsche. Generell gilt laut Fazio: Ein faschistischer Nietzsche »fehlt gänzlich« (ebd.).
108 Zitiert nach Fazio, a.a.O., 224.
109 EFN, Telegramm an Mussolini, 29. 7. 1933, zit. n. Fazio, a.a.O., 229.
110 Brief an Max Oehler vom 30. 5. 1928, zitiert nach Naake (2000), 108.
111 Vgl. Fazio, a.a.O., 226 f.
112 Zitiert nach Peters (1983), 286.
113 Willy Haas, »Wir fordern eine ›Lex Nietzsche‹«, *Die literarische Welt,* 19. 7. 1929, zitiert nach Hoffmann (1991), 101.
114 Zitiert nach Peters (1983), 295.
115 Zitiert nach Naake (2000), 174.
116 Kessler (1982), 722. (7. 8. 1932.)
117 Vgl. Peters (1983), 295.
118 Vgl. Fazio, a.a.O., 229 f.
119 Zit. n. Peters (1983), 298 f.
120 Vgl. Ziegler (1965), 12.
121 *The Story of Elisabeth Nietzsche,* Teil 2: *Mother of the fatherland.*
122 Zit. n. Naake (2000), 112.
123 Zitiert nach Djavid Salehi, »Freunde und Herausgeber – zur Geschichte

des Nietzsche-Archivs«, in: Schirmer/Schmidt (2000), 187–220, hier 196.
124 Marelle (1934). 31.
125 EFN (1935), 108.
126 EFN (1935), 131.
127 Vgl. Peters (1983), 302.
128 Sigismund (1977), 282 f.
129 27. 4. 1936, zitiert nach Naake (2000), 117.
130 So Schlechta im Anhang seiner Nietzsche-Werkausgabe, Band III, 1372 (Anmerkung).
131 15. 2. 1925; S. Freud/LAS, *Briefwechsel,* 166.
132 LAS (1983), 33 f. (16. 11. 1912).
133 Vgl. LAS an S. Freud, 30. 1. 1919; S. Freud/LAS, *Briefwechsel,* 99, sowie S. Freud, *Zur Psychopathologie des Alltagslebens,* 186. Eine hübsche Deutung von Lous Fehlleistung findet sich bei Mary Jacobus (1992), 87 ff.
134 Pfeiffer hat dieses Motto Lous *Dank an Freud* entnommen.
135 Vgl. z. B. *Und Nietzsche weinte,* Roman von Irvin D. Yalom (1994).
136 Vgl. *Jenseits von Gut und Böse,* Spielfilm von Liliana Cavani (Italien/Frankreich/BRD 1975); *Virtual Play,* Video von Steve Fagin (USA 1984); *Lou,* Oper von Guiseppe Sinopoli (Uraufführung Münchner Staatsoper 1981).
137 Alexander Widner, *Nietzsche oder Das deutsche Elend.* Inszenierung: Schloßparktheater Berlin 2000, Regie: Thomas Bikmeir.

Literaturverzeichnis

Schriften Lou Andreas-Salomés

Im Kampf um Gott. Roman, veröffentlicht unter dem Pseudonym »Henri Lou«. Leipzig, Berlin: Wilhelm Friedrich (1885).

»Zum Bilde Friedrich Nietzsches«. In: *Freie Bühne* 2 (1891), 64–68, 81–91, 109–112.

»Ein holländisches Urteil über moderne deutsche Dramen«. In: *Freie Bühne* 2 (1891), 521–524, 541–546, 571–574, 592–595, 670–673, 696–701.

Henrik Ibsens Frauengestalten (1892). Jena: Diederichs (⁴1925).

»Gottesschöpfung«. In: *Freie Bühne* 3 (1892), 169-179.

Friedrich Nietzsche in seinen Werken (1894). Frankfurt am Main: Insel (1983).

Ruth. Roman. Stuttgart: Cotta (1895).

»Jesus der Jude«. In: *Neue deutsche Rundschau* 7, (1896), 342–352.

Fenitschka. Eine Ausschweifung (1898). Zwei Erzählungen. Neu herausgegeben von Ernst Pfeiffer. Frankfurt am Main, Berlin: Ullstein (1993).

»Vom Kunstaffekt«. In: *Die Zukunft* 27 (1899), 366–372.

Im Zwischenland: Fünf Geschichten aus dem Seelenleben halbwüchsiger Mädchen. Stuttgart: Cotta (1902).

Das Haus: Eine Familiengeschichte vom Ende des vorigen Jahrhunderts (1919). Frankfurt am Main, Berlin: Ullstein (1987).

Geschwister. Erzählung. In: *Deutsche Rundschau* 189 (1921), 24–63.

Der Teufel und seine Großmutter. Jena: Diederichs (1922).

Ródinka: Eine russische Erinnerung. Roman (1923). Frankfurt am Main, Berlin: Ullstein (1985).

Rainer Maria Rilke: Ein Buch der Erinnerung (1928). Frankfurt am Main: Insel (1988).

Lebensrückblick: Grundriß einiger Lebenserinnerungen (1951). Herausgegeben aus dem Nachlaß von Ernst Pfeiffer. Frankfurt am Main: Insel (revidierte Neuauflage 1974).

Rainer Maria Rilke und LAS, *Briefwechsel.* Hg. von Ernst Pfeiffer. Frankfurt am Main: Insel (1989, Erstausgabe 1952).

In der Schule bei Freud: Tagebuch eines Jahres (1912/1913) (1958). Herausgegeben aus dem Nachlaß von Ernst Pfeiffer. Frankfurt am Main, Berlin, Wien: Ullstein (1983).

Sigmund Freud und LAS, *Briefwechsel.* Hg. von Ernst Pfeiffer. Frankfurt am Main: Fischer (²1980, Erstausgabe 1966).

Die Erotik. Vier Aufsätze. Hg. von Ernst Pfeiffer. Frankfurt am Main, Berlin: Ullstein (1985, zuerst 1979). [Enthält: »Der Mensch als Weib« (1899, gekürzt); »Gedanken über das Liebesproblem« (1900); »Die Erotik« (1910); »Psychosexualität« (1917).]

Amor. Jutta. Die Tarnkappe. Drei Dichtungen. Hg. von Ernst Pfeiffer. Frankfurt am Main: Insel (1981).

Eintragungen: Letzte Jahre. Hg. von Ernst Pfeiffer. Frankfurt am Main: Insel (1982).

Das »zweideutige« Lächeln der Erotik: Texte zur Psychoanalyse. Hg. von Inge Weber und Brigitte Rempp. Freiburg i. Br.: Kore (1990). [Enthält u. a. »Zum Typus Weib« (1914), »Psychosexualität« (1917), »Narzißmus als Doppelrichtung« (1921), »Was daraus folgt, daß es nicht die Tochter gewesen ist, die den Vater totgeschlagen hat« (1928), »Mein Dank an Freud« (1931).]

Rußland mit Rainer: Tagebuch der Reise mit Rainer Maria Rilke im Jahre 1900. Mit einem Vorwort von Brigitte Kronauer. Hg. von Stéphane Michaud in Verbindung mit Dorothee Pfeiffer. Marbach: Deutsche Schillergesellschaft (1999). (Marbacher Bibliothek 3).

Schriften Elisabeth Förster-Nietzsches

Einleitung zu NIETZSCHE, Friedrich, *Ueber die Zukunft unserer Bildungs-Anstalten*, in: *Das Magazin für Litteratur* 62 (1893), 825–826.

Das Leben Friedrich Nietzsche's, Band I, Band II/1. Abteilung, Band II/2. Abteilung. Leipzig: Naumann (1895, 1897, 1904).

Vorwort zu NIETZSCHE, Friedrich, *Der Wille zur Macht: Versuch einer Umwertung aller Werte* [=Nietzsche's Werke. Zweite Abteilung. Band XV], Leipzig: Naumann (1901), VII–XXII.

»Nietzsche-Legenden«, in: *Die Zukunft* (1904), 170–179.

Das Leben Friedrich Nietzsches. (Kleine Ausgabe in zwei Bänden). Band 1 (1912): *Der junge Nietzsche.* Band 2 (1914): *Der einsame Nietzsche.* Leipzig: Kröner (²1921).

(Hg.), *Also sprach Zarathustra*, »180.-204. Tausend/Kriegsausgabe«. Leipzig: Kröner (⁵1918). Darin: *Nietzsche-Worte für Krieg und Frieden*, zusammengestellt von EFN (III–VI), und EFN, Nachbericht (477–478).

Vorwort zu EFN (Hg.), *Nietzsche-Worte über Staaten und Völker.* Leipzig: Kröner (1922).

»Die Zeit von Nietzsches Erkrankung bis zu seinem Tode«, in: Paul Cohn, *Um Nietzsches Untergang.* Hannover: Morris (1931), S. 119–159.

Friedrich Nietzsche und die Frauen seiner Zeit. München: Beck (1935).

Sekundärliteratur

APPIGNIANESI, Lisa, und FORRESTER, John, *Die Frauen Sigmund Freuds.* München: List (1994).

ASCHHEIM, Steven A., *Nietzsche und die Deutschen: Karriere eines Kults.* Stuttgart: Metzler (1996).

BÄUMER, Gertrud, »Lou Andreas-Salomé«, in: Dies., *Gestalt und Wandel: Frauenbildnisse*, Berlin: Herbig (1939), S. 469–506.

BATAILLE, Georges, »Nietzsche und die Faschisten«, in: Ders., *Wiedergutmachung an Nietzsche*. München: Matthes & Seitz (1999).

BERNOULLI, Carl Albrecht, *Franz Overbeck und Friedrich Nietzsche: Eine Freundschaft*. Zwei Bände. Jena: E. Diederichs (1908).

BENJAMIN, Walter, »Nietzsche und das Archiv seiner Schwester« (1932). Neu abgedruckt in: *Gesammelte Schriften* III, Frankfurt am Main: Suhrkamp (1972), 323–326.

BERTRAM, Ernst, *Nietzsche: Versuch einer Mythologie*. Berlin: Bondi ([4]1920, Erstausgabe 1918).

BINION, Rudolph, *Frau Lou: Nietzsche's Wayward Disciple*. Princeton UP (1968).

BRINKER-GABLER, Gisela, »Einleitung«, in: Dies. (Hg.), *Frühe Texte zur Psychologie der Frau*. Frankfurt am Main: Fischer (1978), S. 7–22.

CANCIK, Hubert, *Philolog und Kultfigur: Friedrich Nietzsche und seine Antike in Deutschland*. Stuttgart, Weimar: Metzler (1999).

DEMAN, Paul, »Genese und Genealogie (Nietzsche)«. In: Ders., *Allegorien des Lesens*. Frankfurt am Main: Suhrkamp (1988).

DEMANDT, Alexander, und FARRENKOPF, John (Hg.), *Der Fall Spengler: Eine kritische Bilanz*. Köln, Weimar, Wien: Böhlau (1994).

DERRIDA, Jacques, »Nietzsches Otobiographie oder Politik des Eigennamens«, in: *Fugen. Deutsch-Französisches Jahrbuch für Text-Analytik*. Olten und Freiburg: Walter (1980), S. 64–98.

DERRIDA, Jacques, »Sporen: Die Stile Nietzsches«. In: W. Hamacher (Hg.), *Nietzsche aus Frankreich*. Frankfurt am Main, Berlin: Ullstein (1986).

DERRIDA, Jacques, *Politik der Freundschaft*. Frankfurt am Main: Suhrkamp (2000).

DIETHE, Carol, *Vergiss die Peitsche: Nietzsche und die Frauen*. Hamburg, Wien: Europa-Verlag (2000).

DOHM, Hedwig, *Werde, die du bist!* Novelle. Breslau (1894).

DOHM, Hedwig, *Die Antifeministen. Ein Buch der Verteidigung*. Frankfurt: Verlag Arndtstraße (1976, zuerst 1902).

DONN, Linda, *Freud und Jung*. Hamburg: Kabel (1990).

ECKER, Gisela, *Differenzen: Essays zu Weiblichkeit und Kultur*. Dülmen-Hiddingsel: tende (1994).

EMMRICH, Angelika, et al. (Hg.), *Das Nietzsche-Archiv in Weimar*. München, Wien: Hanser (2000).

ETKIND, Alexander, »Lou Andreas-Salomé: Leben an einer Zeiten- und Weltenwende«, in: Ders.: *Eros des Unmöglichen: Die Geschichte der Psychoanalyse in Rußland*. Leipzig: Kiepenheuer (1996), 15–50.

FREUD, Sigmund, *Studienausgabe*. Frankfurt am Main: Fischer (1982).

FREUD, Sigmund, *Zur Psychopathologie des Alltagslebens*. Frankfurt am Main: Fischer ([6]1973). [= *Gesammelte Werke*, Band IV.]

FREUD, Sigmund, »Lou Andreas-Salomé«. In: *Gesammelte Werke*, Band XVI, S. 270.

FREUD, Sigmund, *Aus den Anfängen der Psychoanalyse*. Frankfurt am Main: Fischer (1975; korr. Nachdruck der Paperback-Ausgabe von 1962).

FREUD, Sigmund, und ABRAHAM, Karl, *Briefe* 1907–1926. Frankfurt am Main: Fischer (1965).

FREUD, Sigmund, und JUNG, C. G., *Briefwechsel*. Hg. von W. McGuire und W. Sauerländer, Taschenbuchausgabe gekürzt von A. McGlashan. Frankfurt am Main: Fischer (1984).

FREUD, Sigmund, und FERENCZI, Sándor, *Briefwechsel*. Wien, Köln, Weimar: Böhlau (1993 f.).

FUCHS, Dieter, »*Der Wille zur Macht*: Die Geburt des ›Hauptwerks‹ aus dem Geiste des Nietzsche-Archivs«, in: *Nietzsche-Studien*, Band 26. Berlin, New York: de Gruyter (1997), S. 384–404.

GASSER, Reinhard, *Nietzsche und Freud*. Berlin, New York: de Gruyter (1997).

GAST, Lilli, *Libido und Narzißmus*. Tübingen: edition diskord (1992).

GAY, Peter, *Die Republik der Außenseiter*, Frankfurt am Main: Fischer (1987)

GILMAN, Sander L., »The Nietzsche Murder Case; or, What Makes Dangerous Philosophies Dangerous«, in: Ders., *Difference and Pathology: Stereotypes of Sexuality, Race, and Madness*. Ithaca, London: Cornell UP (1985), S. 59–75.

GILMAN, Sander L. (Hg.), *Begegnungen mit Nietzsche*. Bonn: Bouvier (^{2}1987).

GOCH, Klaus, *Franziska Nietzsche*. Frankfurt am Main, Leipzig: Insel (1994 a).

GOCH, Klaus, »Hexe und Königin: Elisabeth Nietzsche – ein kleines Psychogramm«. In: *Nietzscheforschung* 4, hg. von Volker Gerhardt, Renate Reschke u. a. Berlin: Akademie Verlag (1994 b).

GÖDDE, Günter, *Traditionslinien des »Unbewußten«: Schopenhauer – Nietzsche – Freud*. Tübingen: edition diskord (1999).

GROPP, Rose-Maria, *Lou Andreas-Salomé mit Sigmund Freud*. (Ergebnisse der Frauenforschung 13.) Weinheim, Basel (1988).

GRÜNDER, Horst, *Geschichte der deutschen Kolonien*. Paderborn etc.: Schöningh (^{2}1991).

GRUPP, Peter, *Harry Graf Kessler: Eine Biographie*. Frankfurt am Main und Leipzig: Insel (1999; erste Auflage München: C. H. Beck 1995).

GUTJAHR, Ortrud, »Die Hysterie des Anderen«. In: Anz, Thomas, und Kanz, Christiane (Hg.), *Psychoanalyse in der modernen Literatur: Kooperation und Konkurrenz*, S. 17–39. Würzburg: Königshausen und Neumann (1999).

HAUPTMANN, Gerhart, *Einsame Menschen*, Berlin: Ullstein (1996).

HELLER, Erich, »Rilke und Nietzsche«, in: Ders., *Nietzsche: Drei Essays*, S. 69–125. Frankfurt am Main: Suhrkamp (1964).

HILLEBRAND, Bruno, *Nietzsche und die deutsche Literatur*. Zwei Bände. München, Tübingen: dtv, Niemeyer (1978).

HERZ, Rudolf, und BRUNS, Brigitte (Hg.), *Hof-Atelier Elvira 1887–1928: Ästheten, Emanzen, Aristokraten*. Eine Ausstellung des Fotomuseums im

Münchner Stadtmuseum (13. Dezember 1985 bis 2. März 1986). München (1985).

HOFFMANN, David Marc, *Zur Geschichte des Nietzsche-Archivs*. Berlin, New York: de Gruyter (1991).

HOFFMANN, David Marc, *Rudolf Steiner und das Nietzsche-Archiv*. Dornach/ Schweiz: Rudolf Steiner Verlag (1993).

HOFMANNSTHAL, Hugo von, und KESSLER, Harry, *Briefwechsel 1898–1929*. Hg. von Hilde Burger. Frankfurt am Main: Fischer (1968).

HORNEFFER, Ernst, *Nietzsche als Vorbote der Gegenwart*. Düsseldorf: Bagel (1934).

JANZ, Curt Paul, *Friedrich Nietzsche. Biographie*. Drei Bände. München: Hanser (2., revidierte Auflage 1993).

JONES, Ernest, *Sigmund Freud: Leben und Werk*. Drei Bände. München: dtv (1984).

JUNKER, Helmut, *Von Freud in den Freudianern*. Tübingen: edition diskord (1991).

JUNKER, Helmut, *Unter Übermenschen: Freud & Ferenczi*. Tübingen: edition diskord (1997).

KAUFMANN, Walter, *Nietzsche. Philosoph – Psychologe – Antichrist*. Darmstadt: Wiss. Buchgesellschaft (1988).

KERR, Alfred, *Die Übermenschin*. In: *Der Tag*, 27. 7. 1906.

KESSLER, Harry, *Tagebücher 1918 bis 1937*. Herausgegeben von Wolfgang Pfeiffer-Belli. Frankfurt am Main: Insel (Neuauflage 1982; erste Auflage 1961).

KESSLER, Harry, »Aus den Tagebüchern«. Herausgegeben von Bernhard Zeller. In: *Jahrbuch der Deutschen Schillergesellschaft 12*. Stuttgart: Kröner (1968), S. 48–87.

KESSLER, Harry, *Gesammelte Schriften in drei Bänden*. Frankfurt am Main: Fischer Taschenbuch Verlag (1988).

KÖHLER, Joachim, *Zarathustras Geheimnis: Friedrich Nietzsche und seine verschlüsselte Botschaft*. Reinbek: Rowohlt (1992; Erstausgabe 1989).

KÖHLER, Joachim, *Friedrich Nietzsche und Cosima Wagner: Die Schule der Unterwerfung*. Berlin: Rowohlt (1996).

KOEPCKE, Cordula, *Lou Andreas-Salomé: Leben, Persönlichkeit, Werk*. Frankfurt am Main: Insel (1986).

KOFMAN, Sarah, *The Enigma of Woman: Woman in Freud's Writings*. Ithaca, London: Cornell UP (1985). [Originalausgabe: *L'Enigme de la femme*. Paris: Edition Galilée (1980).]

KOFMAN, Sarah, »A Fantastical Genealogy: Nietzsche's Family Romance«, in: Peter J. Burgard (Hg.), *Nietzsche and the Feminine*. Charlottesville, London: Virginia UP (1994), S. 35–52.

KRAUSE, Jürgen, *»Märtyrer« und »Prophet«: Studien zum Nietzsche-Kult in der bildenden Kunst der Jahrhundertwende*. Berlin, New York: de Gruyter (1984).

KRUMMEL, Richard Frank, *Nietzsche und der deutsche Geist*. Band II. Berlin, New York: de Gruyter ([2]1998).

LE RIDER, Jacques, *Das Ende der Illusion: Die Wiener Moderne und die Krisen der Identität*. Wien: Österreichischer Bundesverlag (1990).

LESSING, Theodor, »Paul Rée«, in: Ders., *Der jüdische Selbsthaß*, München: Matthes & Seitz (1984, Erstausgabe 1930), S. 55–79.

LOU ANDREAS-SALOMÉ. Hg. von der Rilke-Gesellschaft. Karlsruhe: von Loeper (1986).

MACINTYRE, Ben, *Vergessenes Vaterland: Die Spuren der Elisabeth Nietzsche*. Leipzig: Reclam (1994).

MARELLE, Luise, *Die Schwester*. Berlin: Brunnen-Verlag (1934).

MARTIN, Biddy, *Woman and Modernity: The (Life) Styles of Lou Andreas-Salomé*. Ithaca, London: Cornell UP (1991).

MAYREDER, Rosa, *Zur Kritik der Weiblichkeit*. Essays. Hg. von Hanna Schnedl. München: Frauenoffensive (1981).

MCGRATH, William J., »Mahler und der Wiener ›Nietzsche-Verein‹«. In: Golomb, Jacob, *Nietzsche und die jüdische Kultur*. Wien: WUV (1998), S. 210–224.

MITCHELL, Juliet, *Psychoanalyse und Feminismus*. Frankfurt am Main: Suhrkamp (1985).

MOSSE, George L., *Die völkische Revolution*. Königstein/Taunus: Athenäum (1979).

MÜLLER-BUCK, Renate, »›Naumburger Tugend‹ oder ›Tugend der Redlichkeit‹: Elisabeth Förster-Nietzsche und das Nietzsche-Archiv«, in: *Nietzscheforschung* (Jahrbuch der Nietzsche-Gesellschaft), Band 4. Berlin: Akademie-Verlag (1994), S. 319–335.

NAAKE, Erhard, *Nietzsche und Weimar: Werk und Wirkung im 20. Jahrhundert*. Köln, Weimar, Wien: Böhlau (2000).

NIETZSCHE, Friedrich, *Sämtliche Werke. Kommentierte Studienausgabe in 15 Bänden*, hg. von Giorgio Colli und Mazzino Montinari. München, Berlin, New York: dtv/de Gruyter ([2]1988). [Zitiert als KSA.]

NIETZSCHE, Friedrich, *Sämtliche Briefe. Kommentierte Studienausgabe in 8 Bänden*, hg. von Giorgio Colli und Mazzino Montinari. München, Berlin, New York: dtv/de Gruyter (1986). [Zitiert als KSB.]

NIETZSCHE, Friedrich, *Kritische Gesamtausgabe des Briefwechsels: Briefe an Nietzsche,* hg. von Giorgio Colli und Mazzino Montinari. Berlin, New York: de Gruyter (1975). [Zitiert als KGB.]

NUNBERG, Herman, und FEDERN, Ernst: *Protokolle der Wiener Psychoanalytischen Vereinigung*. Drei Bände. Frankfurt am Main: Fischer (1976).

OVERBECK, Franz, *Werke und Nachlaß*. Band 7/2: Autobiographisches. »Meine Freunde Treitschke, Nietzsche und Rohde«. Hg. von Barbara von Reibnitz und Marianne Stauffacher-Schaub. Stuttgart, Weimar: Metzler (1999).

PETERS, Heinz Frederick, *Zarathustras Schwester: Fritz und Lieschen Nietzsche – ein deutsches Trauerspiel*. München: Kindler (1983).

PETERS, Heinz Frederick, *Lou: Das Leben der Lou Andreas-Salomé*. München: Kindler (1964).

PFAFF, Peter, »Der verwandelte Orpheus. Zur ›ästhetischen Metaphysik‹ Nietzsches und Rilkes«, in: Karl-Heinz Bohrer (Hg.), *Mythos und Moderne*. Frankfurt am Main: Suhrkamp (1983).

PFEIFFER, Ernst (Hg.), *Friedrich Nietzsche, Paul Rée, Lou von Salomé: Die Dokumente ihrer Begegnung*. Frankfurt am Main: Insel (1970). [Zitiert als »Dokumente«.]

PODACH, Erich F., *Gestalten um Nietzsche*. Weimar: Erich Lichtenstein Verlag (1932).

PODACH, Erich F., *Friedrich Nietzsche und Lou Salomé: Ihre Begegnung 1882*. Zürich, Leipzig: Niehans (1938).

PODACH, Erich F. (Hg.), *Der kranke Nietzsche: Briefe seiner Mutter an Franz Overbeck*. Wien: Bermann-Fischer (1937).

PRATER, Donald, *Ein klingendes Glas: Das Leben Rainer Maria Rilkes*. Reinbek: Rowohlt (1989).

RICKELS, Laurence, »Friedrich Nichte«. In: Ders. (Hg.), *Looking after Nietzsche*. New York: State University of New York Press (1989).

RILKE, Rainer Maria, *Sämtliche Werke*. Sechs Bände. Hg. von Ernst Zinn. Frankfurt am Main: Insel (1987, Erstausgabe 1955).

RILKE, Rainer Maria, *Das Florenzer Tagebuch*. Frankfurt am Main: Insel (1994).

ROAZEN, Paul, *Brudertier. Sigmund Freud und Victor Tausk: Die Geschichte eines tragischen Konflikts*. Hamburg: Hoffmann und Campe (1973).

ROAZEN, Paul, *Sigmund Freud und sein Kreis*. Gießen: Psychosozial-Verlag (1997).

REHM, Walter, *Der Dichter und die neue Einsamkeit: Aufsätze zur Literatur um 1900*. Göttingen: Vandenhoeck & Ruprecht (1969).

ROSS, Werner, *Der ängstliche Adler: Friedrich Nietzsches Leben*. München: dtv (^{2}1994).

SALBER, Linde, *Lou Andreas-Salomé*. Reinbek: Rowohlt (1990)

SALBER, Wilhelm, *Anna Freud*. Reinbek: Rowohlt (1985).

SCHAEFER, Dirk, »Gedankengänger: Lou Salomé, Friedrich Nietzsche und Paul Rée«, in: Hörner, Unda (Hg.), *Im Dreieck: Liebesbeziehungen von Nietzsche bis Duras*. Frankfurt am Main: Suhrkamp (1999).

SCHANK, Stefan, *Rainer Maria Rilke*. München: dtv (1998).

SCHANK, Stefan, »Rilkes Vater und Rilkes Vaterbild«, in: Ulrich Fülleborn (Hg.), *Rilke heute: Der Ort des Dichters in der Moderne*. Frankfurt am Main: Suhrkamp (1997), 81–111.

SCHILLER, Friedrich, *Ausgewählte Werke*, Band 1. Berlin: Aufbau (1999).

SCHIRMER, Andreas, und SCHMIDT, Rüdiger (Hg.), *Widersprüche: Zur frühen Nietzsche-Rezeption*. Köln, Weimar, Wien: Böhlau (2000).

SCHLECHTA, Karl, »Zeit- und Lebenstafel«, in: Nietzsche, Friedrich, *Werke*. Drei Bände. München: Hanser (1956), III, 1359–1382.

SCHMUJLOW-CLAASSEN, Ria, »Das Frauenphantom des Mannes«, in: Dies. und Hugo von Hofmannsthal, *Briefe, Aufsätze, Dokumente*. Marbach (1982), S. 144–155.

SCHNITZLER, Arthur, und BEER-HOFMANN, Richard, *Briefwechsel 1891–1931*. Hg. von Konstanze Fliedl. Wien, Zürich (1992).

SCHNITZLER, Arthur, *Tagebuch 1893–1908*. Hg. von Welzig, Werner, etc. Wien: Österreichische Akademie der Wissenschaften (1991).

SIGISMUND, Ursula, *Zarathustras Sippschaft*. Roman. München: Ehrenwirth (1977).

SPENGLER, Oswald, *Der Untergang des Abendlandes*. Ungekürzte Taschenbuchausgabe in zwei Bänden. München: dtv (²1973).

STEINER, Rudolf, *Friedrich Nietzsche: ein Kämpfer gegen seine Zeit*. Dornach: Rudolf Steiner Verlag (³1983; Erstausgabe 1895).

STEPHAN, Inge, *Die Gründerinnen der Psychoanalyse*. Stuttgart: Kreuz-Verlag (1992).

STREITER, Sabina, »Lou Andreas-Salomé«, in: Verein Feministische Wissenschaft Schweiz (Hg.), *Ebenso neu als kühn. 120 Jahre Frauenstudium an der Universität Zürich*. Zürich: eFeF-Verlag (1988), S. 192–194.

STÜCKRATH, Jörn, »Naturalistische Modelle der Wirklichkeit«, in: Ders., Grimminger, Rolf, Murašov, Jurij (Hg.), *Literarische Moderne: Europäische Literatur im 19. und 20. Jahrhundert*. Reinbek: Rowohlt (1995).

TEBBEN, Karin (Hg.), *Deutschsprachige Schriftstellerinnen des Fin de siècle*. Darmstadt: Wiss. Buchgesellschaft (1999).

TÖNNIES, Ferdinand, *Nietzsche-Narren*. Berlin: Dümmler (1893). Zit. n. der Neuauflage in: Ders., *Der Nietzsche-Kultus*, Berlin: Akademie-Verlag (1990), S. 98–104.

TÖNNIES, Ferdinand, *Der Nietzsche-Kultus. Eine Kritik*. Leipzig: Reisland (1897). Zit. n. der Neuauflage in: Ders., *Der Nietzsche-Kultus*, Berlin: Akademie-Verlag (1990), S. 6–97.

TREIBER, Hubert, »Gruppenbild mit einer Dame«, in: *Forum* 35 (1988), S. 40–54.

VOLZ, Pia Daniela, »Der unbekannte Erotiker. Friedrich Nietzsches fiktive Autobiographie ›My Sister and I‹«, in: Corino, Karl (Hg.), *Universalgeschichte des Fälschens*. Frankfurt am Main: Eichborn (1996).

WAGNER, Nike, *Geist und Geschlecht: Karl Kraus und die Erotik der Wiener Moderne*. Frankfurt am Main: Suhrkamp (1987).

WARNER, William Beatty, »Nietzsche and Lou Salomé«, in: Ders., *Chance and the Text of Experience: Freud, Nietzsche, and Shakespeare's* Hamlet. Ithaca, London: Cornell UP (1986), S. 113–213.

WEDEKIND, Tilly, *Lulu: Die Rolle meines Lebens*. München, Bern, Wien: Rütten & Loening (1969).

WEINZIERL, Ulrich, *Arthur Schnitzler: Lieben Träumen Sterben*. Frankfurt am Main: Fischer (1998).

WELSCH, Ursula, und WIESNER, Michaela, *Lou Andreas-Salomé: Vom »Lebensurgrund« zur Psychoanalyse*. München, Wien: Verlag Internationale Psychoanalyse (²1990).

WERNZ, Birgit, *Sub-Versionen: Weiblichkeitsentwürfe in den Erzähltexten Lou Andreas-Salomés*. Pfaffenweiler: Centaurus-Verlags-Gesellschaft (1997).

WOLLKOPF, Roswitha, »Die Gremien des Nietzsche-Archivs und ihre Beziehungen zum Faschismus bis 1933«. In: Karl-Heinz Hahn (Hg.), *Im Vorfeld der Literatur: Vom Wert archivalischer Überlieferung für das Verständnis von Literatur und ihrer Geschichte*. Weimar (1991), S. 227–241.

WOLLKOPF, Roswitha (Hg.), »Das Nietzsche-Archiv im Spiegel der Beziehungen Elisabeth Förster-Nietzsches zu Harry Graf Kessler«, in: *Jahrbuch der Deutschen Schillergesellschaft 34*. Stuttgart: Kröner (1990), S. 125–167.

WOLLKOPF, Roswitha, »Elisabeth Nietzsche – Nora wider Willen? Ein bisher unbekanntes Manuskript«, in: *Nietzscheforschung 1*. Berlin: Akademie Verlag (1994), S. 261–266.

WUNBERG, Gottfried, *Die Wiener Moderne*, Stuttgart: Reclam (1981).

ZIEGLER, Hans Severus, *Hitler aus dem Erleben dargestellt*. Göttingen: Schütz (^{3}1965).

Personenregister

A

Adler, Alfred (1870–1937) 227 ff., 233 f., 269

Andreas, Friedrich Carl (1846–1930) 84 f., 103, 109, 111 f., 157, 161, 164, 265

B

Bahr, Hermann (1863–1934) 146

Beer-Hofmann, Richard (1866–1945) 146 ff., 177, 281

Bjerre, Poul (1876–1964) 105, 226

Bölsche, Wilhelm (1861–1939) 102, 104 f.

Brandes, Georg (1842–1927) 10, 98

Brunner, Constantin (1862–1937) 230 f., 245

Bülow, Frieda von (1857–1908) 110, 147, 151, 155, 170, 179

D

Dehmel, Richard (1863–1920) 207, 234

Dohm, Hedwig (1833–1919) 169 f., 179, 277

E

Ebbinghaus, Hermann (1850–1925) 73, 77

Endell, August (1871–1925) 153, 155, 160

F

Ferenczi, Sándor (1873–1933) 253, 269 f., 272, 278 f.

Förster, Bernhard (1843–1889) 22, 27 f., 68, 88, 91 ff., 97, 100, 110 ff., 127, 190, 208, 257, 263

Freud, Anna (1895–1982) 281

Freud, Sigmund (1856–1939) 9, 63, 113, 123, 126, 151, 177, 213 f., 223, 226, 252 f., 267, 275 f., 278 f., 281

G

Gast, Peter (s. a. Kösselitz, Heinrich) 26, 199, 204

Gillot, Hendrik (1836–1916) 16 f., 32 ff., 37, 59, 76, 80, 86

Goudstikker, Sophia (1865–1924) 151, 153

H

Hart, Heinrich (1855–1906) 102

Hart, Julius (1859–1930) 102

Hauptmann, Gerhart (1862–1946) 102 ff., 113, 139, 148, 190, 216, 222, 288

Heydt, Karl von der (1858–1922) 217

Hitler, Adolf (1889–1945) 223 ff., 246, 259 ff., 264

Hofmannsthal, Hugo von (1874–1929) 139, 146, 151, 211, 216, 222, 279, 281

Horneffer, Ernst (1871–1954) 195 ff., 200, 202, 206, 221, 225, 279

J

Jung, Carl Gustav (1875–1961) 212 f., 226 f., 229, 236, 269, 278

K

Kessler, Harry Graf (1868–1937) 125, 137, 188 f., 193, 207, 209, 216 ff., 221 f., 246, 271, 278 f., 282

Koegel, Fritz (1860–1904) 128, 186, 190 f.
Köselitz, Heinrich 26, 47, 62, 117, 126, 131, 191, 198

L
Ledebour, Georg (1850–1947) 109 f.

M
Mayreder, Rosa (1858–1938) 132, 138, 150, 172, 175, 180, 280
Meysenbug, Malwida von (1816–1903) 19, 23, 26, 32, 53, 68, 73, 190
Mussolini, Benito (1883–1945) 246, 256 ff., 260, 262, 273

N
Nietzsche, Franziska (1826–1897) 8, 13, 22, 112, 192

O
Oehler, Max (1875–1945) 37, 246, 256 f., 259
Oehler, Richard (1878–1948) 247

P
Peters, Carl (1856–1918) 91, 110
Pineles, Friedrich (»Zemek«) (1868–1936) 105, 150 f., 176, 267

R
Rée, Paul (1849–1901) 22 f., 33, 37, 39, 41 f., 46, 53, 58, 63 ff., 73, 77, 79 f., 82, 85 f., 118, 120, 124, 128, 130, 135, 141, 145, 175, 183, 230, 267, 280 f.
Reuter, Gabriele (1859–1941) 15, 37, 170, 186, 194
Rilke, Rainer Maria (1875–1926) 104, 126, 157, 166, 178 f., 230, 245, 248 ff., 275

S
Salten, Felix (1869–1947) 37, 147 f.
Schnitzler, Arthur (1862–1931) 146 ff., 178, 281 f.
Spengler, Oswald (1880–1936) 244 ff., 248, 282
Steiner, Rudolf (1861–1925) 128, 132, 136, 138, 191, 206, 279, 282
Stöcker, Helene (1869–1943) 29

T
Tausk, Viktor (1879–1919) 233, 236, 281
Thiel, Ernest (1859–1947) 207, 215, 257, 260
Tönnies, Ferdinand (1855–1936) 73, 104, 184 f., 282

V
van de Velde, Henry (1863–1957) 209 f., 215, 220

W
Wagner, Cosima (1837–1930) 21, 25, 86, 187, 279
Wagner, Richard (1813–1883) 20 f., 24 f., 27, 45, 55, 68, 88, 98, 260
Wedekind, Frank (1864–1918) 142 f.

Fotonachweise

S. 14
Stiftung Weimarer Klassik, GSA 101/158
(Aufnahme: Sigrid Geske)

S. 30
Lou Andreas-Salomé-Archiv, Göttingen

S. 42
Lou Andreas-Salomé-Archiv, Göttingen

S. 83
Stiftung Weimarer Klassik, GSA 101/161
(Aufnahme: Sigrid Geske)

S. 85
Stiftung Weimarer Klassik, GSA 72/984

S. 92
Lou Andreas-Salomé-Archiv, Göttingen

S. 144
Lou Andreas-Salomé-Archiv, Göttingen

S. 152
Stiftung Weimarer Klassik, GSA 101/172

S. 170
Stiftung Weimarer Klassik, GSA 101/35

S. 184
Archiv für Kunst und Geschichte, Berlin,
Bild Nr. 1-F305-F1911

S. 213
Stiftung Weimarer Klassik, GSA 72/1596
(Aufnahme: Angelika Kittel)

S. 248
Lou Andreas-Salomé-Archiv, Göttingen